DIEDERICHS GELBE REIHE

herausgegeben von Michael Günther

Andreas Gruschke

Mythen und Legenden der Tibeter

Von Kriegern, Mönchen, Dämonen und dem Ursprung der Welt

Eugen Diederichs Verlag

Vordere Umschlagseite: Die Abbildung zeigt Amnye Chung-ngön, den »Garuda«, die spezielle Schutzgottheit des Rakya-Klosters in Amdo.

Die Deutsche Bibliothek – CIP-Einheitsaufnahme
Gruschke, Andreas:
Mythen und Legenden der Tibeter : von Kriegern, Mönchen, Dämonen und dem Ursprung der Welt / Andreas Gruschke. – München : Diederichs, 1996
   (Diederichs Gelbe Reihe ; 124 : Tibet)
   ISBN 3-424-01309-9
NE: GT

© Eugen Diederichs Verlag, München 1996
Alle Rechte vorbehalten

Umschlaggestaltung: Zembsch' Werkstatt, München
Produktion: Tillmann Roeder, München
Satz: Fotosatz Otto Gutfreund, Darmstadt
Druck und Bindung: Pressedruck, Augsburg
Printed in Germany

ISBN 3-424-01309-9

Inhalt

Einleitung   9
Tibetkarte   10

1. Vom Ursprung der Welt und der Menschen
   Tibetische Schöpfungsmythen   16

   Das Lied vom Ursprung der Welten   16
   Von der Entstehung der schwarzköpfigen
   Menschenähnlichen   20
   Eine Bön-Schöpfungsgeschichte aus dem Buche
   Dröpug   24
   Die Ausbreitung der Erde durch die Schildkröte   26
   Wie das Meer Land wurde   27
   Das kosmische Ei   28
   Wie der König Thing die Natur und die Geister
   in Aufregung versetzte   29
   Der Affe und die Bergdämonin   31
   Eine Abstammungslegende aus Amdo   36
   Mythische Schöpfungsgeschichte, Bön-Abstammungs-
   mythen und die Menschheitsgeschichte   37

2. »Gesar von Ling« – Epos mit vorgeschicht-
   lichen Bezügen   48

   Die Entstehung des Reiches Ling   48
   Döndrub bereitet sich vor, als Gesar nach Ling
   zu gehen   48
   Gesars Geburt und Jugend   54
   Wie Drukmo Gesars Braut wurde   58

Von Gesars Hochzeit mit Drukmo 61
Gesars Zug nach China 65
Gesar und der Teufelskönig des Nordens 67
Wie die Dzemo Gesar den Kopf verdrehte 73
Der Krieg mit Hor um die schöne Drukmo 76
Gesars Besinnung 78
Gesars Rache und Sieg über die südlichen
Mongolen 82
Das Reich des Dämonenkönigs Dud Aachung 85
Gesars Ende 87
*Das große Epos der Tibeter im Licht der
Geschichte* 89
*Gesar oder Cäsar – Verbindungen mit der
westlichen Welt* 98

3. Shangshung – Das mythische Reich der
   Bön-Religion 104

Shangshung 104
Der Knabe aus dem Fels 105
Ligmirhya 105
Die Rache der Shangshung-Königin 107
Der Untergang eines blühenden Reiches 111
Shenrab steigt vom Himmel herab 112
Das Wirken des Shenrab Miboche 114
Die Weltentsagung des Shenrab Miboche 121
Wie die Bön-Lehre überdauerte 125
*Mythen als Spiegelbild ethnischer, politischer und
religiöser Auseinandersetzungen in der Antike?* 127
*Die Legenden um Shenrab Miboche:
eine Kopie der Lebensgeschichte des Buddha?* 133

4. Von Yarlung bis Lhasa –
   Geschichtliche Überlieferung voller
   bewegender Legenden   139

   Tibets erster König Nyatri Tsenpo   139
   Der erste sterbliche König: König Drigum
   Tsenpo und seine Söhne   141
   König Lhathothori und die ersten heiligen
   Schriften   143
   Namri Songtsen besiegt das Reich Sumpa   144
   Die Brautwerbung des Großkönigs
   Songtsen Gampo in Nepal   147
   König Songtsen Gampo wirbt um die Hand
   einer chinesischen Prinzessin   152
   Prinzessin Wenchengs Reise nach Tibet   159
   Prinzessin Jincheng heiratet Tride Tsugtsen   161
   König Trisong Detsen und Padmasambhava   164
   Dämonen stören den Bau des ersten Klosters   166
   Die Ermordung des Königs Langdarma   171
   *Die Legendenbildung als Geschichtsbewältigung
   im Licht der religiösen und gesellschaftlichen
   Umwälzungen*   174

5. Von Mönchen und Heiligen –
   Die buddhistische Renaissance und
   die Reformorden   181

   Das »Kloster des Weißen Pferdes« und
   die Renaissance des Buddhismus in Tibet   181
   Der Mönchskönig Yeshe Ö   183
   Milarepa   186
   Sakya Lama und Drukpa Künleg   191
   Tsongkhapa und Kumbum: Der »Mann aus
   dem Zwiebeltal« und die »Hunderttausend
   Bilder Buddhas«   194

Wie das Samye-Orakel nach Nechung kam 201
Drukpa Künleg besucht das Kloster Drepung 203
Jamyang Lama und das Kloster Labrang 204
Legenden als historische Lehrstücke und als
Sozialkritik an den Urständen der Mönchs-
gesellschaft 206

Anhang 215

Kleines ikonographisches Skizzenbuch 215
Anmerkungen 252
Textnachweis 261
Bildnachweis 263
Literatur 264
Register 270
Zum Autor 280

EINLEITUNG

»Tibet ist ein Land voll von Sagen. Der Mensch ist dort
umgeben von einer großartigen Natur. Jeder Berg und
jeder See ist von der wilden Phantasie seiner intelligen-
ten Bewohner belebt worden. Beim Hüten von Schafen
und Rindern hat man Zeit, über die umgebende Natur
nachzugrübeln. Man hat auch Zeit, die alten Sagen
weiterzuspinnen.«
                        Albert Tafel, »Meine Tibetreise«[1]

Schon lange, bevor der Westen die esoterische Faszination,
die vom Dach der Welt ausgeht, für sich entdeckte, wurden
Tibet und seine Bewohner dafür bekannt und bestaunt,
daß sich Mythos und Realität, Geschichte und Legenden
eng miteinander verwoben. Der Mystizismus eines para-
diesischen Ortes Shangri La, von dem irgendwie klar war,
daß er so nicht existieren konnte, wie man es sich vorstellte, übte dennoch eine solche Anziehungskraft aus, daß
allein die Nennung von Namen und Bezeichnungen wie
Lhasa, Götterberge, Kailash oder heiliger See Emotionen
zu wecken imstande war – und noch ist –, die wir in unserem rationalistisch-materialistisch geprägten Alltag kaum
mehr von uns gewöhnt sind. Hierin dürfte einer der
Gründe liegen, warum das Interesse an Tibet in den letzten
Jahrzehnten denkbar einseitig in den esoterischen »Sektor«
abgeglitten ist. Andererseits ist die politische Frage Tibets
eine der am meisten präsentierten – aber eben: meistprä-
sentierten und nicht wirklich offen diskutierten. Denn
dazu gehört mehr, als sich mit Fragen eines Völkerrechts
auseinanderzusetzen, das ohnehin fernab von Tibet und
China und anderen asiatischen Nationen gewachsen ist.
Bei aller Politik und Esoterik, die – nicht ohne eine gewisse

9

HOCHLAND VON TIBET

und angrenzende Regionen

······· Die Linie gibt das Verbreitungsgebiet tibetischer Stämme an ("ethnisches

Berechtigung – die Beschäftigung mit Tibet beherrschen, bleibt sozusagen »Volkes Seele« vergessen. Tibetforscher und -reisende früherer Zeiten waren sich immer bewußt und davon fasziniert, daß Wahrheit und Legende auf dem Dach der Welt nie ganz voneinander zu trennen waren – und, wenn wir ehrlich sind, ist es das selbst bei uns im rationalen Westen nicht. Einer der wesentlichen Züge der Tibeter scheint mir zu sein, daß sie ganz selbstverständlich mit diesem Umstand leben; daß dies für sie kein Widerspruch ist, zumal ihre Religion – der mahāyānische Buddhismus in seiner mystifizierten, tantrisch-magischen Form – gute Gründe liefert, der engen Verwobenheit von »Realität« (die ja doch keine objektive, sondern nur eine subjektive Realität ist) und Mythos, Legende und Sage ihre Berechtigung zu geben.

Tibet »fließt über von Legenden wie eine Quelle mit Wasser«, schreibt die in Tibet lebende Schriftstellerin Ma Lihua. »Solltest du versuchen, von einem Einheimischen den Namen eines bestimmten Sees oder Gipfels zu erfahren, wird er dir sehr wahrscheinlich noch eine Legende dazu erzählen. Die Menschen hier neigen dazu, sich von ihrer Vorstellungskraft davontragen zu lassen, selbst wenn sie über ein Ereignis sprechen, das gerade erst geschehen ist.«[2] Aus diesem Grunde wurden Erzählungen der genannten Gattungen – Mythen, Legenden, Sagen – bei uns in aller Regel einfach als Märchen klassifiziert. Alle frühen Tibetforscher haben sich mit Volksliteratur und den Annalen auseinandergesetzt und waren meist geneigt, sie entweder unter der Rubrik »Geschichte« oder unter »Märchen« einzuordnen. Oft sind sie aber nicht so eindeutig zu klassifizieren, weil sie schlichtweg verschiedene Realitäten widerspiegeln: naturkundliches Wissen oder geschichtliche Ereignisse, die in gesellschaftliche Wert-, manchmal sogar Wunschvorstellungen eingebettet sind, in reale oder aber utopische Lebenssituationen, zuweilen mit erzieherischer Absicht, gelegentlich mit weltanschaulicher Deutung. Die in Annalen und im Volksmund kursierende Erzählliteratur kann *für sich* zuweilen mehr über die Kultur aussagen als manche wissenschaftliche Abhandlung. Gewiß lassen sich auf diese Weise nicht unbedingt zweifelsfreie Erkenntnisse gewinnen, doch Mythen und Legenden können uns ein Gefühl dafür vermitteln, wie in einer Kultur gefühlt, gedacht und geträumt wird.

So geht auch der Anspruch der vorliegenden Anthologie über eine schlichte Sammlung »märchenhafter« Literatur hinaus, denn sie trägt speziell Mythen und Legenden zusammen, die vor- oder frühgeschichtliche Bezüge aufweisen oder von bestimmten historischen Ereignissen und Persönlichkeiten handeln – angefangen bei Schöpfungsmythen bis hin zu Legenden über die Suche nach dem Dalai Lama (es ist ein weiterer, ergänzender Band mit Mythen und Legenden in Vorbereitung, die sich vornehmlich um – oft als heilig geltende – Orte in Tibet herausgebildet haben, soweit sich das vom Motiv her überhaupt eindeutig trennen läßt). Damit präsentiert diese Anthologie eine skizzenhafte Kultur- und Religionsgeschichte Tibets aus der mythisch-legendären Sicht seiner Bewohner. Die Mythen und Legenden berichten von Orten und Menschen, die den Freunden Tibets sicherlich geläufig sind, doch der Großteil der »Geschichten« dürfte der breiten Öffentlichkeit nicht oder kaum bekannt sein, sind sie doch nur mit großem Aufwand in der Sekundärliteratur zusammengetragen oder von mir selbst vor Ort direkt mündlich von den Menschen aufgenommen worden.

Die Auswahl der Mythen und Legenden richtete sich nach mehreren Gesichtspunkten: kulturgeschichtliche Relevanz, Bekanntheitsgrad innerhalb der tibetischen Bevölkerung, Zugänglichkeit der Quellen und Bedeutung der Persönlichkeiten und Orte, von denen die Volkserzählungen handeln. Daher liegt hier eine heterogene Auswahl nachgedruckter, nacherzählter und neu übersetzter Geschichten vor. Meine Nachforschungen haben – nicht ganz unerwartet – eine ungeheure Fülle an Material erbracht, angesichts derer es entsprechend schwerfiel, eine Auswahl zu treffen.

Die inhaltliche Gestaltung hatte sich an den strukturellen Besonderheiten der Quellen zu orientieren: an den originären tibetischen und chinesischen Quellen, die zum Teil in Übersetzungen vorliegen; an der westlichen und östlichen Sekundärliteratur (Anthologien, alte Reiseberichte und wissenschaftliche Kommentare) und den direkten mündlichen Berichten. Den meisten der Geschichten liegen verschiedene Quellen zugrunde. In der Regel mußte eine Entscheidung für eine Version gefällt werden. Zuweilen schien es aber geboten, mehrere Fassungen abzudrukken oder unterschiedlich gewichtete Versionen zusammenhängend zu präsentieren, damit das kulturelle und ethnische Mosaik des tibetischen Hochlandes deutlich wird.

Gravierende stilistische Unterschiede ergeben sich aus der Vielfalt der Quellen, da sowohl Volkserzählungen, kanonische Literatur der Bön-Lehre wie der Buddhisten sowie Übersetzungen verschiedener Autoren (Forschungsreisende, Tibetologen) Aufnahme fanden und durch die Auswertung von Befragungen vor Ort ergänzt wurden. Je nach Quellenlage habe ich vor Ort erfaßte Legenden nacherzählt oder ihre legendären Inhalte nur kurz umrissen.

Die Kapitel sind thematisch eingegrenzt. Den Mythen und Legenden folgt ein erläuterndes Kapitel von mir, in dem durch das Aufzeigen des historischen Zusammenhangs eine Deutung der Inhalte ermöglicht wird. Stück für Stück kann sich der Leser auf diese Weise der tibetischen Gedankenwelt annähern und die wesentlichen Grundlagen der Kultur auf dem Dach der Welt erschließen. Textnachweis und Literaturverweise bieten dem interessierten Leser die Möglichkeit tieferen Eindringens in einzelne Aspekte, Regionen und Perioden (s. S. 261 und 264). Das »ikonographische Skizzenbuch« im Anhang stellt in gängigen Ikonographien selten aufgeführte Gottheiten vor, die in dieser Anthologie eine Rolle spielen (s. S. 215).

14

Durch die Vielzahl unterschiedlichster Quellen stellt sich das Problem der Umschrift in drastischer Weise. Zum einen steht die Transkription (lautliche Übertragung) gegen die Transliteration (»buchstabengetreue« Übertragung), die jede für sich Vor- und Nachteile aufweisen. Während eine Transliteration Namen zwar eindeutig wiedergibt,[3] die Texte aber schwer lesbar gestaltet, stehen ihr eine Fülle mannigfaltiger Transkriptionssysteme gegenüber, die ihre Begründung unter anderem in der ungleichen Aussprache der lateinischen Buchstaben in verschiedenen europäischen Sprachen finden – je nachdem, ob die Geschichten von französischen, deutschen, englischsprachigen usw. Forschern und Reisenden aufgezeichnet wurden. Da die tibetische Schreibweise häufig nicht mit aufgezeichnet wurde, läßt sich die Aussprache bei fehlerhaften Transkriptionen nicht verifizieren. Ein weiteres Hindernis hierfür sind die Dialekte, da Ortsnamen und Lokalgottheiten entsprechend der lokalen Aussprache aufgenommen und nicht im Lhasa-Dialekt wiedergegeben wurden. Auch über den Sinn einer Transkription von Namen des Mittelalters ließe sich trefflich streiten, da sich die Aussprache seither wesentlich gewandelt hat – ein Problem, mit dem wir allerdings in jeder Sprache konfrontiert sind. Da für die vorliegende Anthologie die gute Lesbarkeit im Vordergrund steht, habe ich mich bei der Wiedergabe tibetischer Namen für eine Transkription entschieden, bei der ich Einheitlichkeit zwar angestrebt habe, aber wegen der großen Zahl unterschiedlicher Quellen und der obengenannten Schwierigkeiten nicht unbedingt und fehlerfrei erreichen konnte. Ich bitte den Leser, mir dies nachzusehen. Für jene, die ihr Wissen vertiefen wollen und gegebenenfalls in der wissenschaftlichen Fachliteratur weiterarbeiten, habe ich die Transliterationen, wo verfügbar, im Register (s. S. 270) in kursiven Klammern den Namen und Begriffen angefügt, also beispielsweise: Trisong Detsen (*Khri srong lde btsan*).

1. Vom Ursprung der Welt und der Menschen Tibetische Schöpfungsmythen

Das Lied vom Ursprung der Welten[1]

Soll ein Lied gesungen werden, dann wird die Weltschöpfung besungen. Die Schöpfung der äußeren Welt wird nach Ellen gemessen. Die Lebewesen der inneren Welt werden an der Gebetsschnur abgezählt. Die innere Schöpfung wurde dem inneren Sinn gemäß geordnet.

Welche der Welten war die früheste? Welcher der Ursprünge war der früheste? Welche der Schöpfungen war die früheste? Dies alles berichtet nun das Lied.

Von allen Welten ist die erdachte die früheste. Von allen Ursprüngen ist der gewollte der früheste. Von allen Schöpfungen ist die Entstehungsursache die früheste.

Zu Beginn kam nun die unerreichbare innere Kraft hervor: des Gedächtnisses, des Verstandes, der Seele König; dieser ist unfaßbar und ungeboren, aus sich selbst erstanden. Sanggye hat die Lebewesen erschaffen. Dieser Sanggye ist ohne Anfang und ohne Ende. Zuerst war die seinslose Leere und dann die seinsbesitzende Kraft.

Dann war ein Ungefähres geschaffen, worauf die Feuchtigkeit und der Wind kamen (die beiden Urkräfte der Natur). Als Feuchtigkeit und Wind geschaffen waren, kamen fünf Arten von Eiern hervor. Ein dunkelrotes Sardonyx-Ei war das erste; ein rotes Kupfer-Ei das zweite; ein blaues Eisen-Ei das dritte; ein gelbes Gold-Ei das vierte; ein weißes Muschel-Ei das fünfte: das sind die fünf Arten Eier.

Aus dem Innern des zerbrechenden dunkelroten Sardonyx-Eies kam die Windmaterie gleich einem schwarzen Berg hervor. Der Same der Höllenwesen war ein Ti.[2] Aus dem Innern des zerbrechenden roten Kupfer-Eies ging das Feuer gleich einem roten Berg hervor. Der Same der Hungerdämonen war ein Te. Aus dem Innern des zerbrechenden blauen Eisen-Eies ging das Wasser wie eine blaue Materie hervor. Der Same der Tiere war ein Yu. Aus dem Innern des zerbrechenden gelben Gold-Eies ging die Erde wie eine gelbe Materie hervor. Der Same der Menschen war ein Ni. Aus dem Innern des zerbrechenden weißen Muschel-Eies sank die Klarheit am Himmel gleich einem Regenbogen herab. Der Name der Titanen ist ein Kar. Über diesen fünf Eiern wurde ein Lichtstrahl erschaffen. Als Same der Geister wurde ein A erschaffen. Die Existenzweise der sechs Lebewesen ist dieser Art.

Die äußere unbelebte Welt wurde nach unten erschaffen. Die inneren Lebewesen entstanden nach oben. Der Lebewesen Samen gab es sechs. Die Eier gingen aus sechs Lichtstrahlen hervor.

So wurde das Fundament der fünf Elemente erschaffen. Von allen Erschaffenen war der Wind der erste. Der Wind wurde als gekreuzter Doppeldonnerkeil erschaffen. Dort sind die Abteilungen der Hölle.

Wenn alle Höllenstufen in Unterstufen eingeteilt werden, wie viele gibt es dann? Wie groß sind Zahl und Ausmaß?

Sollen die Stufen der Hölle aufgezählt werden, so gibt es achtzehn Höllenstufen; acht heiße Höllen und acht kalte Höllen; dann noch Nyetse und Nyekor, diese zwei; zusammen also achtzehn. ... Welches Element wurde darüber erschaffen?

Höre mit deinem Gehör aufmerksam auf das Lied des Knaben! Darüber wurde das Element Feuer erschaffen. Die Feuererschaffung erfolgte in Lotosform. Dort sind die Abteilungen der Hungerdämonen. Wenn alle Hungerdämonen in Unterstufen eingeteilt werden, wie viele gibt es dann? Wie groß sind ihre Zahl und ihr Maß?

Der Hungerdämonen Arten gibt es drei; die äußere Art Yilagchen (die Appetitlosen) ist eine; die innere Dripachen (die Sündhaften) ist die zweite; Drangkeche Kätra (die von Brust, Hals, Zunge, Schlund ganz Engen) ist die dritte. Welches Element ist darüber erstanden?

Darüber wurde das Wasserelement erschaffen. Die Wassererschaffung erfolgte in Kreisform. Dort weilen die Tierarten. Wenn alle Tierarten in Unterstufen eingeteilt werden, wie viele gibt es dann? Wie groß sind Zahl und Ausmaß?

Es gibt fünf Tierarten. Die am Himmel blöde herumirrenden Tiere (Vögel des Himmels) sind die eine; die auf der Erde blöde herumlaufenden Tiere sind die zweite; die in Höhlen nach den Zeiten sehenden (Winterschläfer) die dritte; die in den Grasberghöhlen wohnen, sind die vierte; die weite Gebiete nicht erreichen können (Kriechtiere), sind die fünfte Art. ... Welches Element wurde darüber erschaffen?

Darüber wurde das Erdelement erschaffen. Die Erdschöpfung ging in ausbreitender Weise vor sich. Dort weilen die Menschenarten. Wenn alle Menschenarten in Unterstufen eingeteilt werden, wie viele gibt es dann? Wie groß sind Zahl und Ausmaß?

Die Menschheit besteht aus der äußeren Länder sechs Fremdvölkern; der mittleren Länder neun Menschengeschlechtern; des inneren Tibet sieben Geschlechtern. In diesem sind alle zusammengefaßt.[3] ... Welches Element wurde darüber erschaffen?

Darüber wurde die gewichtslose Leere erschaffen. Dort weilen die Lhamin-Arten (Titanen). Teilt man die Lhamin-Arten in Unterarten ein, wie viele gibt es dann? Wie groß sind Zahl und Ausmaß?

Die Lhamin-Arten haben zehn Unterarten. [...] ... Welches Element wurde darüber erschaffen?

Darüber wurde das Helle nach Art der Himmelsrichtungen erschaffen. Dort weilt das Geistergeschlecht. Wenn die Geister in Unterarten eingeteilt werden, wie viele gibt es dann? Wie groß sind Zahl und Ausmaß?

Das Rad des Werdens, meist Lebensrad genannt, stellt im mitt-
leren Ring die sechs verschiedenen Daseinsbereiche dar, in welche
die nicht erlösten Lebewesen wiedergeboren werden.

Die Geister haben neun Unterarten. [...]

Die fünf Elemente werden vaterlos genannt; die fünf Elemente werden mutterlos genannt.

Wie können vaterlose Elemente existieren? Wie können mutterlose Elemente existieren? [...]

Die vaterlosen Elemente hängen vom Licht ab. Die mutterlosen Elemente hängen vom Lichtstrahl ab. Vater und Mutter der Elemente sind von dieser Art.

Zuerst wurde die Stätte der fünf Elemente am leeren Himmel erschaffen. Zunächst wurde die Stätte des Windes erschaffen, und ein sehr harter, hoher und starker Doppeldonnerkeil entstand. Darüber wurde die Stätte des Wassers erschaffen, und das weiße Helle entstand wie Mondlicht, sogleich.

Darüber wurde die Stätte der Erde erschaffen, und die Erde kam wie ein gelbes Viereck hervor. In ihrer Mitte wurde der mächtige königliche Berg Meru erschaffen. Dann wurden die vier Welten und die acht kleinen Welten erschaffen.

[...][4] So wurde alles seiner Natur entsprechend erschaffen.

Von der Entstehung der schwarzköpfigen Menschenähnlichen[5]

Im Anfang war das Urnichts, die Leere. Daraus entstand allmählich das Ursein. Dann entstanden Licht und Strahl. Das Licht ist der Vater, und der Strahl ist die Mutter. Daraus entstanden Finsternis und Helligkeit. Dann entstand ein kalter Wind, darauf etwas fahler Reif. Danach kam etwas Tau.

Als sich Reif und Tau vereinigten, entstand ein See wie ein Spiegel. Darauf bildete sich eine Haut und rundete sich zu einem Ei. Aus dem Innern des Eies kamen zwei Vögelchen hervor, ein schwarzes und ein weißes, genannt »das mit leuchtendem Licht Versehene« und »das mit Finsternis-Qual Versehene«. Als sich Licht und Finsternis verbanden, entstanden drei Eier, ein weißes, ein schwarzes und ein scheckiges. Als das weiße Ei sich öffnete, entstand aus der äußeren Schale ein weißer Götterfels. Aus dem mittleren Eihäutchen entstand das »Thron-Abteilungs-Reich« des Lichtes. Aus der Eiflüssigkeit im Inneren entstand die muschelweiße Yak-Hybriden-Kuh. Aus der inneren Schale des Eies entstanden drei Personen: der Weltgott »Weißes Licht«, der weiße »Alles wissende Menschen-Schützer« und der »muschelweiße mit Menschen versehene« Gott. Als das schwarze Ei aufging, entstanden der schwarze »Hochmutsmensch« und Drilrag Pungtra, »Schwarzer Haufen, weißer Haufen«, die beiden. Als das scheckige Ei aufging, entstand der glänzende »Wunschgebet-Mann«. Der hatte kein Auge zum Sehen, kein Ohr zum Hören, keine Nase zum Riechen, keine Zunge zum Schmecken, keine Hand zum Ausstrecken und keinen Fuß zum Gehen, sondern nur einen Geist zum Denken, der ihm als Äquivalent für das sehende Auge, das hörende Ohr, die riechende Nase, die schmeckende Zunge, die sich ausstreckende Hand und den gehenden Fuß diente. Er gab sich selbst seinen Namen, nämlich Weltgott Sangpo Bumtri. Der Weltgott Sangpo Bumtri heißt auch Yemön Gyalpo. Der Weltgott Yemön Gyalpo legte sich zur Rechten Gold und einen Türkis und sprach ein Wunschgebet, worauf ein Goldberg und ein Türkistal entstanden. Das ganze Geschlecht der Cha entstand daher. Zur Linken legte er eine Muschel und einen Karneol, woraus ein Muschelberg und ein Karneolberg entstanden. Das ganze Geschlecht der Mu entstand daher. Gerade vor sich legte er einen Kristall und einen erzhaltigen Stein und sprach ein Wunschgebet, worauf ein Kristallfelsen und ein Lichtsee entstanden. Das ganze Geschlecht der Tsug entstand daher, nämlich die rotbraunen Würmer, die hellgrauen Heuschrecken und die fünfhörnigen Insekten. Dies ist das ganze Geschlecht der Lü oder Nagas. Das Mu-Geschlecht wurde zu den erleuchteten Bönpos, das Cha-Geschlecht zu den schwarzköpfigen Menschen, das ganze Tsug-Geschlecht zu den Tieren. In dem Muschelberg und dem Karneoltal zur Linken entstanden der Mu-Sohn Trulbu Wangden und die weiße Nyen-Frau. Als sie sich in Geier verwandelt hatten und sich vereinigten, entstanden der Bön-König von Tagzig und der Religionskönig von Indien. Als sie sich in Tiger verwandelten und sich vereinigten, entstanden die Könige von Khotan, Nepal und Trom. Mit dem Reichtumskönig von Tagzig sind es vier. Als sie sich in Pferde verwandelten und sich vereinigten, entstanden das weißfüßige Pony vor der Tür und der haarige Yak. Als sie sich als Yaks verbanden, entstand der wilde weiße Yak vor der Tür. Als sie sich in Schafe verwandelten und sich vereinigten, entstand der helle Widder vor der Tür. Das ist die Entstehung des ganzen Mu-Geschlechts. Als der Cha-Sohn Jitsug Gyalwa die Muschelfrau Rungmo zum Weibe nahm, wurde Tagcha Alol aus dem Cha-Geschlecht geboren. Als Tagcha Alol die Tsam-Frau Jachungma zur Frau nahm, wurden vier Brüder aus dem Cha-Geschlecht geboren. Als Chala Dramshing (einer dieser vier) falsch geschworen hatte, brach die Geschlechterkette ab. Von Öde Gunggyal[6] stammen die Götterscharen des Landes ab. Als der Cha-Gebieter Yalha Daldrug sich mit der Göttin Thang vereinigte, wurden neun Geistessöhne geboren. Als er sich mit einer Sri-Dämonin verband, wurden neun rote Geistessöhne geboren. Als er sich mit einer Nyen-Dämonin verband, wurde der Nyen-Enkel Lhanglhang geboren. Als er sich mit einer Mu-Dämonin verband, wurden zwölf Mu-Enkel geboren. Der Cha-Gebieter Yalha Daldrug hatte im ganzen 37 Söhne. Der jüngste in der fünften Abstammungslinie war Tingtrichen Barlha. Dieser hatte 18 schöne Körperzeichen: Auf dem Scheitel des Hauptes war ein spannenhoher goldener Stupa wie ein voller Mond. Links oben vom rechten Auge war etwas wie eine aufgehende Sonne. Rechts oben vom linken Auge war ein weißer Mond von Mondscheinart. Wo sich die beiden Brauen trafen, war ein kleiner schwarzer Punkt. Links oben auf der rechten Schulter war ein Abbild des Bön-Tempels Komaruring. Rechts oben auf der linken Schulter war ein kristallener Stupa von neun Stockwerken. Auf dem oberen Teil der Brust war etwas wie eine auf dem Boden kauernde Tigerin. Links oben auf den rechten Rippen war ein weißer Haarfleck. Rechts oben auf den linken Rippen war ein schwarzer Haarfleck. Auf dem unteren Teil des rechten Beins war eine Schlange, die sich nach unten ringelte. Hinten auf dem linken Bein war eine mit Augen begabte eiserne Biene. An der Sohlenwölbung des linken Fußes war etwas, das einem nach oben springenden Frosch ähnlich war. Die Gattung der Sadag, »Erdherren«, stammt von ihm ab.

Der jüngste der 37 Söhne ist der Weltgott Netrom Latra. Er wurde aus dem Hause seines Vaters entsandt, um das Menschengeschlecht zu vermehren. Nachdem er die 13 oberen Stufen nach unten passiert hatte, kam er im Frühlingsmonat Saga zur Erde, und indem er die neun Stufen der Geistesleiter herabstieg, gelangte er auf den Gipfel des Berges Mogpo, »Helm«. Dort sah er eine Frau mit einem weißen Fleck ein Gewebe weben, und er setzte sich vor den Webstuhl. Die Frau sprach: »Hier in einem menschenleeren Lande ist ein Mensch eingetroffen. Von welchem Lande bist du an diesem Morgen gekommen, und zu wem gehst du diesen Abend?« Der Weltgott Netrom Latra antwortete ihr: »Ich bin Netrom Latra, der jüngste der 37 Söhne des Cha-Gebieters Yalha Daldrug. Vom Himmel des Vaters bin ich gesandt, um das Menschengeschlecht zu vermehren.« Als er gerade so sprach, sah ihn ein Sri-Dämon und wollte ihn hinwegnehmen. Die Frau erschuf in dem gewebten Tuch auf dem Webstuhl einen Affen und verbarg ihren Gast Netrom Latra. Da fragte der Dämon: »Wohin ist der Mensch vor dem Webstuhl verschwunden?« Die

Frau antwortete: »Da ich den Affen hingesetzt hatte, habe ich nichts gesehen.« Da ergriff der Dämon den Affen und entschwand nach unten. Der fahle Hund des Dämons wollte aber trotz Befehls nicht gehen. Da zog die Frau das Instrument, mit dem sie den Faden auf dem Webstuhl festzulegen pflegte, und schlug es auf das Maul des Dämonenhunds, so daß dessen Zähne abbrachen. Als sie es gegen sein Auge schlug, preßte sie ihm dieses heraus. Der Zapfen des Instruments fiel herab. Seitdem gibt man Affen als Ablösung für einen Menschen. Da sprach die Frau: »Ich, als Weib, muß dem Manne sehr dankbar sein, und du, als Mann, mußt dem Weib sehr dankbar sein. Die Zauberkörper von uns beiden müssen sich im Fleisch vereinigen.« Als die Zauberkörper sich vereinigten, entsprossen der Verbindung die drei Söhne Thingpo, Thingmig und Thingge. Thingpo verunglückte durch Wasser, Thingmig durch Feuer. Die Cha-Prinzessin wurde von einem Teufelspfeil getroffen. Als Thingge, der Sohn des Weltgottes, die weiße Cha-Prinzessin zum Weibe nahm, wurde Bözom Latrom geboren. Als er sich mit der Mu-Gattin Trima vereinigte, wurde Gyatri Lashe geboren. Als er sich mit Trimo vereinigte, wurde das Tri-Kind Hor geboren. Als er sich mit Yignama vereinigte, wurden Bö, Jang und Li, die drei, geboren. Als er sich mit einer Nyen-Dämonin vereinigte, wurden ein Affe, ein Rind, ein Dachs und ein Bär geboren. Dies sind die vier nicht menschlichen, aber menschenähnlichen Geschwister.

Eine Bön-Schöpfungsgeschichte aus dem Buche Dröpug[7]

In grauer Vorzeit barg der königliche Namkha Töndo Chösug die fünf Lebensessenzen in sich und behütete sie wohl. Trije Chöpa, der Herr der Beschwörungen, erlangte diese Substanzen vom König Namkha und verleibte sie seinem eigenen Körper ein. Daraufhin brachte er ein beschwörendes »Ha!« auf seine Lippen, und siehe, da war Wind. Dieser Wind wirbelte wild wie ein Rad aus Licht, da entstand Feuer. Der Wind blies; das Feuer toste. Das heiße Feuer und der kalte Wind erzeugten Tautropfen, die winzige Materieteilchen trugen. Mit dem Wind flogen diese Partikel davon, und nach Zeiten formten sie einen Berg. Auf diese Weise wurde die Welt erschaffen.

Aus den fünf Lebensessenzen bildeten sich zwei Eier. Das eine, strahlend und würfelförmig, war wie ein Yak. Das andere, das groß wie ein Ochse war, hatte die Form eines Kegels und war von düsterem Schwarz. Trije Chöpa schlug das erste Ei mit dem Rad des Lichtes, und dem Aufschlag folgte ein Meer von Funken. Jene Funken, die hinauf zu den Himmeln schossen, ließen den strahlenden Gott Thogse entstehen; jene aber, die auf die Erde niederfielen, verwandelten sich in Dase, den Gott der Pfeile. Aus dem Innersten des Eies erschien der König der wirklichen Welt, Sripa Sangpo Bumtri, der somit noch vor Satri Ersang ins Leben gerufen worden war.

Aus den fünf lebenspendenden Ursubstanzen bildeten sich auch Nebel und Regen, die sich wiederum in Meere verwandelten. Der Wind blies über deren Wasseroberfläche, und eine Blase wie ein bitteres Flohkraut schoß daraus hervor und zerschmetterte das nun blauschimmernde Ei. Als dieses barst, erschien daraus eine blaufarbene Göttin: Es war Satri Ersang, die Mutter aller Dinge auf Erden, die von Sangpo Bumtri fortan Chujam Gyalmo genannt wurde.

Ohne ihre Nasen aneinander zu reiben, wurden sie und Sangpo Bumtri ein Paar, und aus ihrer Verbindung gingen die Vögel und die Tiere hervor. Nachdem sie aber ihre Nasen aneinander gerieben hatten, gebaren sie neun Söhne und neun Töchter. Aus den neun Brüdern wurde eine gleiche Zahl von Frauen erschaffen, die sie daraufhin zu ihren

Ehefrauen machten. Und aus den neun Schwestern ging eine gleiche Zahl von Männern hervor, die zu ihren Gatten wurden. All diese Geschwister wirken als Gottheiten in der Welt und erfüllen wichtige Aufgaben. Während einige der Brüder für die ewige Fortdauer des Universums, weitere für irdische Lebewesen die Verantwortung haben, sind die anderen die Ahnen von Berggottheiten. Unter den Schwestern finden sich die Göttinnen des Lebens, des Wohlstands und Schutzgottheiten des Bön-Glaubens. Vater und Mutter dieser Götter aber sind Sangpo Bumtri und die dem hellen Ei entstiegene Chujam Gyalmo.

Das schwarze Ei aber wurde von Sangpo Bumtris Feind, Gawa Mubön Nagpo, im Reich der Düsternis zerschmettert. Dort erzeugte es große Übel: Gier, Haß und Unwissenheit. Die Göttin der Finsternis, Theshe Nagmo, verband sich mit dem Dämon Menba Saidun, und gemeinsam zeugten sie eine Horde wilder Dämonen: acht Söhne und acht Töchter, die fortan Waffen erzeugten sowie Krankheit, Seuchen und Hungersnöte über die Geschöpfe brachten.

So waren die beiden Welten geschaffen worden, ein helles und ein dunkles Universum; zwei Geisteshaltungen, das Gute und das Böse; und zwei Sippschaften, eine von Gottheiten und eine andere von Dämonen.

Die Ausbreitung der Erde durch die Schildkröte[8]

Zu Beginn entstand ein riesiger Ozean, von dessen Grund die Schildkröte etwas Erde heraufbrachte, die sich zur großen Welt auswuchs. Die Legende erzählt, daß beim Beginn unserer Weltperiode, als das Chaos, das auf die Zerstörung des früheren Alls folgte, sich in flüssigen und trockenen Stoff zu scheiden begann, der Bodhisattva Manjushri eine ungeheure Schildkröte erschuf und sie auf den Gewässern schwimmen ließ. Um ein sicheres Fundament für die zukünftige Welt zu bauen, sandte er einen goldenen Pfeil in ihre rechte Seite. Darauf spie sie Feuer, ihr Blut floß, von hinten ging Kot ab, wodurch sich die Elemente des neu entstehenden Universums vermehrten. Die Schildkröte fiel auf den Rücken und trägt seither auf ihrem Bauchpanzer die Welt. Nun zeigt des goldenen Manjushris Schildkröte rechte Seite nach Osten, die linke Seite nach Westen, der Kopf nach Süden, der Schwanz nach Norden, die vier Beine in die vier Zwischenrichtungen. Ihr Titel lautet Sashi Sergyi Rübal, »Der gelben Erdfeste Schildkröte«.

Wie das Meer Land wurde[9]

In grauer Vorzeit breitete sich im Schneeland eine weite Wasserfläche aus, deren Wogen an ein mit Kiefern, Tannen und Palmen bewachsenes Ufer schlugen. Im Wald wuchsen die seltsamsten Blumen und Kräuter, und es gab Herden von gestreiften Hirschen, Antilopen und Nashörnern. Kuckuck, Drosseln, Lerchen und andere Vögel flogen zwitschernd von einem Wipfel auf den anderen, und auf den Wiesen hoppelten Hasen umher. Kurz, es herrschte eine friedliche und freudvolle Stimmung.

Eines Tages jedoch stieg auf einmal ein riesiger Giftdrache mit fünf Köpfen aus dem Meer. Er zerschlug die Wälder und wühlte das Meer auf, so daß gewaltige Wellen die Blumen und Kräuter vernichteten. Die wilden Tiere aber spürten das herankommende Unheil und flohen nach Osten, doch dort waren die Wälder schon zerstört und die Wiesen überschwemmt. Wandten sie sich nach Westen, bedrohten sie auch hier die turmhohen Wellen, so daß sie fast keine Luft mehr bekamen und keinen Ausweg mehr wußten. In diesem Augenblick sahen sie über dem Meer fünf bunte Wolken in der Luft, die sich in fünf Feen verwandelten. Diese kamen ans Ufer und bezwangen mit ihrer Zauberkraft den fünfköpfigen Giftdrachen.

Das Meer beruhigte sich, und die Hirsche, Gazellen, Affen, Hasen und Vögel verbeugten sich ehrerbietig vor den fünf Feen, um ihnen für die Rettung aus der Not zu danken. Sie baten sie, bei ihnen zu bleiben und alle Kreaturen zu beschützen. Darin willigten die Feen ein, und sie befahlen dem Meer, sich zurückzuziehen. So verwandelte sich der Osten in dichte Wälder, im Westen entstanden weite Felder, im Süden entstand ein Garten mit üppigen Gräsern und Blumen, und im Norden erstreckten sich endlose Weiden. Die fünf Feen verwandelten sich in die fünf höchsten Gipfel des Himalaya: den Gipfel der Göttin des Glücks und des langen Lebens, Tashi Tseringma, den Gipfel der blauen Göttin der Freude, Tinggi Shelsangma, den Gipfel der Göttin der Güte, Miyo Losangma, den Gipfel der Göttin der harmonischen Stimmen, Chöpen Drinsangma, und den Gipfel der Göttin der Zuverlässigkeit, Tekar Drosangma. Sie ragen an der Südwestgrenze Tibets empor und schützen dieses Paradies auf Erden. Der Hauptgipfel Miyo Losangma wird heute Chomolangma genannt und ist der höchste Berg der Welt.

Das kosmische Ei[10]

Aus dem Grundstoff der fünf Elemente
  ging ein großes Ei hervor;
aus der äußeren Schale des Eis
  wurde der göttliche weiße Fels geschaffen;
aus der Flüssigkeit im Inneren des Eis
  entstand ein See, muschelweiß und strahlend;
aus der vorderen Seite, aus dem mittleren Teil des Eis
  gingen die sechs Lebewesen hervor;
aus dem Dotter des Eis
  wurden weitere achtzehn Eier geboren;

diese achtzehn Eier von mittlerer Größe ballten sich in einem Ei zusammen, das weiß war wie eine Muschel.

Aus diesem muschelweißen Ei ward ein liebliches Kind geboren mit fünf Sinnesorganen und Gliedern, jedes einzelne so gut geformt wie die Antwort auf ein Wunschgebet, deshalb wurde es Yemön Gyalpo – König des ewigen Wunschgebetes – genannt.

Der König Yemön Gyalpo hatte acht Söhne und Töchter. Einer von ihnen war König Thingchen. Dieser König hatte neun Söhne, nämlich Gya [Ahne der Chinesen], Bö [Ahne der Tibeter], Hor [Ahne der Uiguren], diese drei; Jang als vierter [Volk im Süden der Tibeter, das später ganz von den Tibetern aufgesogen wurde]; Mön und Khele, diese zwei [Grenzvölker zwischen Tibet und Assam-Burma]; Sogpo [Mongolen] und Bal, diese zwei, zusammen acht. Nicht-Menschen aber von Menschenart als neunter Sohn [Völker in den Wäldern zwischen Tibet und Indien, die halb als Mensch, halb als Tier angesehen wurden].[11]

Wie der König Thing die Natur und die Geister in Aufregung versetzte[12]

Der erste Ursprung des Vergänglichen ist dieser: Der Himmel, der die Leere hat, die Helle, die das Licht hat, und die Finsternis, die die Schädigung hat – aus der Vereinigung dieser drei ist es entstanden.

Der Himmel, der die Leere hat, ist dadurch, daß er Himmel ist, zum Sinnbild geeignet; weil er die Leere hat, ist er von den Sinnen unerfaßlich; die Helle, die das Licht hat, öffnet durch die Helle alle Tore und zeigt durch das Licht alle Truggestalten; die Finsternis, die die Schädigung hat, bringt Verdummung hervor, durch die Schädigung Schmerzen und Krankheit.

Nachdem also auf dreifache Weise eines das andere erzeugt hatte, entstanden die undenkbaren Nyen. Die Nyen wohnen im Himmel, im Licht und in der Schädigung; da sie die verschiedenen Truggestalten in den zehn Weltgegenden verbreiten und alles gänzlich bedrängen, werden sie Nyen genannt. Im allgemeinen sind die Nyen durch den Gedanken nicht zu erfassen. Der Oberste der Nyen ist Nyenbarwa Dunggo Gyithor Tsugchen, eine durch den Gedanken nicht zu fassende Truggestalt.

Die Erdherren wohnen auf der Erde und üben Herrschaft aus über die Blumen, Bäume und Felsen. Die Erdherrin Tenma, von goldener Farbe mit goldenem Krug, hat die Herrschaft über die Erde.

Durch dieser beiden unverwirrten Geist sind, von oben und unten in den vier Haupt- und acht Nebengegenden hervorgezaubert, oben und unten die von Gedanken nicht faßbaren Naga-Kasten entstanden.

In früherer Zeit, als der König Thing die Länder besetzte und verteilte und der den Uranfang kennende König gebot, ist Verwirrung und Groll entstanden. Als man wildes Gestein brach und mit den Steinen Burgen baute, geriet der Herr des leeren Gesteins in Zorn. Als man wilde Bäume mit der Axt fällte und aus dem Holz Häuser baute, geriet der Herr der wilden Bäume in Zorn. Als man das wilde Gras mit der Grassichel schnitt und Grashütten errichtete, geriet der Herr des wilden Grases in Zorn. Als man die wilde Erde mit dem Spaten aufgrub und mit der Erde Burgen errichtete, geriet der den Erdboden und die Erdarten beherrschende Erdherr in Zorn. Als man dem schwarzen Wildyak des Erdherrn das Haar scherte und es für Zelte verwandte, gerieten die vier Torwächter-Erdherren in Zorn. Als man der Erde Moxa und Schnepper anlegte, d.h. aus den Teichen der Erde, sie grabend, Wasser schöpfte, gerieten sie in Aufregung. Als man die Erde aushob und ihr leere Fensterlöcher machte, um zu braten und zu kochen, gerieten sie in Aufregung. Als man auf der wilden Naga-Stadt eine Totenstätte anlegte, gerieten sie in Aufregung durch das Hersagen der Begräbnis-Versprechen. Als man in beiden Quellen mit unreinem Schöpflöffel Wasser schöpfte, gerieten sie in Aufregung. Als man über den Nagas eine Totenstadt anlegte, gerieten sie in Aufregung. Als man über den Nagas ein Gerüst errichtete, gerieten sie in Aufregung. Als man Leichname verbrannte, gerieten sie in Aufregung. Als man Senfkorn-Pfeile und Blut-Zor warf [bei Beschwörungen werden Senfkörner und Teigfiguren fortgeworfen], gerieten sie in Aufregung. Als man auf dem Herd Wolle versengte, gerieten sie in Aufregung. So sind die Naga-, Nyen- und Erdherren-Geschlechter in Aufregung geraten.

Der Affe und die Bergdämonin[13]

Der erhabene Avalokiteshvara nahm einst einem magisch inkarnierten Affen das Gelübde eines Laienanhängers ab und entsandte ihn in das Schneekönigreich Tibet zum Meditieren. Der Affe meditierte auf einem steilen Felsen und richtete seine Versenkung auf das Erleuchtungsdenken der Liebe und des Mitleids. Als er sich der tiefen Doktrin von der Leere hingab, kam dorthin eine unter dem Gesetz des Karman leidende Felsdämonin. Sie offenbarte viele Anzeichen von Liebesleidenschaft.

Später nahm die Felsdämonin die Gestalt einer irdischen Frau an und sprach zu dem Affen: »Wir beide müssen ein Ehepaar werden!« Der Affe antwortete: »Ich, der ich ein Laienanhänger des erhabenen Avalokiteshvara bin, würde mein Gelübde brechen, wenn ich dein Mann würde.« Da sagte die Felsdämonin: »Wenn du nicht mein Mann wirst, muß ich sterben«, und warf sich vor dem Affen zu Boden. Als sich die Felsdämonin wieder erhoben hatte, sprach sie folgendermaßen zu dem Affen: »Ach, du großer Affenkönig, ich bitte dich, mir ein wenig Beachtung zu schenken und mir zuzuhören. Ich wurde auf Grund des Karman im Geschlecht der Dämoninnen verkörpert. Da meine Leidenschaft ungeheuer ist, begehre ich dich. Wegen der Leidenschaft umwandle ich dich verehrungsvoll und flehe dich an. Wenn du mich nicht zu deinem Eheweib machst, werde ich mich schließlich mit einem Dämon zusammentun und jeden Tag 10 000 Lebewesen töten. Auch nachts werde ich tausend Kreaturen fressen. Wenn dann unermeßlich viele Dämonenkinder geboren worden sind, werden in diesem Schneekönigreich Dämonenstädte entstehen und die dort lebenden Wesen gefressen werden. Daher schenke mir Beachtung und habe Mitleid mit mir!«

Als sie zu dieser jämmerlichen Rede Tränen vergossen hatte, dachte der Bodhisattva-Affe bei sich: »Wenn ich ihr Mann werde, breche ich mein Gelübde, tue ich es nicht, ist meine Sünde auch ungeheuer groß.« Augenblicklich begab er sich zu dem Erhabenen auf den Berg Potala und richtete folgende Bitte an ihn: »Ach du mitleidsvoller Schützer der Welt, ich habe mein Laienanhänger-Gelübde wie mein Leben gehütet. Aber eine liebestolle Dämonin aus dem Geschlecht des Versuchers hat mannigfache klägliche und jammervolle Reden geführt, mich umwandelt und sich angeschickt, mir mein Gelübde zu rauben. Mitleidsvoller Beschützer der Liebe, schenke mir Beachtung!«

Auf diese Bitte hin sprach der Erhabene: »Werde der Mann der Felsdämonin!« Auch die beiden Herrinnen Bhrikuti und Tara riefen vom Himmel herab: »Das ist sehr gut!« Weil nun der Erhabene darauf den Affen und die Felsdämonin zu Ehegatten weihte, fanden sich im Schneeland hier drei Vorzüge: 1. In der Zukunft verbreitete sich die Buddhalehre und überdauerte lange Zeit; 2. es traten in ununterbrochener Folge heilige Männer auf, und 3. kostbare Schätze kamen zum Vorschein. Dieser gewaltige Segen wurde, auf die zehn Himmelsgegenden ausgedehnt, geweiht. Als darauf der Affe und die Felsdämonin ein Ehepaar geworden waren, wurden sechs ihrem Gehabe nach ungleiche Affenkinder geboren, die aus dem Bereich der sechs Verkörperungsmöglichkeiten abgeschieden waren. Das Affenkind, welches von den Höllenwesen abgeschieden war, war traurig und leidgewohnt, das von den Pretas abgeschiedene von häßlichem Aussehen und gierig nach Speise, das aus der Tierwelt abgeschiedene dumm und voll böser Absichten, das aus der Menschenwelt abgeschiedene von großer Intelligenz und geringem Selbstvertrauen, das von den Asuras abgeschiedene bösartig und sehr neidisch und das aus der Götterwelt abgeschiedene langmütig und tugendhaft. Die sechs Affenkinder wurden vom Bodhisattva-Affen in einen Wald mit Namen Jatsog, wo es Früchte gab, gebracht und drei Jahre dort belassen.

Als drei Jahre vergangen waren und der Affen-Bodhisattva wieder erschien, hatten sich durch die Macht des Karman die Affenkinder bis auf fünfhundert vermehrt. Infolgedessen waren die Früchte aufgezehrt. Da anderes Eßbares nicht vorhanden war, obwohl Vater und Mutter nichts aßen, mußten sie sagen: »Was sollen sie essen?« Sie befanden sich in einer Notlage und erhoben gequält die Hände. Da dachte der Affen-Bodhisattva: »Ich kann schließlich nicht der Sünde verfallen, da die Zahl der Affenkinder so groß geworden ist durch die Ausführung des Befehls des Erhabenen.« Augenblicklich begab er sich zum Berg Potala und flehte den Erhabenen an: »Ach, ich wußte nicht, daß eine Ehefrau der Kerker des Samsara ist, und wußte nicht, daß die Frau vom Teufel verlockt ist. Ich bin daher in den Sumpf geraten. Indem ich nicht erkannte, daß die Leidenschaft wie das Blatt einer Giftpflanze ist, und aus Mitleid geliebt habe, wurde ich getäuscht. So hat mich die Leidenschaft gefesselt, und der Berg des Elends erdrückt mich. Da ich vom Gift der Sünde kostete, befiel mich die Seuche. Weil mich ein Haufen von Leid quält, ernähre nun du, o mitleidsvoller Schützer der Liebe, irgendwie die Kinder! Durch die Heiratserlaubnis des Erhabenen bin ich in eine solche Lage gekommen, und es hat sich gleichsam eine Stadt der Pretas entwickelt. Zweifellos werde ich später in die Hölle kommen. Daher schütze mich aus Mitleid!«

Der Erhabene antwortete: »Ich will deine ganze Nachkommenschaft schützen«, und er erhob sich in die Lüfte, nahm aus den Höhlen des Weltberges Meru Gerste, Weizen, Erbsen, Buchweizen und grobe Gerste, streute sie auf die Erde, so daß das Land voll von Feldfrüchten wurde, ohne daß gepflügt worden wäre. Darauf führte der Affen-Bodhisattva die Affenkinder dorthin und übergab ihnen die ohne Pflügen gewachsenen Feldfrüchte mit den Worten »Zo Dang« (»Nun eßt!«). Daher rührt der Name des Berges Zodang Gongpo. Als nun die Affenkinder die Feldfrüchte aßen, wurden sie gesättigt, und ihre Haare und Schwänze verkürzten sich, sie konnten sprechen und wurden zu Menschen. Als Nahrung nahmen sie die ohne Pflügen gewachsenen Feldfrüchte zu sich, und sie bekleideten sich mit den Blättern der Bäume. Weil nun die Menschen des Schneelandes Tibet von dem Affen und der Felsdämonin abstammen, sind sie nach deren zwiefacher Art zu klassifizieren: Insofern sie zum Geschlecht des Affen-Bodhisattva als Vater gehören, sind sie langmütig, sehr gläubig, mitleidsvoll, energisch, Freunde der Tugend, mildredend und geschickt in der Rede; insofern sie zum Geschlecht der Felsdämonin als Mutter gehören, sind sie geil und gehässig, dem Handel und Profit ergeben, von großer Gier und Streitlust, sehr lachlustig, von großer Körperkraft und Mut, unbeständig bei einer Unternehmung, leichtsinnig, schnell zum Fliehen bereit, reich an den fünf Giften, hören gern von den Fehlern anderer und neigen zur Zornmütigkeit.

Damals bewaldeten sich dort die Berge, alle Flüsse füllten sich mit Wasser, und in Kongchulag entstand eine Höhlung, in die alle Wasserläufe einströmten, so daß sie in Konchulag verschwanden. Auf allen Hochflächen wurden Felder angelegt und viele Städte erbaut. Nicht lange danach

*Thangka mit der Abstammungsgeschichte der Tibeter
im Potala-Palast in Lhasa.*

wurde der Gebieter Nyatri Tsenpo König von Tibet, und Herr und Untertanen lebten in gebührender Ordnung. So ist es überliefert.

Eine Abstammungslegende aus Amdo[14]

Lamas, die von alten Dingen viel wissen, haben mir erzählt, daß im Anfang auf Erden nur ein einziger Mensch lebte; der hatte weder Haus noch Zelt, denn damals war der Winter nicht kalt und der Sommer nicht heiß; der Wind stürmte nicht, auch fiel kein Regen und kein Schnee, der Tee wuchs wild auf den Bergen, und keine Herde hatte etwas von wilden Tieren zu befürchten. Jener Mensch hatte drei Kinder, die lange bei ihm lebten und Milch und Früchte aßen. Da starb der Mann. Er war sehr alt geworden.

Die Kinder berieten, was mit der Leiche des Vaters zu machen sei, konnten aber nicht einig darüber werden. Der eine wollte ihn in einem Sarg begraben, der andere ihn verbrennen, der dritte ihn auf dem Gipfel eines Berges aussetzen. Endlich beschlossen sie, den Leib in drei Teile zu teilen. Jeder sollte ein Stück nehmen, und dann wollten sie sich trennen. Bei der Teilung bekam der Älteste den Kopf und die Arme; von ihm stammt die chinesische Familie ab. Deshalb sind seine Nachkommen in Kunst und Gewerbe so berühmt geworden, sind auch kluge Leute, verschmitzt und können allerlei Ränke schmieden. Der jüngere Sohn bekam die Brust, er ist Stammvater der tibetischen Familie, darum haben die Tibeter soviel Herz und Mut, fürchten den Tod nicht und bleiben ungebändigt. Der dritte Sohn bekam die unteren Körperteile; von ihm stammen die mongolischen Völker. Ihr seid lange in den östlichen Steppen umhergereist und müßt sagen, daß die Möngolen einfältig und furchtsam sind, daß sie keinen Kopf und kein Herz haben; ihre Haupteigenschaft besteht darin, daß sie fest in den Bügeln stehen und sicher im Sattel sitzen. Nun wißt ihr, weshalb die Mongolen gute Reiter, die Tibeter gute Krieger und die Chinesen gute Kaufleute sind.

Mythische Schöpfungsgeschichte, Bön-Abstammungsmythen und die Menschheitsgeschichte

Die Frage nach dem Ursprung der Schöpfung und der Herkunft des Menschen beschäftigte die Tibeter wie alle anderen Völker auch. Entsprechend der Größe ihres Landes und der Komplexität des Kulturkreises ist diese Frage aber nicht zu allen Zeiten und in allen tibetischen Regionen gleich beantwortet worden. Daher weisen die Mythen und Legenden oft die verschiedensten Versionen auf, die von Lokalkolorit und divergenten kulturellen Einflüssen zeugen. So wie der nach Tibet übernommene Buddhismus sich anpassen und Elemente der alten Bön-Religion aufnehmen mußte und die Bönpos sich wiederum der neuen Lehre anpaßten, zeugen auch die Mythen von der historischen Auseinandersetzung widerstreitender religiöser Weltanschauungen. Die Wiedergabe der verschiedenen Überlieferungen wird dadurch erschwert, daß – völlig verständlich in Volkserzählungen – beispielsweise selbst die alten Bön-Schöpfungsgeschichten mit ihrer animistischen Weltanschauung und von den Naturkräften her verstandener Daseinsinterpretation sich nicht der buddhistischen Elemente erwehren konnten. Dabei spielen gerade die örtlichen Bedingungen eine überaus große Rolle: Zwar ist auffälligstes Merkmal des tibetischen Kulturkreises die große Religiosität und die tiefe Gläubigkeit seiner Menschen, doch haben sich Magie und »Naturglaube« in den klosternahen Akkerbaugebieten und den von den monastischen Lehrzentren weit entfernten Weidegebieten unterschiedlich stark gehalten und damit die tradierten Erzählungen verschieden stark beeinflußt und überprägt.

Erstaunlich und bemerkenswert bei Schöpfungsmythen und Abstammungslegenden auf der ganzen Welt ist nicht selten die mehr oder weniger offensichtliche Nähe zu Fakten wissenschaftlicher Erkenntnis unserer Zeit, gewissermaßen die verklärte Überlieferung naturkundlicher Kenntnisse über erd- und menschheitsgeschichtliche Entwicklungen. Ob zufällige oder systematische Interpretation der natürlichen Umgebung oder vage Vermutung des »Volksempfindens« – faszinierend ist die in einen ansprechenden Rahmen gefaßte Deutung der Umwelt allemal. Selbst die buddhistische Prägung der meisten dieser Mythen hat kaum etwas an ihrem Gehalt an »Urwissen« ändern können. Sie erschwert lediglich die Zuordnung zu den alten Bön-Lehren bzw. die Eruierung der weltanschaulichen Konsequenzen dieser Mythen.

Um einen Eindruck von der Verschiedenartigkeit der mythischen und legendären Erzählungen zu geben, wurden in diesem Kapitel Beispiele der Deutung der Welt, ihrer Schöpfungsgeschichte sowie jener der Menschen (speziell der Tibeter) und der Abstammung der verschiedenen Volksstämme wiedergegeben. Dabei wird deutlich, daß es sich zumeist weniger um eine »Schöpfung von Anbeginn«, sondern vielmehr um das Entstehen und Wachsen der bestehenden Ordnung handelt.

Einzig die ersten beiden Beispiele, »Das Lied vom Ursprung der Welten« und »Von der Entstehung der schwarzköpfigen Menschenähnlichen«, die die alttibetische Kosmogonie umreißen, beginnen in einem wahren Uranfang, der Leere, aus der sich – gleich einer befruchteten Eizelle – Neues entwickelt. Sie ergehen sich in philosophischen Spekulationen über Sein und Nichtsein und das Entstehen eines Dualprinzips: das Ursein, Licht und Strahl, Finsternis und Helligkeit, kalter Wind und fahler Reif usw. Vor allem die Licht-Finsternis-Dualität hat die tibetologische Wissenschaft wiederholt auf die Ursprünge im Iran verwiesen, mit dem (unter dem Namen Tagzig) die Bön-Mythologie, ja selbst alte tibetische Reiche (Shangshung), in enger Weise verwoben waren. Es bleibt schwer zu sagen, ob diese Dualität so eindeutig von der ostasiatischen Yin-Yaṅg-Vorstellung abzukoppeln ist, wie das beispielsweise Hermanns[15] getan hat, oder ob nicht ohnehin vorhandene Polaritätsvorstellungen lediglich durch iranische Einflüsse ausgeformt wurden. Unsere bisher gewohnten Vorstellungen von »Bön-Religion« entsprechen jedenfalls weniger einer genau definierten Religion, als vielmehr einem religiös-weltanschaulichen Vorstellungskomplex, dessen Inhalte sich mehr oder weniger deckungsgleich vom südlichen Zentralasien über Hoch- (die »Ur-Tibeter«) und das nördliche Ostasien (die »alten« Chinesen) bis nach Sibirien finden: von Animismus, Schamanismus, Tier- und sogar Menschenopfer geprägte Weltanschauungen.[16]

Sowohl in der süd- als auch der ostasiatischen Mythologie tauchen am Uranfang kosmische Eier auf, weshalb dieses Motiv in Tibet durchaus schon heimisch gewesen sein dürfte – bietet es doch in Analogie zur Tierwelt eine treffende Metapher für das Gebären, das Erschaffenwerden schlechthin. Entsprechend beschreiben die kosmogonischen Mythen die allmähliche – fast embryonale – Entwicklung aus den »Ur-Dingen« zum Welt-, aber nicht Schöpfergott Sangpo Bumtri und über die Genealogien verschiedener Wesenheiten (Geister-, Göttergeschlechter, Tiere usw.) bis hin zur Menschheit.

Überwiegend aber scheinen die Schöpfungsmythen – insbesondere die buddhistisch geprägten – von Existierendem auszugehen, sei es in Form einer schon vorhandenen Schöpfergottheit oder einer bereits bestehenden Welt. Sie drehen sich weniger um die Erschaffung der Welt an sich, als um die Entstehung der augenblicklichen kosmischen Ordnung, unserem »Hier-und-Jetzt«. Der Ausgangspunkt ist eine existierende Welt, die dem Untergang geweiht ist und ins Chaos mündet, das als Grundstoff für eine Neu-schöpfung dient. Hier klingt bereits das zyklische Denken an, das im krassen Gegensatz zum linearen Geschichtsver-ständnis des Westens steht. In diesem Sinne ist es nicht ver-wunderlich, daß selbst das Himmelsseil- bzw. -leitermotiv des Weltgottes Netrom Latra (»Von der Entstehung der schwarzköpfigen Menschenähnlichen«) später von der buddhistischen Überlieferung auf die legendären Könige der Yarlung-Dynastie (vgl. 4. Kapitel S. 139) übertragen wurde. Die zyklische Geschichtsauffassung erleichtert es, die motivische Übernahme aus einer verdrängten Weltord-nung – jener der Bön-Religion nämlich – in eine neue – die buddhistische – als kosmische Kontinuität zu deuten und als Legitimation der irdischen Herrschaft zu interpretieren.

Schon in dem alten Bön-Mythos taucht ein Affe auf, als ein Dämon dem Göttersohn Netrom Latra nachstellt. Ein zur Ablenkung des Dämons erschaffener Affe deutet auf die Ablösung eines ursprünglichen Menschenopfers durch andere Opfer hin, was in chinesischen Annalen belegt ist (Tieropfer, u. a. Affen). In der Legende von der Erschaf-fung der Tibeter (»Der Affe und die Bergdämonin«) taucht der Affe wiederum auf, diesmal als Vorvater der Tibeter, was – zumindest für die teilweise in feuchteren Tälern lebenden Süd-Tibeter oder die Qiang-Völker Osttibets – nahelegt, daß der Affe ihr Totemtier war. Von anderen tibetischen Stämmen – und weiteren Völkern insbesondere Südwestchinas – ist dagegen der Hund als Totemtier be-legt. Die prototibetische Bevölkerung des Hochlandes stellt sich ethnisch also keineswegs einheitlich dar – was wenig verwundert in diesem zwei Millionen Quadratkilo-meter großen Gebiet, das noch heute den verschiedensten ethnischen Einflüssen unterliegt. Verschiedene Totemtiere in den einzelnen Regionen Tibets sprechen daher dagegen, daß in Kenntnis der Evolution Mensch und Affe auf ge-meinsame Vorväter zurückgeführt werden. Wer aber will andererseits die Möglichkeit eines solchen Grundbewußtseins bei den Tibetern ganz von der Hand weisen, da doch die weitere Entwicklung der Menschen aus den Nachkommen jenes Affen und der Bergdämonin das evolutionäre Werden so schön veranschaulicht?

Im ersten Beispiel eines Schöpfungsmythos (»Lied vom Ursprung der Welten«) stehen am Anfang abstraktere Ideen wie die erdachte Welt, die gewollte Welt und die Entstehungsursache – Motive, die das karmische Element des Buddhismus eingliederten. Ähnlich symbolisiert die geplante und gewollte Welt, die als Idee des Weltschöpfers (Sanggye) immanent ist, ein kosmisches Prinzip – das Absolute, sozusagen den »Urbuddha«. Noch einmal verläßt selbst dieser stark geprägte Mythos den buddhistischen Boden und variiert das Motiv des kosmischen Eies – hier in Form von fünf Arten von Eiern, aus denen die fünf Elemente (Wind, Feuer, Wasser, Erde, Himmel bzw. Äther), fünf magische Keimsilben (Ti, Te, Yu, Ni, A) und die Lebewesen der fünf bzw. sechs Daseinsbereiche (Höllenwesen, Hungergeister, Tiere, Menschen, Titanen/Götter) hervorgehen. Damit sind wir eindeutig wieder in den Sphären buddhistischer Anschauungen angelangt, deren Vorstellungen über die einzelnen Daseinsbereiche weiter ausgeführt werden. Gleichwohl steht die Entwicklung zum Menschen andernorts (im Mani Ka'bum) im Vordergrund: Dort wird nämlich geschildert, »daß sie vom Affen-Vater das zottige Körperhaar und das rote Gesicht, von der Dämonen-Mutter Schwanzlosigkeit und Gier nach Fleisch- und Blutnahrung ererbten, also Raubtiernahrung nahmen. [...] Erst als sie Vegetarier wurden, sich von Körnern ernährten, und Religion annahmen, indem sie die Untugenden mieden und die Tugenden übten, wurden sie Menschen.« Damit hatte der Prozeß der weiteren Zivilisierung begonnen, denn diese »Umwandlung erfolgte also nur bei einem der sechs Lebewesen, welche erzeugt wurden; nämlich bei jenem, das Mensch werden sollte«.[17] Am Ende unseres Textbeispiels wird jedoch mit der Schaffung der

Erde – die man sich wie bei den alten Chinesen viereckig vorstellte – und des Weltenberges Meru die kosmische Ordnung begründet.

Bei den anderen Schöpfungsgeschichten handelt es sich eher um Neuschöpfung denn um Ersterschaffung. Immer existiert bereits ein Schöpfer – wie Namkha Töndo Chosug, der die fünf Lebensessenzen (Elemente) hütete, oder der Bodhisattva Manjushri – oder auch eine materielle Welt (weite Wasserfläche). So beschäftigen sich der Dröpug-Mythos und jener, der davon berichtet »Wie der König Thing die Natur und die Geister in Aufregung versetzte«, damit, wie die Kräfte (Berggottheiten, Göttinnen des Lebens, der Finsternis usw. bzw. die alten Bön-Geisterwesen wie Nyen) entstehen, die ihr Wirken in der Welt entfalten (Krankheiten u. ä.). Des weiteren setzen sich Mythen immer wieder mit dem Entstehen der Menschen auseinander (»Das kosmische Ei«, »Wie der König Thing...«, »Amdo-Legende«), wobei es sich verständlicherweise meist nur um die Tibeter bzw. ihre Nachbarvölker handelt: Chinesen (Gya), Türken (Uiguren, Hor), Jang (die Qiang der Antike, die zum Teil in den heutigen Qiang der chinesischen Provinz Sichuan aufgegangen sind und als eigenständige Ethnie weiterexistieren), Himalaya-Grenzvölker und Mongolen. Der König Thing wiederum bringt ein neues Element in unsere Auswahl, das des Kulturheroen: So wie Prometheus den Menschen das Feuer aus dem griechischen Götterhimmel geholt hat oder in China eine Anzahl mythischer Vorzeit-Kaiser materielle Güter und zivilisatorische Kenntnisse vermittelten, scheint die Herrschaft des Uranfang-Königs Thing die Voraussetzung für die Ausbildung der Zivilisation in Tibet zu erklären. Unter seiner Ägide werden steinerne Burgen und Holzhäuser erbaut, Wiesen und Felder bearbeitet, Yaks geschoren, ihr Fell zu Zelten verwoben u. a. mehr. Die buddhistische Überlieferung freilich nimmt in den Mythen massive Umdeutungen vor, ist es doch hier (»Der Affe und die Bergdämonin«) der allbarmherzige Bodhisattva Avalokiteshvara (tibet. Chenresi), der den Ahnen der Menschheit ein Leben als (Jäger und) Sammler ermöglicht und ihnen die Feldfrüchte bringt, als der Bevölkerungsdruck zu groß wird, und sie somit zum Ackerbau übergehen können.

Wir haben es hier folglich nicht mit reinen Schöpfungsmythen zu tun, sondern es sind darunter Erzählungen zu finden, die sowohl die Unterschiede zwischen den Völkern und Menschen zu begründen versuchen, als auch die Herkunft von Dämonen und Geistern erläutern wollen. In jenen Mythen, welche die Entstehung des »Schneelandes« deuten, schlagen sich sogar erdgeschichtliche Vorgänge nieder. »Wie das Meer Land wurde« dürfte ein Ergebnis der Auseinandersetzung mit erdgeschichtlichen Zeugnissen (Fossilien) sein, aus denen auch die moderne Wissenschaft den Schluß gezogen hat, daß das tibetische Hochland aus dem Meer hervorgegangen ist. Nach einem von Samuel Turner berichteten Mythos[18] heißt es, »Tibet sei in früheren Zeiten ganz überschwemmt gewesen. Die Entfernung des die ganze Oberfläche deckenden Wassers wird der wunderbaren Einmischung des Gottes Gya zugeschrieben. Aus Mitleid mit den wenigen Eingeborenen, die Tibet damals hatte und die nicht viel besser als Affen waren, ließ Gya die Wasser nach Bengalen ab und machte die armselige Rasse, die das Land nachher bevölkerte, durch Lehrer, die er ihr schickte, menschlicher.« Ob der Göttername Gya auf China verweisen soll, was der Mythos »Das kosmische Ei« mit seinem Verweis auf den chinesischen Urahn nahelegt, ist allein mit dem tibetischen Namen für China, Gya, wohl kaum zu belegen. In diesem Zusammenhang sei aber dennoch auf die motivische Parallele im chinesischen Mythos von Kaiser Yu verwiesen, der die Fluten des – vom tibetischen Hochland kommenden – Gelben Flusses bezwungen und in geordnete Bahnen gelenkt hatte und als einer der legendären Kulturheroen maßgeblich für die ostasiatische Zivilisation gelten kann.

Ein ähnliches naturkundliches Wissen spiegelt im Nepal-Tal der Chobhar-Mythos wider, der von der Trockenlegung der Senke um Kathmandu berichtet: Dieses sei in einem Goldenen Zeitalter ein von Schlangengeistern (Nagas) bewohnter See gewesen, dem der Bodhisattva Manjushri durch einen Schwertstreich im Süden zu einem Abfluß verholfen habe. Dort fließt heute Nepals heiliger Fluß Bagmati durch die Chobhar-Schlucht aus dem Kathmandu-Tal hinaus.[19] Tatsächlich sind See-Sedimente hier wissenschaftlich nachgewiesen. Lange bevor sich die Wissenschaft mit der Erforschung unserer Lebensumwelt beschäftigte, hatte sich solches naturkundliches Wissen in den alten Mythen bereits niedergeschlagen.

Wie stellt sich das Weltbild der »alten Tibeter« nun dar, welche Weltanschauung war durch das Bön präsentiert? Der Begriff »Bön« bedeutet »herbeirufen, beschwören« und bezeichnet damit wesentliche Aufgaben einer »Priesterschaft«, die einer von animistisch-schamanistischen Glaubensvorstellungen geprägten Bevölkerung diente. Diesen Vorstellungen liegt eine Weltanschauung zugrunde, die nicht allein die Menschen, sondern auch Tiere, Pflanzen, unbelebte Dinge (wie Berge, Felsen) und Naturphänomene (z. B. Donner, Regenbogen) als beseelt begreift. Um sich diese dienstbar zu machen oder auch – wie im Falle von Naturereignissen – sie zu besänftigen, versuchten die Menschen, mit Hilfe von Opfern und Zauberpraktiken Einfluß auf sie zu nehmen. Auf solche »Anrufungen« (Bön) spezialisierten sich im Laufe der Zeit bestimmte, besonders dazu begabte (berufene) Mitglieder der Gemeinschaft, zu denen die Schamanen zählen. Sie zeichnen sich als »Berufene« dadurch aus, daß sie durch ekstatische Praktiken Verbindung mit transzendenten Wesenheiten aufnehmen – also genau mit jenen beseelten Wesenheiten, deren sinnliche Wahrnehmbarkeit und Zugänglichkeit jenseits der Möglichkeiten des menschlichen Geistes liegt.

Wie sah nun die kosmische Ordnung aus, in der die Bön

wirkten? Die Welt der frühen Tibeter gliederte sich in drei Bereiche: den Himmel, den Luftraum nahe der Erdoberfläche und die Unterwelt. Wie im alten China, stellte man sich die Erde selbst als ein Viereck vor. Sie ist Miyül, das »Menschen-Land«, in dessen Zentrum Tibet liegt, weshalb die Provinz um Lhasa Ü, »die Mitte«, heißt. Daran anschließend liegt der innere Ring der Nachbar- und ein äußerer Ring von Fremdvölkern. Die Menschenwelt wird überspannt vom Himmel als einem achtspeichigen Rad (dem Himmelsrund), worin die vier Haupt- und die vier Nebenrichtungen die acht Speichen darstellen. Er ist Lhayül, das »Geisterland«, und damit die Sphäre von Nam, des höchsten Wesens im ersten der drei, später neun Himmel. An der Seite dieses einst wichtigen Himmels- und Schöpfergottes stehen die Gestirne und andere himmlische Geisterwesen. Die Unterwelt, Ogyül, wird von Wassergeistern, von Teufeln und Dämonen bewohnt, die die Menschen zu schädigen suchen. Am Grund von Flüssen und Seen, von Quellen, aber auch generell im feuchten Untergrund hausen die Lü, eine Art Wassergeister in Schlangengestalt – den chinesischen Drachengöttern nicht unähnlich. Unter buddhistischem Einfluß wurden sie den indischen Nagas gleichgesetzt. Die »Erdherren«, Sadag, und die vampirartigen Sri bewohnen den eigentlichen Erdboden, während der Luftraum von den Tsen, einer als wilde, rotfarbige und gepanzerte Jäger über die Berge dahinreitenden Dämonenschar, durchstreift wird. In Bäumen, Gräben und im Felsgestein der Berge haben sich die Nyen eingenistet, wo sie – leicht reizbar – den Menschen Krankheit und Tod schicken können. Lü, Nyen, Sadag, Zelt-, Haus- und Herdgeister (Thalha) sowie Himmelsgeister (Mu) – die Zahl der guten (Lha) und bösen Geister (Dre) ist riesig. Sie schienen das Hochland dichter zu bevölkern, als es den Menschen möglich war, weshalb die vielfache Aufgliederung der verschiedenen Sphären schwerlich verwundert. Die Verbindung zwischen den ver-

schiedenen Himmeln und Weltenbereichen stellte ein
»Himmelspfeiler« her, der im irdischen Bereich von her-
ausragenden Bergen repräsentiert wurde.[20] In vieler Hin-
sicht deckte sich die Bön-tibetische Vorstellung der Welt
mit jener der alten Chinesen.[21]

Gemeinsamkeiten gibt es auch mit den Anschauungen
der nordasiatischen Viehzüchterkulturen: Das Motiv eines
Urmeeres, eines die erste Erde bringenden Tieres (häufig
eine Schildkröte), ja, die komplexe animistische Vorstel-
lungswelt sind samt dem Schamanismus in ganz Nord- und
Zentralasien sowie im alten China verbreitet, dessen Kult
um den Himmel (vor allem um den Himmelssohn als irdi-
schem Mandatsträger) am längsten anhielt. Die Vorstellung
eines kosmischen Eies findet sich in Indochina, wie das
Urelternpaar, dessen einer Teil tiergestaltig sein kann (To-
tem).

Diese vielen Parallelen können wir nicht allein als nach
Tibet gewanderte Einflüsse interpretieren, sondern sie sind
vielmehr als ein deutlicher Hinweis auf die Vielfalt des
ethnischen Substrates zu sehen, das Eingang in das tibetische Volk gefunden hat. Neben dem Aufgehen in den zahlreichen tibetischen Stämmen kam es jedoch zu einer weiteren ethnischen Differenzierung, die sich ebenfalls in Ähn-
lichkeiten bei mythischen Inhalten der Nachbarvölker –
wie den Yugur und Qiang – niederschlugen. Eine dieser
Volksstamm-Entstehungslegenden berichtet davon, daß
die einst an den Ufern des Kokonor lebenden tangutischen
Joguren (Yugur) beim Einfall der mongolischen Ölöten
teils vernichtet, teils vertrieben wurden. Eine Frau und ihre
drei schwangeren Töchter, die vom Himmelsgott in der
Gestalt eines Yaks empfangen hatten, retteten sich an das
rechte Ufer des Ma Chu, wie der Oberlauf des Gelben
Flusses bei den Tibetern heißt. Aus ihnen seien schließlich
die Ngolok-Tibeter (alte Bezeichnung Hsifan), nach anderer Version lediglich deren drei Hauptstämme am Kokonor, die Banakasum, hervorgegangen.[22] In diesem Falle

käme dem Yak die Rolle eines Totems zu. Dagegen führt eine andere, von den benachbarten Chinesen überlieferte Legende in Amdo die Tibeter allgemein auf die Verbindung einer chinesischen Prinzessin mit einem Hund zurück: »Im grauen Altertum soll eine Tochter des chinesischen Kaisers in Begleitung ihres treuen Freundes, nämlich ihres Hundes, geflüchtet sein. Die Flüchtlinge kamen bis an den Kokonor(-See), wo sie rasteten. Die Prinzessin trug ein schwarzes Kleid. Sie opferte ihren Rock, um ein Zelt daraus zu bauen. Den unteren Teil befestigte sie zur ebenen Erde, während der obere Teil des Rockes an einen Ast gehängt wurde. In diesem selbstgefertigten Zelt hatte sie sich mit ihrem treuen Hund niedergelassen; hier brachte sie sechs Söhne und sechs Töchter zur Welt. Die Söhne wurden später die Stammväter der Tanguten (i. e. der Ngolok-Tibeter).«[23]

Es mag hier jedoch eher ein Zufall sein, daß ein in Frage kommendes Totemtier von den Chinesen in ihre Überlieferung aufgenommen wurde. Ihre Version scheint hier eine wilde Vermengung autochthoner Mythen zu sein, so unter anderem dem oben genannten »Kulturheroen« Thing, mit geschichtlichen Ereignissen, die der chinesischen Gepflogenheit der Bündnisheirat entsprangen, und einem Schuß Chauvinismus – der allerdings – wie die am Kapitelende angeführte Abstammungslegende aus Amdo zeigt – den Tibetern gleichfalls nicht ganz fremd ist. Aber, so überliefert ein tangutisches Dokument in Xi-Xia-Schrift[24], »der Tibeter, der Chinese und der Tangute, alle drei sind von einer Mutter. Die Ungleichheit ihrer Sprachen entstand durch die Entfernung ihrer Länder.« Und tatsächlich finden sich ja, je weiter man in der Geschichte zurückgeht, bei den verschiedensten kulturellen Aspekten, immer mehr Gemeinsamkeiten – wie wir gesehen haben und noch weiter sehen werden.

2. »GESAR VON LING« EPOS MIT VORGESCHICHTLICHEN BEZÜGEN

Die Entstehung des Reiches Ling[1]

Ein Held der Vorzeit namens Dongsum Mila Ngonmo hatte ein Ungeheuer mit neun Köpfen getötet und baute aus dessen Körperteilen das Schloß von Ling und die Landschaften von Ling, und zwar aus Köpfen, Beinen, Armen und Rippen das Schloß von Ling; aus den Lungen den Goldenen Berg, aus dem Herzen den Silbernen Berg; aus dem Magen die Droma-Ebene; aus den Eingeweiden die Gyuma-Schlucht; aus dem »kleinen Magen« das Jagdgebiet von Pothongangma; aus den Augen die Quellen Tsangya [wohl das Seengebiet]; aus der Nase den Ort Känyen Lingbum und aus den Nieren den Fels Gyabten.

Der Vorzeitheld Pälle aber brachte Muttertiere und Mutterschätze (darunter die Vorfahren von Sonne und Mond usw.) von einem verfallenen Schloß. Da fiel ein fruchtbarer Hagel auf Gogsa Lhamo, Gesars Mutter, und auf die Muttertiere und Mutterschätze hernieder, und diese gebaren die Gestirne und bevölkerten das Reich Ling.

Döndrub bereitet sich vor, als Gesar nach Ling zu gehen[2]

Im Lande Ling waren einmal die wilden Agus Pälle, Tromo und Gani. Weil es im Lande Ling keinen König gab, überkam den Agu Pälle tiefe Trauer. Agu Tromo war ein böser Mann; er freute sich an dem Unglück des Landes. Eines

Tages gingen die wilden Agus zum Ziegenhüten. Da kam auch der Himmelskönig Wangpo Gyashin aus dem oberen Götterreich zum Ziegenhüten. Auf einmal erschien der schwarze Teufelsvogel und wollte die Ziegen entführen. Wangpo Gyashin verwandelte sich in den weißen Göttervogel, und beide kämpften miteinander. Allen Agus kam der Gedanke: »Der schwarze Vogel scheint der Teufelsvogel zu sein.« Da ergriff Agu Pälle die Schleuder und sang dieses Lied:

> »Schleuder, du bunte Schleuder,
> Die Mutter spann dich zu ihrer Zeit,
> Die Mutter flocht dich zu ihrer Zeit,
> Zur Zeit, als ihr Kind sie, mich, trug.
> O komm, du kleiner länglicher Stein,
> Triff gut, laß den Feind nicht davon!«

So singend, schleuderte er und traf den schwarzen Teufelsvogel an den Flügel, daß er starb. Darüber freute sich Wangpo Gyashin sehr, und um den Agus Liebe zu erweisen, sang er:

> »Männer von Ling, gütig seid ihr gekommen,
> Pälle, Gani, gütig seid ihr gekommen,
> Eine Kuh und ein Kalb will ich euch hundertfach geben,
> Füllen und Pferd will ich euch hundertfach geben,
> Ein beladenes Lastschaf will ich euch hundertfach
>   geben,
> Ziege und Zicklein zusammen will ich euch hundertfach
>   geben,
> Einen gesattelten Hengst will ich euch hundertfach
>   geben,
> Einen Yak mit dem Nasenring will ich euch hundertfach
>   geben!«

Als er dieses Lied gesungen hatte, sagten die Agus: »Das ist alles nicht nötig!« Dem Agu Pälle kam dieser Gedanke: »Der Himmelskönig Wangpo Gyashin hat drei Söhne, es wäre gut, wenn er einen Sohn als König nach dem Lande Ling schickte.« Darum bat er: »Oh, gib ein Kind dem hauptlosen Lande als Haupt!« Als Wangpo Gyashin das hörte, ging er schnell nach dem oberen Götterreich zurück.

Der Götterkönig Wangpo Gyashin hatte drei Söhne, Dönden, Dönyö und Döndrub. Weil der Vater sie sehr liebte, wollte er nicht gern einen nach dem Lande Ling schicken. Als er darum zum oberen Götterreich zurückkam, aß er nichts und saß zornig da. Da brachte sein Sohn Dönden den Tee und die Mahlzeit, aber der Vater aß nichts. Dönden sagte: »Ist denn der Wolf zu den Schafen gekommen? Ist denn zum Frühstück die Krähe gekommen? Ging denn die Schleuder beim Jagen verloren?«

Der Vater sagte: »Der Wolf ist nicht zu den Schafen gekommen. Zum Frühstück ist nicht die Krähe gekommen. Beim Jagen ging nicht die Schleuder verloren. Aber du, mein Sohn, willst du als Haupt nach dem hauptlosen Lande Ling gehen? Wenn du gehst, dann will ich den Tee und die Mahlzeit zu mir nehmen!«

Der Sohn sagte: »Ich werde nicht gehen!

Ist der Hund erzürnt, bleibt die Suppe stehn,
Ist der König voll Zorn, bleibt der Braten stehn!«

Dann kam der Sohn Dönyö und sagte: »Vater, iß das Mahl und trinke den Tee!« Der Vater sprach: »Du, mein Sohn, willst du als Haupt nach dem hauptlosen Lande Ling gehen?« Der Sohn sagte: »Ich werde nicht gehen!

Ist der Hund erzürnt, bleibt die Suppe stehn,
Ist der König voll Zorn, bleibt der Braten stehn!«

Dann kam Döndrub, der allerkleinste, und fragte: »Ist denn der Wolf zu den Schafen gekommen? Ist denn zum Frühstück die Krähe gekommen? Ging denn die Schleuder beim Jagen verloren?«

Der Vater sagte: »Der Wolf ist nicht zu den Schafen

gekommen. Zum Frühstück ist nicht die Krähe gekommen. Beim Jagen ging nicht die Schleuder verloren. Mein Sohn, willst du nach dem hauptlosen Lande Ling als Haupt gehen?«

Der Sohn sprach: »Wenn ich auf das Wort von Vater und Mutter nicht höre, auf wessen Wort soll ich dann hören? Ich werde gehen!« Da nahm der Vater den Tee und die Mahlzeit zu sich. Wieder überkam den Vater große Trauer, und er sang:

> »Der Sohn Dönden, der ist das Herz von meinem
> Denken,
> Es ist nicht recht, das Herz ausreißen und dem andern
> geben!
> Der Sohn Dönyö ist meines Redens Zunge,
> Es ist nicht recht, die Zunge ausreißen und dem andern
> geben!
> Der Sohn Döndrub ist meines Sehens Auge.
> Es ist nicht recht, das Aug' ausreißen und dem andern
> geben!«

Dann sprach der Vater: »Bevor Döndrub nach dem Lande Ling geht, müßt ihr Söhne alle an einem Tage morgens zu Pferde um die Wette rennen, mittags Würfel spielen und abends Pfeile schießen.« So ritten sie alle morgens um die Wette, und dabei gewann der jüngste Sohn Döndrub. Zu Mittag spielten sie Würfel, und dabei gewann der jüngste Sohn Döndrub. Am Abend schossen sie Pfeile, und dabei gewann der jüngste Sohn Döndrub. Dann kam die Zeit, daß der Sohn Döndrub nach dem Lande Ling gehen sollte.

Bevor der Sohn Döndrub nach dem Lande der Menschen ging, gab ihm die hohe Mutter eine Lehre, gab ihm der hohe Vater eine Lehre. Beide sagten so: »Du brauchst

> Ein Roß, das immer den Rückweg weiß,
> Ein Roß, das hoch zu fliegen weiß,
> Ein Messer, die bösen Leute zu stechen,

Ein Messer, damit den Buddha zu stechen,
Einen Pfeil, der immer den Rückweg weiß!«

Dann sagte die Mutter: »O ja, es ist für Döndrub schwer,
ins Menschenland zu gehen! Kyangjung Yerpa ist gewiß

Ein Roß, das immer den Rückweg weiß,
Ein Roß, das hoch zu fliegen weiß.
Das Messer ›Dreifingerlang‹ ist gewiß
Ein Messer, die bösen Leute zu stechen,
Ein Messer, damit den Buddha zu stechen.
Der blaue Shringshu ist gewiß
Ein Bogen, des Pfeil wieder rückwärts fliegt!

Dies ist die Lehre der hohen Mutter:

Kyangjung Yerpa, das hohe Roß,
Ferner auch Shringshu, den blauen Bogen,
Findst du bei Oheim Tenzin, dem Roten.
Tsetse Ngangmar ist auf dem Passe.
Auf sie wirst du, o Döndrub, wohl springen,
Daran wirst du, o Döndrub, sterben.«

Sodann ging der Sohn, das Pferd, das Messer und den
Bogen zu holen, und kam vor dem Hause von Tenzin, dem
Roten, an. Dort sah er das Pferd, dessen vier Beine mit
Ketten gefesselt waren. Als das Pferd einen Mann kommen
hörte, sprang es in die Höhe. Döndrub sprach: »Onkel, sei
gegrüßt! Gib mir das Pferd Kyangjung Yerpa und den
blauen Bogen Shringshu! Ich, der Sohn Döndrub, gehe
nach dem Menschenlande. Ich bin hergekommen, den Onkel zu begrüßen!« Der Onkel sagte: »Das Pferd Kyangjung
Yerpa ist hier, führe es fort! Der blaue Bogen Shringshu ist
nicht hier, sondern in Agu Zas Hand!« Als er das hörte,
ging Döndrub, das Pferd führend, zum Hause von Agu
Za. Inmitten des Weges war ein weißes und ein schwarzes
Gewässer. Als er sich in dem schwarzen Gewässer die
Hände wusch, kam noch eine Hand aus dem Wasser her-

aus, ergriff Döndrubs Hand und hielt sie fest. Da sagte Döndrub: »Wer ist der, der meine Hand ergreift?« Aus dem Wasser antwortete eine Stimme: »Warum wäschst du dir die Hände in unserem Wasser?« Wie er das hörte, sprach Döndrub: »Bitte, bitte, laß meine Hand los! Ich hab's eilig. Ich gehe, das Haupt des hauptlosen Linglandes zu werden und will beim Agu Za den blauen Bogen Shringshu holen!« Da sagte es aus dem Wasser: »Sobald du ›Agu Za‹ sagend rufst, wird der Riese dich verschlingen. Darum sage ich dir dies: In Agu Zas Leib ist das Messer und der Bogen. Nimm dann in die rechte Hand das Messer und in die linke sein Herz. Wenn du dann in sein Herz stichst, wird er ›Komm heraus!‹ rufen.« Dann ließ es Döndrubs Hand los und verschwand im Wasser.

Als Döndrub bei Agu Zas Haus ankam, streckte der Agu zum Fenster die Hand heraus, ergriff den Döndrub und aß ihn auf. So saß Döndrub im Leibe des Agu und ergriff das Messer mit der rechten Hand. In die linke nahm er das Herz und stach. Da rief Agu Za: »Wer ist in meinem Leibe? Komm heraus!« Döndrub sagte: »Lieber Agu! Bin ich denn nicht der Sohn des Himmelskönigs Wangpo Gyashin! Wie ich nach dem hauptlosen Lande Ling als Haupt gehe und den Agu begrüßen und ihn um den blauen Bogen Shringshu bitten will, ergreift mich der Agu und verschlingt mich.« Da sprach der Agu: »Oh, du mein Herz, sei gegrüßt! Mir ist unwohl! Komm heraus!« Döndrub antwortete: »Lieber Agu, wirst du auf mein Wort hören? Wenn du darauf hörst, will ich dir Sonne und Mond für ein Jahr zum Essen geben. Ist das genug?« Der Agu sagte: »Es ist genug, du mein Auge!« Döndrub sprach: »So werde ich durch des Agus Zirbeldrüse herauskommen und das ganze Gehirn auf dem Kopfe hervortragen!« Der Agu bat: »Du mein Agu, bitte, komm doch auf dem vorigen Wege wieder heraus!« Da kam Döndrub zum Nackengrübchen heraus und trug Bogen und Messer in seiner Hand. Sonne und Mond gab er dem Agu für ein Jahr zum Essen.

Indem er nach dem hauptlosen Lande Ling ging, kam er unterhalb eines Berges an und sah dort die Ziege Tsetse Ngangmar liegen. Er sprang auf sie. Die Ziege erschrak und trug ihn auf die Gipfel von drei Bergen. Dort warf sie ihn ab, und Döndrub starb.

Gesars Geburt und Jugend[3]

Als der Göttersohn Döndrub gestorben war, verwandelte er sich in Hagel und kam im Lande Ling nieder. Dort wurde er der Gogsa Lhamo geboren. Obgleich er der hohe König vom Lande Ling war, wurde er in geringer Gestalt geboren. Sein Mund war groß wie ein Brunnen, und die Augen waren schwarz und häßlich. Auf dem Kopfkissen der Mutter war etwas schlechtes Mehl. Das Kind stand plötzlich auf, ging und aß von dem Mehl. Die Mutter sagte: »Da nimmt er sich keine Zeit zum Wachsen und ißt Mehl!« Sie zog ihm ein Stück Eselssacktuch an, band einen Ziegenhaarstrick darum und legte einen Stein darauf. Denn die Mutter schämte sich wegen der geringen Gestalt des Kindes. Zur selben Zeit verwandelte sich die Göttin Kurmenmo aus dem Götterreich in die Mutter Karthigmo und ging, Gogsa Lhamo eine Suppe zu bereiten. Die Mutter Karthigmo sagte: »Ei, Gogsa Lhamo, was ist dir denn geboren?« Gogsa Lhamo sprach: »Was mir geboren ist oder nicht, von alldem ist nichts mehr übrig. Es wurde mit häßlichen schwarzen Augen und einem Munde wie ein Brunnen geboren, und ohne sich Zeit zum Wachsen zu nehmen, aß es Mehl. Ich habe ihm ein Stück Eselssacktuch angezogen und einen Stein darauf gelegt. Dort ist es unter dem Stein!« Mutter Karthigmo holte das Kind unter dem Stein hervor, und das Kind sagte:

»Gütiger bist du als Wasser, o Frau Karthigmo, nun
            höre!

Gütiger auch als die Mutter, o Frau Karthigmo, nun
                                                  höre!
Menschlicher Weise nach füllt man mit Butterbrei eine
                                                Schale.
Gogsa Lhamo jedoch warf mir Buchweizen hin.
Menschlicher Weise nach steckt man das Kind in den
                                           Kindssack,
Gogsa Lhamo jedoch tat mir ein Sacktuch um.
Ein Sohn ist der Mutter geboren! sagt er.
Ein Sohn ist der Gogsa geboren! sagt er,
Und weiße Bänder weht er hinauf zum Himmel.
Ein Sohn ist der Mutter geboren! sagt er.
Ein Sohn ist der Gogsa geboren! sagt er,
Und rote Bänder weht er über die Erde.
Ein Sohn ist der Mutter geboren! sagt er.
Ein Sohn ist der Gogsa geboren! sagt er,
Und blaue Bänder weht er hinab zu den Wassern.«

Indem es so fortging, hörte Agu Tromo, daß Gogsa Lhamo
der Götterkönig Gesar geboren sei. Deshalb sagte er zu
sieben Priestern des Ostens: »In jener Hütte ist ein Kind.
Wenn ihr das Kind töten könnt, will ich euch die Hälfte
meines Schlosses und Landes geben.« Da verkleideten sich
die Priester des Ostens zu Bettlern und gingen zu Gogsa
Lhamos Hütte. Gogsa Lhamo dachte: »Diese sieben Leute
sind Bettler«, füllte ihnen einen goldenen und einen silbernen Teller und brachte ihn hinaus. Die sieben geistlichen
Brüder sagten: »Wir brauchen weder einen goldenen noch
einen silbernen Teller. Gib uns das Kind! Wir wollen es
Religion lehren!« Da gab ihnen Gogsa Lhamo das Kind.
Dann kam Mutter Karthigmo und rief: »Gogsa Lhamo,
wohin hast du das Kind gegeben?« Gogsa Lhamo antwortete: »Sieben Priester, welche sagten, »wir wollen es Religion lehren«, haben es fortgetragen!« Da sprach Mutter
Karthigmo: »Wie konntest du das Kind fortgeben?«, und
Gogsa Lhamo lief, das Kind zurückzunehmen, bis sie die

Gesar.

Bettler traf. Die Bettler hatten das Kind an Armen und Beinen mit Ketten gebunden, Feuer auf sein Herz gelegt und gossen ihm kochendes Wasser in den Mund. Als die Mutter das sah, ging sie vor die sieben Bettler und rief: »Gebt mir mein Kind!« Das Kind sagte:

> »Vierfach liege ich hier nicht gebunden,
> Zeichen ist's: vier Feinde werden fallen!

Auf dem Herzen fühl ich keine Flamme,
Zeichen ist's von flammenlohendem Glücke!
Heißes Wasser fühl ich nicht am Haupte,
Zeichen ist's von Tee, Bier, Milch zu kommen!«

So singend sagte das Kind: »Hum eins, hum zwei!«, zerbrach die Ketten und lief zur Mutter. Da trug Gogsa Lhamo das Kind nach Hause. Die sieben Priester des Ostens aber verwandelten sich in Käfer und fraßen die Asche des Feuers auf.

Als dann Agu Tromo wußte, daß das Kind noch nicht besiegt war, sagte er: »Ich werde selbst gehen«, kam und fragte Gogsa Lhamo: »Wo ist das Kind? Ist es groß geworden?« Das Kind sagte: »Lieber Agu, ich bin hier!«, worauf Tromo das Kind aus dem Bett holte und forttrug. Es war dort ein Felsen von Gift. Auf den wollte er das Kind werfen. Aber obgleich Agu Tromo das Kind herumwirbeln konnte, auf den Felsen konnte er es nicht werfen. Das Kind sagte: »Schwing mich nur herum, lieber Agu! Wirf mich nur hin!« Der Agu sprach: »Ich bin müde, ich kann nicht mehr!« Worauf das Kind rief: »Nun ist des Agus Zeit des Herumwirbelns vorbei, nun bin ich dran!«, so sagend, warf es den Agu auf den giftigen Felsen. Weil der Felsen von feurigem Gift war, wurde Tromo eine Seite seines Körpers verbrannt.

Eines Tages gingen Agu Pälle, Agu Gani und Agu Tromo zusammen auf die Jagd und töteten einen wilden Yak. An den Ort des Tötens kam auch das Kind. Die Agus sagten: »Geh, trage ein ganzes Bein auf einmal zu deiner Mutter!« Das Kind biß die Zähne in eine Sehne des Beines, trug es fort, gab es der Mutter und kam wieder. Dann sagten die Agus: »Bring die ganzen Eingeweide und das Innere zur Mutter!« und schickten es fort. Das Kind wickelte alles in sein Hüftentuch, biß mit den Zähnen in das obere Ende der Eingeweide und trug es zum Haus der Mutter. Dann kam es wieder. Agu Tromo wurde zornig, warf mit dem Schnürstock und traf das Kind an das Muttermal hinten am Halse, so daß es ohnmächtig zur Erde fiel. Da sagte Agu Pälle zu Tromo: »Er ist auch ein Mitglied unserer Vaterbrüder. Sie werden ihn an dir rächen!« Da fürchtete sich Agu Tromo und sprach zu dem Kind: »Höre, Gassenjunge, steh auf, bitte! Ich will dir die Hauptfurt von hundert Furten schenken.« Das Kind fragte: »Willst du sie geben, lieber Agu?« und stand auf. Als das Gassenkind die Hauptfurt von hundert Furten erhalten hatte, erlaubte es niemandem, darauf zu gehen. Als eines Tages Agu Tromo auf jener Hauptfurt durch das Wasser kam, rief das Gassenkind: »Wer kommt dort durch das Wasser?« und warf mit einem Stein nach Tromo. Agu Tromo sagte: »Au, ich bin es«, und das Kind rief lachend: »Warum hast du denn das nicht eher gesagt, lieber Agu?« Der Gassenjunge wurde sehr mächtig. Wenn man ihm nichts vom Trauermahl gab, ließ er keinen Leichenzug vorbei, und wenn man ihm nichts vom Hochzeitsmahl gab, ließ er keinen Hochzeitszug vorüber. Alles das trug er davon und gab es Gogsa Lhamo.

Wie Drukmo Gesars Braut wurde[4]

Gesar wuchs zuerst in der Gestalt des häßlichen Knaben Joro heran, der verlacht und unerkannt wegen seines Aussehens den Spitznamen »Rotznase« erhielt. Trotzdem gelang es ihm schon in ganz jungen Jahren, zwei schöne Mädchen als Gattinnen zu erobern. Zuerst die Jungfrau Aralgho Goa und dann die streitbare Amazone Aju Mergen, eine Tochter des Drachenfürsten. Sie war eine Jagdgenossin Joros, die er zuerst für einen Knaben hielt und erst als Frau erkannte, als er sie im Ringkampf besiegt und erobert hatte. Als dritte Gattin gewann Gesar – noch immer in der Gestalt des rotznäsigen Joro – die ebenfalls amazonenhafte Drukmo. Weil sie in der eigenen Heimat keinen ihr würdigen Mann finden konnte, zog sie nach Tibet in das Land der »Dreißig magischen Helden«. Dort traf sie anläßlich eines vom Himmelskönig gegebenen Pferderennens mit dem noch jungen Gesar zusammen.

Der Machthaber des Himmels kam mit seinem gesamten Himmelsgefolge und dem Gefolge der Wassergeister und hielt mit allen Agus ein großes Pferderennen ab. Die Magd Darlha Gochöma führte die Jungfrau Drukmo zum Platz des Rennens und stellte sie auf einen Felsblock. Die Magd sagte: »Heute höre auf mein Wort: Auf wessen Pferd du beim Rennen springen kannst, dessen Braut wirst du werden! Heute hör auf der Dienerin Wort, hör auf Darlha Gochömas Wort! Heut wird das Fell dir über die Ohren gezogen, Vater Tenpas Tochter wird Hiebe bekommen!«

Da kam der Himmelskönig Wangpo Gyashin angeritten, und Drukmo sprach: »Weder kenn ich den reitenden Mann noch auch darunter das schnelle Pferd!« Darauf sagte die Magd:

»Wenn du den reitenden Mann nicht kennst,
Wisse, der Himmelskönig ist das.
Und darunter das schnelle Roß
Ist das Götterpferd, Falbe genannt.
Mann und Pferd rühre nicht an, laß sie gehn!
Springst du jetzt, dann begehst du eine große Sünde an
                                    den Göttern!«

Also sprang die Drukmo nicht. Dann kam die Erdmutter Kyabdün angeritten. Jungfer Drukmo sprach: »Weder kenn ich den reitenden Mann noch auch darunter das schnelle Pferd!« Die Magd sagte:

»Kennst du nicht den reitenden Mann,
Sieh, es ist Kyabdün, die Erdenmutter,
Und darunter das schnelle Pferd,
Das ist das Erdenpferd, das rote.
Reiter und Pferd rühre nicht an, laß sie gehn!

Springst du jetzt, dann begehst du eine große Sünde an
der Erde!«

Also sprang Drukmo nicht. Dann kam Chogpo, der König
der Wassergeister angeritten, und Drukmo sprach: »Weder
kenn ich den reitenden Mann noch auch darunter das
schnelle Pferd!« Die Dienerin Darlha Gochöma sagte:

»Kennst du nicht den reitenden Mann,
Sieh, es ist Chogpo, der Wasser König,
Und darunter das schnelle Roß,
Das ist das Wasserpferd, das blaue.
Reiter und Pferd rühre nicht an, laß sie gehn!
Springst du jetzt, dann begehst du eine große Sünde an
den Wassergeistern!«

Also sprang Drukmo nicht. Dann kamen alle Agus vom
Lande Ling vorbeigeritten, und Drukmo sprang nicht. Zu
allerletzt kam Gesar angeritten. Er hatte die geringe Gestalt des Gassenjungen Joro abgelegt, trug eine rotviolette
Krone und das Pferd eine rotviolette kurze Mähne. Auf
der rechten Schulter des Mannes ging die Sonne auf, auf
der linken der Mond. Drukmo sprach: »Weder kenn ich
den reitenden Mann noch auch darunter das schnelle
Pferd!« Darauf sagte Darlha Gochöma:

»Kennst du noch nicht den reitenden Mann,
Sieh, es ist Gesar, von Ling der König,
Und darunter das schnelle Roß,
Kyangjung Yerpa ist es, das edle.

Wenn nun alles gut ausgeführt wird, dann werden mich alle
Leute Gochöma (d. h. die »Vollenderin«) nennen. Wird es
nicht gut ausgeführt, dann werde ich selbst mich Gomichö
(d. h. »Unvollendet«) nennen. Mann und Pferd laß nicht
vorbei, ergreife sie!«

Als nun Gesar reitend herankam, sprang Jungfer
Drukmo plötzlich auf das Pferd. Indem die Jungfer

sprang, nahm Gesar wieder die geringe Gestalt an, verursachte einen tüchtigen Läusegeruch und verwandelte das Pferd in einen weiblichen Dzo mit abgebrochenen Hörnern. Da riefen alle Gassenleute: »Die Liebe hoch! Fräulein Drukmo ist unseres Gassenjungen Braut!« Dann machte Drukmo den Joro zum Bräutigam und führte ihn nach Hause.

Von Gesars Hochzeit mit Drukmo[5]

Eines Tages breitete Drukmos Mutter die Teppiche verkehrt aus, so daß einige den Vorderrand auf die Wand zu hatten. Der Gassenjunge Joro sagte: »Wo der Vorderrand des Teppichs ist, da muß auch das Gesicht des Gastes sein!« und setzte sich hin, das Gesicht zur Wand. Da sprach Vater Tenpa zu Drukmo: »Der Junge ist ein Neunmalkluger, er wird noch davonlaufen!« Deshalb steckte die Jungfer den Joro in einen Topf und setzte den Deckel darauf. Obgleich nun die Magd und die Jungfer selbst Wache haltend davorsaßen, floh der Gassenjunge davon, ohne daß die beiden etwas bemerkten. Vor der Tür zerpflückte Joro beim Platz der Hunde sein Obergewand, tötete eine Ziege und vergoß deren Blut. Die Eingeweide der Ziege wickelte er um die Zähne der Hunde, um dann ins innerste Tal der Berge zu fliehen.

Als Vater Tenpa das vor der Tür sah, sprach er zu Drukmo: »Meine Tochter, geh ihn suchen! Es haben ihn doch hoffentlich nicht die Hunde gefressen!« Da ging Drukmo, ihn zu suchen, um hundert, um tausend Berge herum und fand ihn nicht. Das Kleid der Jungfer zerriß bis zum Kragen hinauf. Die Schuhe zerrissen von der Sohle bis oben hinauf. Als sie ihn dennoch nicht finden konnte, ging sie zu Agu Pälle, und Agu Gani und sprach:

»Du auf goldenem Throne, Agu Gani, nun höre!
Früh morgens begann ich zu klettern und kam auf den
goldenen Hügel,
Abends stieg ich herab und kam zu dem Kupfergefilde.
Hat er denn Kupfer geholt, möcht ich den Agu nun
fragen!«

Agu Gani sprach:

»Haben die Hunde den Gassenjungen aufgefressen,
Dann wird das Fell dir über die Ohren gezogen,
Dann wird's für Tenpas Tochter wohl Hiebe setzen.«

So ging Drukmo zu Agu Pälle und sprach:

»Du dort auf muschelnem Throne, Agu Pälle, so höre!
Morgens begann ich zu klettern und kam auf den silber-
nen Hügel.
Abends stieg ich herab und kam zu dem Bleigefilde.
Hat er denn Blei geholt? möcht ich den Agu nun fra-
gen!«

Agu Pälle sagte:

»Haben die Hunde den Gassenjungen aufgefressen,
Dann wird das Fell dir über die Ohren gezogen,
Dann wird's für Tenpas Tochter wohl Hiebe setzen.«

Da sprach Drukmo: »Alle Leute sagen so!« und ging, ihn
wieder zu suchen. Da nahm sie einen Stein, der ein Loch
hatte, guckte hindurch, ob sie Joro sehen würde, und erblickte ihn tatsächlich im innersten Winkel des Tales. Und
er hatte die rotviolette Krone auf, und das Pferd die rotviolette Mähne, die geringe Gestalt hatte er abgelegt und
tanzte fröhlich herum. Da lief die Jungfer, so schnell sie
nur konnte, und kam bei ihm an. Er sagte: »Nun, Mädchen, wo kommst du denn her?« und gab ihr in einer
Tassenscherbe einen ekligen Teig von schlechtem Mehl,
den er geknetet hatte. Er sprach: »Wenn du dies ißt, lauf

ich wieder fort!« Drukmo aß es und sagte: »So geh nur, lieber König!« Er sprach: »Und du, die reiche Tochter eines Reichen, hast den ganzen schlechten Teig aufgegessen. Treff ich 'nen Hund, soll der Hund davon hören. Treff ich 'nen Mann, soll der Mann davon hören!« Dann gingen die beiden zurück zur Mutter Gogsa Lhamo.

Als Joro eines Tages ein Gastmahl vorbereitete, schlachtete er viele Schafe und Ziegen. Ein abgezogenes Tier versteckte er in Drukmos Überwurf und sagte: »Ein abgezogenes Tier fehlt! Wer ist der Dieb? Mutter, du hast es doch nicht gestohlen?« Die Mutter antwortete: »Werde ich wohl etwas nehmen außer dem, was du mir gegeben hast?« Er fragte die Magd, die ihm erwiderte: »Werde ich wohl etwas nehmen außer dem, was mir der König gegeben hat?« Dann sprach er zu Drukmo: »Und du, reiches Kind eines Reichen, wirst doch nichts stehlen? Nun steh auf, und schüttele dich!« Drukmo sagte: »Werde ich wohl etwas nehmen außer dem, was mir der König gegeben hat?« Sie stand auf einmal auf, und als sie sich schüttelte, kam es aus ihrem Überwurf herausgefallen. Der Gassenjunge Joro aber sagte: »Und du, das reiche Kind eines Reichen, hast es gestohlen. Ich werde nicht mit dir gehen.« So neckte er seine Braut.

Der war es so nicht leicht gemacht, in ihrem häßlich aussehenden Bräutigam den großen Helden zu erkennen. Bitter begann sie sich auch bei seiner Mutter zu beklagen: »Dein Sohn lebt nicht nach der Sitte mit mir als seinem Weibe. Statt dieser beständigen Leiden wäre es angemessener, auf schickliche Weise zu sterben; der Herr des Totenreiches mag dann zwischen uns entscheiden!« Darauf riet die Mutter dem getarnten Helden Gesar, der sich offensichtlich nicht sehr um seine Braut kümmerte: »Statt der Tochter eines angesehenen Mannes den Tod zu bereiten und mir einen bösen Namen zu machen, wäre es besser von dir, mein Sohn, in gebräuchlicher Weise zu leben.« Da legte sich der häßliche Joro in der Gestalt des herrlichen

Gesar nieder. Drukmo, die gelauscht hatte, stürzte herein und warf sich freudig über ihn.

Mutter Gogsa Lhamo breitete drei Teppiche aus: einen blauen, einen roten und einen weißen. Dann steckte sie drei Bänder auf: ein weißes, ein rotes und ein blaues. Sie sprach zu Drukmo: »Mach die Augen fest zu, hole aus all diesen Bändern eines heraus, und geh, und setze dich auf einen der Teppiche!« Da machte Drukmo die Augen fest zu, nahm ein Band und ging auf einen Teppich: Sie nahm ein blaues Band und setzte sich auf dem blauen Teppich nieder. Da sprach Gesars Mutter: »Jetzt ist der Götterkönig Gesar dein Teil. Später werden die weißen Zelte von Yarkand dein Teil sein!« so sprach sie prophezeiend. Im selben Augenblick hatte sich Joro wieder die geringe Gestalt des Gassenjungen zugezogen. Drukmo sprach zur Mutter: »Gib mir den Mann, der eben hier war, wieder!« Die Mutter sagte: »Ich werde mit dir zusammen suchen gehen.« Der Gassenjunge war zum herrlichen Schloß gebracht und von den Brüdern des Vaters des geringen Leibes entkleidet worden. Jungfer Drukmo kam vor dem Schloß an und sah das Pferd Kyangjung Yerpa. Drukmo sagte: »Ich habe meinen Bräutigam verloren.« Da packte das Pferd die Jungfer mit den Zähnen und schleuderte sie in das herrliche Schloß hinein. Daraufhin bekam König Gesar einen goldenen Thron, seine Königin Drukmo aber einen Türkisthron. Gesar erzählte ihr aus seinem Leben, berichtete von seinen jugendlichen Streichen und Eroberungen, erteilte ihr neun ernste Belehrungen und machte dann erst die lachende und weinende Drukmo zu seiner Lieblingsfrau. Drei Nächte lang hielten sie Hochzeit, und drei Tage lang gaben sie Gastmähler. Nun waren sie glücklich miteinander und wurden dick.

Gesars Zug nach China[6]

Der Sohn des Himmels und Kaiser des Reiches der Mitte war nach dem Tode seiner Gattin in unheilbaren Trübsinn verfallen und verlangte von seinem ganzen Volk, ständig mit ihm weiter zu trauern. Man wußte sich keinen anderen Rat mehr, als den Heldenkönig Gesar zu rufen, dessen Ruhm schon bis nach China gedrungen war. Gesar versprach zu kommen, verlangte jedoch zuvor verschiedene magische Wundermittel, die er für seine Mission benötigte: eine goldene Schlinge zum Einfangen der Sonne und auf jeden Fall die abgeschlagenen Häupter der sieben kahlköpfigen Wunderschmiede. Die ratlosen Chinesen konnten ihm allerdings nur den letzten Wunsch erfüllen. Gesar ließ die Menschenköpfe zerkochen, machte aus den Schädelknochen vergoldete Trinkschalen und brachte damit seiner Großmutter im Himmel ein Trinkopfer dar mit der Bitte, sie besuchen zu dürfen. Die Großmutter ließ ihm zuerst eine Strickleiter herab, dann auf seine Bitte eine Kettenleiter, auf der er hinanstieg und von ihr alle magischen Wundermittel erhielt, die er von den Chinesen verlangt hatte: auch eine silberne Schlinge zum Einfangen des Mondes.

So ausgerüstet machte sich Gesar auf den Weg nach China. Er fand den Herrscher in seinem Palast. Der Himmelssohn hielt seine tote Gemahlin noch immer in den Armen und schwor, daß er sich selbst nach zehn Jahren noch nicht von ihr trennen lassen würde. Als er jedoch endlich in Schlaf gesunken war, stahl ihm Gesar die Leiche und legte einen toten Hund in des Kaisers Arme. Als der Erwachende den Diebstahl bemerkte, ließ er Gesar in die Schlangengrube werfen. Der Held tötete mit seinen magischen Wundermitteln alle giftigen Schlangen, verwendete die ungiftigen Schlangen als sein Kopfkissen und sang frühmorgens ein fröhliches Lied. Daraufhin ließ ihn der wütende Himmelssohn in die Ameisenhöhle werfen, und nachdem dies nichts fruchtete, in die Läusehöhle und weiter nacheinander in die Wespenhöhle, die Grotte der wilden Tiere, in das »Finstere Loch« und endlich in das wilde Meer. Doch Gesar wurde mit allen Untieren und Naturgewalten fertig. Nun befahl der Kaiser des Reichs der Mitte, ihn auf den kupfernen Esel zu setzen, auf dem er zu Tode geglüht werden sollte, und ihn dann mit Lanzen zusammenzuhauen. Der Heldenkönig jedoch ließ mittels seines goldenen Steckens die Waffen seiner Feinde durch magische Kraft zerschlagen und zertrümmern.

Schließlich gab der unüberwindliche Gesar vor, er wolle nun durch seinen Papageien-Boten seine »Dreißig Helden« herbeirufen, um das Reich des Himmelssohnes zu zerstören. Der gewitzte Gesar aber hielt den Papagei heimlich an einem tausend Klafter langen Faden fest, während sich alle vor der Macht seiner anrückenden Krieger fürchteten: Nachdem sie erlebt hatten, daß sie noch nicht einmal mit Gesar allein fertig geworden waren. Der inzwischen von seinem Trübsinn geheilte chinesische Kaiser versprach Gesar daher alles, was er nur wolle. Der König Gesar verlangte Küne Goa, die Tochter des Herrschers, und blieb drei Jahre als ihr Gatte im Reich der Mitte.

Als er sich verabschieden und heimwärts ziehen wollte, trat ihm seine Gattin, die chinesische Prinzessin, entgegen: »Entweder bleibst du hier, oder ich ziehe mit dir!« war ihre unmißverständliche Forderung. Da schlug der schlaue Gesar vor, ein »Zeichen« zwischen ihnen entscheiden zu lassen: die Nacht mit Küne Goa im Freien zu verbringen und das Orakel ihren Pferden zu überlassen. »Wenn dein Vorschlag gelten soll, daß wir beide hierbleiben sollen, so muß sowohl mein Brauner als auch dein Blauschimmel mit dem Blick zum Schlosse gerichtet übernachten. Wenn aber dein Vorschlag ungültig, der meine aber gültig sein soll, so muß der Blick meines magischen Braunen abwärts und nach der Gegend meiner Heimat gerichtet sein.«

Küne Goa war einverstanden und – Gesar machte sich große Mühe, rechtzeitig auf zu sein, um den Kopf seines

Pferdes in die von ihm erwünschte Heimwärtsrichtung zu drehen. Er schien offenbar nicht das Risiko auf sich nehmen zu wollen, seinen drei Schönen zu Hause noch eine vierte hinzuzugesellen. Schon vor seinem Eintreffen vernahm die unter einer Zobeldecke verkrochen schlafende Drukmo, wie ihr König Gesar sich freudig ankündigte. Emsig ließ sie alles für seinen Empfang vorbereiten: »Der Vertilger der Wurzel der Zehn Übel in den Zehn Gegenden, mein treuer Fürst, ist im Anzug begriffen; beeile dich, den Tee zu kochen!« rief sie ihrem Diener zu, und große Freudenfeste wurden zu Ehren des Heimkehrers gefeiert.

Gesar und der Teufelskönig des Nordens[7]

Während Gesar und seine Frau zufrieden im Grenzgebiet verweilt hatten, war im oberen Lande Ling der Drukmo ältere Schwester Dzemo Bamsa Bumkyi[8] vom schwarzen Teufelskönig des Nordens ergriffen und in sein Reich verschleppt worden. Ihre durch einen Traum angezeigten Vorahnungen waren von Gesar und seiner Gattin jedoch nicht ernst genommen worden, so daß sich nach der Entführung Dzemos die Göttin Amnye Gungmen Gyalmo einschaltete und ihn ermahnte: »Der an diesem Orte weilende Held ist Döndrub Karpo. Dies ist bestimmt. Erhebe dich! Schlafe nicht! Stehe auf! Erhebe dich, und gehe den alten Teufel zu unterwerfen. Wenn die Männer viel schlafen, geht die Geschicklichkeit im Bogenschießen verloren. Geht aber diese Geschicklichkeit verloren, dann wird das Feindeshaupt Herrscher. Gehe, um den Teufel Khyapa Laring zu unterwerfen. Er kam, um die Frau Dzemo Bumkyi fortzunehmen.«

Als Gesar sich zum Aufbruch anschickte, überredete Drukmo den Heldenkönig noch zum Verweilen und trug ihm als Speise des Vergessens große Mengen von Tee und Schnaps auf. So vergaß der Held seine Aufgabe für einige

Zeit. Doch die Göttin Amnye Gungmen ließ in ihren Ermahnungen nicht nach, daß Gesar sich schließlich doch zum Kriegszug gegen den teuflischen Nordriesen entschloß. Wieder versuchte seine Gattin Drukmo, ihn durch süße und schmeichelnde Worte zum Bleiben zu veranlassen. Doch diesmal blieben ihre Bemühungen fruchtlos, weshalb sie ihm dies Schmählied entgegenschmetterte: »Deinem guten Ling-Gespons bist du, König, ein gar schlimmer Mann. Wenn deine plumpen Füße die Reitstiefel anzogen, wer half dir denn dabei? Doch nur ich, Drukmo. Wenn du über deinen vierschrötigen Körper das schmutzige Lederwams zogst, wer war dann dabei? Doch ich, Drukmo. Wenn dein grober Kopf den zerschlissenen Hut überstülpte, wer schaute dann zu? Doch ich, Drukmo. König, du ganz schlimmer Mann, verweile sofort!«

»Deine schöne weiße Farbe ist doch nur die Farbe von Tee und Milch. Deine innerste Gesinnung ist dem Hausherrn ein Übel. Frau mit der schlimmen Gesinnung, dich gebe ich auf!« So stritt Gesar mit ihr und sprengte alsdann davon. Dabei gab er drei scharfe und drei nicht scharfe Peitschenhiebe, schalt die Drukmo noch dreimal und ritt davon.

Gesar und sein Pferd reisten durch ein schwarzes Tal und über eine schwarze Ebene und sahen auf einem schwarzen Paß einen großen schwarzen Altar stehen. Weil Gesar glaubte, dies wäre der Altar des Teufelskönigs, zerstörte er alles von Grund aus. Die Trümmer warf er ins Wasser, den Staub gab er den Winden und ließ keine Spur davon übrig.

Dort weidete ein Ziegenhirte des Teufelskönigs in den dies- und jenseitigen Tälern seine Herde. Der König suchte aus all den Schaf- und Ziegenherden die Himmelsschafe heraus, faßte sie, trug sie herbei und tötete sie. Die Felle stopfte er aus und band sie mit einem Ziegenhaarstrick zusammen. Darauf fragte der König den Hirten nach allem, was den Teufel betraf; doch sagte dieser: »Wer bist du, was bist du?« und sprach nicht die Wahrheit. Da rief der Heldenkönig Gesar: »Woher hast du denn diese Himmelsziegen?«, faßte den Hirten beim Kragen und schlug ihn mit der rechten Hand dreimal auf die Backen. »O gnädiger König, ich wußte nicht, daß Ihr Gesar, der Götterkönig von Ling, seid! Bitte, schafft mir Erlösung in diesem und jenem Leben! Ich will Euch auch alles sagen, was den Teufel betrifft! Gegenwärtig ist der Teufel zum Ausspüren nach Westen gegangen. Die Dzemo Bamsa Bumkyi sitzt in einem eisernen Käfig gefangen. Wenn Ihr nun dorthin geht, werdet Ihr in den Ost-, Süd-, West- und Nordtoren des Teufelsschlosses lauter tote Riesen sehen, welche ausgestopft sind. Sie sind auf Pferde und Elefanten gesetzt und mit Schwert und Flinte versehen. Sie sind aber alle leer; darum fürchtet Euch nicht!«, so sagend belehrte er ihn. Indem der König vorwärts ging, fürchtete er sich doch. Es war, als würde ihm das Leben genommen. Er schoß im Gehen Pfeile ab, und hier und dort wirbelte Staub auf.

Dann ging Gesar vorwärts und öffnete der Reihe nach neun Tore. Das innerste Haupttor war von Gold. Als er dasselbe öffnete, sah er die Dzemo Bamsa Bumkyi in einem eisernen Käfig sitzen. Die Dzemo sagte: »Wer bist du?

Verirrter Mann, dies ist ein Riesennest!
Verirrter Knab', dies ist ein Riesennest!

Wie willst du wieder hier herauskommen?«

»Ich bin Gesar, der Götterkönig von Ling! Komm du nur heraus!« Indem er so sprach, holte er sie aus dem eisernen Käfig hervor, und deshalb bezeigte die Dzemo dem Götterkönig viel Liebe, Ehrfurcht und Dienstfertigkeit. Als ungefähr 15 oder 20 Tage vergangen waren, kam erst ein starker Wind; und dann zitterte und bebte der ganze Ort. Deshalb fürchtete sich Gesar und rief: »Was ist das? Was höre ich? Sag mir's, Dzemo!« Die Dzemo antwortete: »Der König selbst kehrt jetzt um nach Hause!« –

»Wo sollen wir beide, Mann und Pferd, dann bleiben?« –
»Er wird noch vor zehn bis fünfzehn Tagen nicht ankom-
men! Macht Euch keine Sorge!« sagte sie. Als etwa zehn
Tage vergangen waren, kamen noch mehr Wind und Erdbeben als jenes Mal, so daß Gesar sich fürchtete und fragte:
»Was ist jetzt los?« – Jetzt hat er die Hälfte des Weges
zurückgelegt!« antwortete sie. Dann holte die Dzemo aus
ihrer rechten Tasche sieben Knöchelchen und aus der linken sieben Muschelchen. Nun sagte sie: »Haha, huhu,
hrum hrum« und verwandelte die Knöchelchen in sieben
Jünglinge, die Muschelchen aber in sieben Jungfrauen.
Dann ließ sie zwei Löcher von achtzehn und neunzehn
Klafter Tiefe graben und steckte beide, den Heldenkönig
und sein Pferd, hinein.

Darauf erschien der Teufelskönig Khyapa Laring und
sagte: »Dzemo!

Ich rieche Menschenfleisch,
ich rieche Pferdefleisch!«

Die Dzemo gab die folgende Antwort: »Da kommt der
König her und trägt auf der rechten Schulter hundert Pfer-
dekadaver und auf der linken hundert Menschenleichen,
während er noch an einem achtjährigen Kinde kaut. Wie
soll ich denn aus dem eisernen Käfig heraus einen Menschen oder ein Pferd sehen?« Der Teufel sprach: »Dann
hole mir mein Buch! Halte es nicht unter den Leib, sondern opfere Weihrauch, und bringe es, auf dem Kopfe tragend, her!« Die Dzemo ging, hielt das Buch unter den
Leib, trat darauf, zündete Hundemist als Weihrauch an
und brachte es. Aus dem Buch heraus sagte es: »Der Götterkönig Gesar von Ling, der Mann mit dem Pferd, ist
gekommen und sitzt neun Rimpa tief unter einem See und
drei Bergen!« Der See und die Berge sind ein Gleichnis für
das Wasser des Kupferkessels und die drei Herdsteine.
»Das Buch weiß es nicht!« sagte der Teufelskönig und warf
es ins Feuer. Als die Hälfte verbrannt war, holte es die

Dzemo wieder heraus und sprach: »Es könnte uns doch noch einmal vonnöten sein!«

Dann rief der Riese: »Dzemo, jetzt bin ich hungrig! Bereite das Essen!« Daher richtete die Dzemo hundert Scheffel Mehl zu, zerstückelte hundert tote Pferde, Esel und Menschen, machte eine Sauce und gab ihm das alles. »Dzemo, jetzt will ich schlafen!« – »Schon gut«, sagte sie und machte Kopfkissen und Teppich zurecht. Er fragte: »Soll ich nur ein klein wenig wie die Vögel, oder soll ich ordentlich fest schlafen?« Darauf erwiderte Dzemo: »Wenn man auf der Reise ist, soll man nur ein klein wenig wie die Vögel schlafen; da ihr jetzt im eigenen Hause angekommen seid, schlaft nur fest!« »Dzemo, wieviel Wahrheit ist eben geäußert worden!« Dann schlief er ein. Wenn er ordentlich fest schlief, wachte er wohl vor einem Jahr nicht wieder auf. Als er nun schlief, schnarchte er laut. Aber die Dzemo holte wie vorher die sieben Knöchelchen und sieben Muschelchen hervor, stellte den Kupferkessel und die Herdsteine beiseite und ließ den Götterkönig, Mann und Pferd, wieder ausgraben. Der Teufel schnarchte, und wenn er die Luft ausstieß, wurde der Götterkönig, Mann und Pferd, an die Wand gedrückt; wenn er dagegen den Atem einzog, flogen beide, Pferd und Mann, vor die Nasenlöcher. Da fürchtete sich Gesar und konnte nichts tun. Die Dzemo aber ritt auf dem Pferd Kyanggö Yerpa, und obgleich sie mehrmals auf dem Körper des Teufelskönigs hin und her jagte, gab dieser durch kein Zeichen zu erkennen, daß er etwas merkte. Da faßte der Götterkönig Gesar wieder Mut und jagte auch zwei- oder dreimal, auf Kyanggö Yerpa reitend, auf dem Teufel herum.

Der Teufelskönig Khyapa Laring hatte neun Leben. Dieselben schnitt ihm Gesar alle einzeln der Reihe nach ab. Erst schnitt er die Nase ab, dann brach er die beiden großen Eckzähne aus; darauf schnitt er die rechte sowohl wie die linke Hand ab. Als er beide Augen herausriß, sagte der Teufel: »Wer bist du?«, regte sich ein wenig und legte sich auf die andere Seite. »Ich bin Pälle Gönpo!« – »Oh, von Pälle Gönpos Hand werde ich nicht sterben!« sagte Khyapa Laring. Und als Gesar die Zunge herausschnitt, rief er: »Au weh, wer bist du?« – »Ich bin Gani Gönpo von Ling!« – »Oh, von seiner Hand sterbe ich nicht!« Als dann beide Ohren abgeschnitten wurden, rief der Teufelskönig: »Au weh, wer bist du?« – »Ich bin Dangma Jangtra von Ling!« – »Oh, durch deine Hand werde ich auch nicht sterben!« Darauf sprach der Götterkönig Gesar:

»Kyerdzong Nyenpo, o göttlicher Vater, Preis dir!
Kurmen Gyalmo, o göttliche Mutter, Preis dir!
Schickt mir doch neun der mit mir geborenen Götter!
Heute kommt mir zu Hilfe, ihr Hochverehrten!
Meinem sehnlichsten Wunsche, gebt ihm Gelingen!«

Als er so gesprochen hatte, erhob er das steinerne Schwert, um des Khyapa Larings Kehle durchzuschneiden. Da kam Amnye Kurmen, die Götterkönigin, und rief:

»Der Weise ist ohne Weisheit!
Der Kluge ist ohne Klugheit!

Alle deine Gedanken sind zerrüttet, o Götterkönig Gesar! Töte den Teufelskönig nicht mit deinem steinernen Schwert! Eile herbei mit dem Messer ›Dreifingerlang‹ für den Sündigen!« Da eilte er mit dem Messer »Dreifingerlang für die Sündigen« herbei, und Khyapa Laring sprach: »Bist du der Götterkönig Gesar von Ling? Von deiner Hand muß ich sterben! Mich trifft dies Jahr das Feuer, dich trifft das Wasser! Deiner Hand bin ich unterlegen!« Damit starb er. Dann warf Gesar die Stücke des Teufels ins Wasser, den Staub gab er den Winden und ließ keine Spur von ihm übrig.

Wie die Dzemo Gesar den Kopf verdrehte[9]

Die Dzemo Bamsa Bumkyi gab Gesar Speis und Trank, und darunter auch Bak, den Trunk des Vergessens, und machte ihn dadurch das Land Ling und die Drukmo, das Schloß und alle Leute vergessen. Den ganzen Tag über spielten sie Würfel und schossen Pfeile; so vergnügte sie ihn. In dieser Weise vergingen drei Jahre.

> Es führte König Gurkar ein Heer heran
> Und brach die neun Türme vom Ling-Schloß entzwei.
> Er tötete Shekar, den Königssproß,
> Und führte die Drukmo, die Königin, fort.
> Von all diesem schrieb sie mit Blut einen Brief
> Und sandte ihn fort mit den Hausvögelein.

Diese flogen einmal hierhin und einmal dorthin und fanden den Götterkönig Gesar nicht. Die Augen taten ihnen vom Suchen weh, die Flügelkraft erlahmte, und sie flogen wieder zurück. Amnye Kurmen, die Königin, gab ihnen ein Götterbad und eine Götterreinigung, ließ sie ausruhen und schickte sie wieder zum Suchen aus. Als sie fort waren, verwandelte sich die Königin Amnye Kurmen in eine Taube, und weil sie ihnen den Weg zeigte, kamen sie im Lande des Teufels an. Als gerade der Götterkönig und die Dzemo beim Würfelspiel saßen, ließen die Vögel von Ling ihre Stimme vom Himmel herab tönen. Um Gesar nichts hören zu lassen, machte die Dzemo Lärm. Gesar aber sagte: »Hör doch, hör doch, o Dzemo! Ich vernehme eine Stimme« wie von meinen Vögeln von Ling?« – »Ja para sugu. Shaga ri siri!« so lärmten sie. Deshalb ergriff Gesar die Dzemo beim Zopf und horchte. Dann breitete er einen weißen Teppich aus und legte darauf den Körper eines frisch geschlachteten Tieres. Auch einen schwarzen Teppich breitete er aus und legte darauf das Aas eines umgekommenen Tieres. Er sprach: »Wenn ihr gute Nachricht habt, dann laßt euch auf dem weißen Teppich nieder, und setzt euch um das frische Fleisch herum. Wenn ihr aber schlechte Nachricht bringt, dann laßt euch auf dem schwarzen Teppich nieder, und setzt euch um das Aas herum!« Da ließen sich die Vögel alle auf dem schwarzen Teppich nieder und setzten sich um das Aas herum. Der große Vogel aber löste von seinem Halse den Brief und reichte ihn dar. Darin stand Nachricht von allem, was bisher geschehen war, geschrieben.

Als nun Gesar das Füllen Kyanggö Yerpa suchte, war es verschwunden. Er begriff nicht, wohin es gelaufen sein könnte und wohin nicht. Als er die Dzemo darum fragte, sagte sie: »Wer weiß? Mir ist nichts bekannt!« Da ging König Gesar aus, es zu suchen, und kam oben auf drei Bergen und unten in drei Tälern an. Endlich sah er es an der Grenze des Schiefers und des Eises. Es hatte einen wunden Rücken und wunde Schenkel. Gesar überkam Mitleid und große Trauer, und er rief das Füllen. Da kam das Füllen zu ihm und sprach: »Ei, du gedankenloser König Gesar!

> Früher war ich bei Drukmo zu Haus.
> Morgens bekam ich Mehl, Butter und Milch.
> Abends Kuchen und Zuckersaft.
> Stieg sie hinauf, liebkoste sie mich;
> Stieg sie hinab, so streichelt' sie mich,
> Sprechend ›Mein Füllen, wie mager bist du!‹
> Drei Jahre lang stand ich vor Dzemos Tür.
> Morgens bekam ich zehn Fuder Holz.
> Abends bekam ich zehn Fuder Sand.
> Stieg sie hinauf, mit dem Fuß sie mich stieß;
> Stieg sie hinab, mit der Faust sie mich stieß,
> Sprechend ›Du Füllen, du bist viel zu fett!‹

Da weinte ich Füllen.« Gesar antwortete: »Du hast ganz recht; auch mir hat die Dzemo den Kopf verdreht. Wir wollen jetzt nach dem Oberland von Ling gehen. Aber wie sollen deine Wunden geheilt werden?« Das Füllen sprach:

»In meinem rechten Ohr befinden sich drei gute Arzneien, welche meine Mutter Drukmo hineingetan hat. In dem linken Ohr ist ein scharfes Messerchen. Führe mich zur Quelle von Nektar und Milch, und wasche mich! Schneide mit dem Messerchen, und gib die Arznei! Dann werde ich geheilt werden.« Gesar tat, wie ihn das Füllen geheißen hatte, und dasselbe wurde feuriger und besser, als es vorher gewesen war.

Gesar und der Dzemo war ein Kind, ein Mädchen, geboren worden; dasselbe war noch klein und ein Säugling. Gesar hinterging die Dzemo und sprach: »Weil das Kind so klein ist, kannst du nicht mit mir gehen. In einem Jahr will ich wiederkommen, Mutter und Kind zu holen.« Doch die Dzemo hörte nicht, wurde stolz und rief: »Ich werde aber mitgehen!« Da gab das Füllen einen Rat: »Laß sie bei mir hinten aufsitzen und reiten. Kommen wir dann in die Mitte des Flusses, so werde ich ihr einen Stoß geben, daß sie wieder auf dem vorigen Ufer ankommt.« So sagend, ließ es sie hinten aufsitzen und trug sie. Da gab es den Stoß und warf sie auf das vorige Ufer. Deshalb wurde sie sehr zornig, brachte den Säugling und sprach zu Gesar: »Weil du, der Vater, edlen Stammes bist, iß die obere Hälfte des Kindes! Weil ich geringer Abstammung bin, werde ich die untere Hälfte essen.« Dann machte sie von der Hüfte des Kindes an zwei Teile und saß da, an der unteren Hälfte kauend. Gesar aber verbrannte die obere Hälfte, formte die zerstoßenen Knochen in Heiligenbilder, errichtete einen kleinen Chörten und ging weiter.

Der Krieg mit Hor um die schöne Drukmo[10]

Im Lande Hor suchte man eine schöne und passende Braut für den König Gurkar, und die drei Khane des Hor-Reiches sandten ihre magischen Boten aus, um die Schönste in allen Landen ausfindig zu machen. Es ergab sich, daß die einzig ihnen würdig scheinende Gesars Gattin Drukmo im Lande Ling sei: »Der Körper der Drukmo, wenn sie aufrecht steht, gleicht einer mit kostbaren seidenen Stoffen überdeckten Fichte. Sitzt sie rechts in der Sonne, so scheint sie zu schmelzen, sitzt sie links im Mondschatten, so scheint sie zu erstarren. Des Nachts beim Lampenscheine hat sie das Ansehen, als hütete sie einhunderttausend kriegerische Rosse; so unendlich herrlich ist sie! Der König Gesar, ihr Gatte, ist nicht zu Hause, er ist noch nicht zurückgekehrt, seitdem er gegen den zwölfköpfigen Nordriesen ausgezogen ist, um demselben die geraubte Gemahlin Dzemo abzujagen. Die Götter der Höhe, die Asuras der Mitte und die Drachenfürsten der Tiefe haben zwar alle schöne Töchter – aber unter ihnen keine einzige, die sich mit der Drukmo vergleichen ließe.«

Die Entscheidung des Königs Gurkar von Hor ward ohne zu zögern getroffen, vergeblich warnten seine treuen Berater: »Wir sind nicht einmal imstande, das Weib eines der ›Dreißig Helden‹, der Gefolgsleute des Gesar, zu rauben, geschweige denn, daß wir Drukmo, das Schoßweib des Herrschers in den Zehn Gegenden, ihm abnehmen könnten. Laßt uns daher mit diesem Kriegsheer die Länder der benachbarten Fürsten durchstreifen und ihre Töchter besehen.«

Die Warner jedoch wurden nur als Feiglinge beschimpft und der Befehl zum Aufbruch ins Land Ling gegeben. Dsesse Schikir, der Heldenfreund des Gesar, sammelte die Kriegsmacht von Ling und Tangut zur Abwehr gegen die

Eindringlinge. Den drei Khanen aus Hor war zumute, als ob sich der Himmel um sie drehe. In den Reihen der Helden von Ling lauerte jedoch Verrat: Der alte Neider Gesars, Fürst Chotong, verbündete sich mit den Fürsten des Landes Hor, verkündete seinen Leuten den angeblichen Rückzug der Feinde, und die Helden von Ling gingen mit ihrem Gefolge wieder auseinander.

Nur Drukmo ahnte Böses, aber niemand wollte auf ihre Befürchtungen hören. So blieb sie ungeschützt im Schloß des Herrschers von Ling zurück. Da verbarg sie Gesars Schwert in ihrem Gewand und sandte in ihrer Not zur anderen Gattin des Heldenkönigs, zu der glänzenden Bogenschützin Aju Mergen, um Hilfe: »Wir wollen gegen die Heerführer aus Hor ins Gefecht ziehen!« So waren zwei Amazonen zur Verteidigung bereit, als der feindliche König Gurkar von Hor wirklich mit vierzig Mann als Vorhut seines Kriegsheeres ankam, um Drukmo zu rauben. Da forderte ihn Aju Mergen auf, vier Zehnerreihen mit seinen Mannen zu bilden. Mit vier Pfeilen durchschoß sie je zehn Mann und ritt dem Heer der Feinde entgegen – alles um sich tötend und vernichtend.

Die Khane von Hor glaubten sich nun von Chotong betrogen. Ihr Heer ergriff die Flucht und wurde nur mühsam von den Allertapfersten zur Umkehr und erneut zum Angriff auf Ling getrieben. Die tapfere Aju Mergen hatte bereits über tausend Krieger niedergestreckt, sah sich aber plötzlich mit zerbrochenem Bogen und ohne Pfeile ganz allein dem gewaltigen Heer der Fürsten von Hor gegenüber. Da wandte sie sich um und zog mit Zelt und Vieh in die Berge. Drukmo allein wehrte sich noch mit Gesars Schwert. Sie tötete zehntausend Mann und verwandelte sich schließlich, als sie in Bedrängnis geriet. Aber auch ihre Feinde waren mit magischen Kräften begabt, und so wurde Drukmo gefangen und mit allen Kostbarkeiten ins Land Hor verschleppt. Gesars »Dreißig Helden«, die auf ihren Burgen zu spät von der Entführung erfuhren, jagten den

Feinden nach, und jeder einzelne erschlug Zehntausende –
bis sie schließlich alle selbst fielen. Noch vor der Schlacht
rief Gesars großer Heldenfreund Dsesse Schikir verzwei-
felt: »Sohn der Götter aus reinen Regionen – magische
Erscheinung, was machst du, mein Gesar?« Aber Gesar
träumte, vom Vergessenheitstrunk betäubt, in den Armen
der schönen Dzemo im Schlosse des besiegten Nordriesen.

Auch Dsesse Schikir fiel, und die verzweifelte Drukmo
erbat sein Haupt von den feindlichen Fürsten. Sie benetzte
es mit Tränen und wollte den treuen Freund wieder zum
Leben erwecken. Aber vergebens suchte sie unter den
Erschlagenen einen Körper ohne Wunden für den Kopf
Dsesses – alle von ihm zusammengehauenen Krieger waren
verstümmelt. Da errichtete sie aus Pfeilen einen Scheiterhaufen für ihn, nahm einen seiner Pfeile, heftete daran eine
Botschaft für Gesar, in der sie ihm alles meldete, und
schloß: »Mein König, komm, und nimm Rache!« Dann
schleuderte sie den Pfeil durch magische Kunst durch die
Luft, so daß er im Pfeilkasten Gesars landete.

Gesars Besinnung[11]

Endlich hatte Gesar vernommen, was alles geschehen war.
Die schöne Dzemo, die dem Heldenkönig vor Jahren den
Trunk des Vergessens kredenzt hatte, hatte zwar um seine
Gedanken gewußt und ihren Geliebten zu hüten versucht.
Nun hatte sie aber nicht mehr verhindern können, daß eine
magische Botschaft nach der anderen den Herrn über das
Land Ling erreichte. »Arglistiges, betrügerisches Weib! Wo
sind all meine kostbaren Waffen?« schrie er. Doch erst, als
er drohte, ihre Burg zu verbrennen, erhielt er sie von der
weinenden Dzemo ganz verrostet zurück. Nichts konnte
ihn nun mehr von seinem Rachezug zurückhalten.

Auf dem Weg kam er an einem weißen Zelt vorbei, vor
dem ein kleiner Knabe stand, der ihm sagte, daß dies Haus

der Aju Mergen, der Gemahlin des Herrschers in den Zehn Gegenden, gehöre; daß aber seine Mutter gerade bei einem Wettkampf sei. »Sag ihr, mein Kind, daß ich rechts weiter gezogen bin. Wenn ich hier absteigen wollte, würde es mich aufhalten, da ich gerade im Begriff stehe, meinen Todfeind zu verfolgen.« Aber Gesar lenkte seine Schritte vorsichtig nach links, und nur auf dieser Seite erblickte die aus ihrem Versteck hervorkommende Aju Mergen gerade noch seine schimmernde Helmspitze. Die Amazone schoß und traf. Gesar bückte sich nach dem heruntergeschossenen Helm und ritt nachdenklich weiter: »Dieses sündige Weib zürnt nicht zu Unrecht!« gab er zu. Aber die beleidigte Amazone war sehr böse und schoß jetzt den Knaben nieder: »Wenn der Vater ein Bösewicht ist, so sind es auch seine Kinder bis zum Kleinsten.«

Von den mütterlichen Verwandten wurde Gesar ebenfalls nicht freundlich empfangen: »Du ruinierter, nichtswürdiger Narr!« Aber er wurde nicht nur beschimpft, die schlechten Nachrichten häuften sich. In der Heimat fand er auch seinen verräterischen Onkel Chotong und begann seine Rache. Das trug sich wie folgt zu: Jener hatte seinen Vater als Pferdeknecht in seine Dienste genommen und überaus schlecht behandelt, wie auch Gesars älteren Bruder, den er wie einen Hund an einen Pfahl kettete. Als der Heldenkönig in voller Rüstung vor den Toren des Schlosses erschien, rief er, man möge ihm die Pforte öffnen. Chotongs Gattin antwortete ihm zunächst, ging sodann schleunigst, ihren Mann zu warnen. Aus Angst vor Gesars Zorn über die schlechte Behandlung seines Vaters versteckte Chotong sich in einem alten Ledersack.

Gesars magischem Auge blieb es nicht verborgen, daß sein böser Onkel sich in diesem Ledersack verborgen hielt, er tat aber so, als wüßte er nichts. Er gab vor zu glauben, daß Chotong nicht zu Hause sei, wie ihm dessen Gattin versicherte, während er gleichwohl mit dem Ledersack herumspielte und damit den darin Verborgenen quälte.

Aus Angst vor Entdeckung jedoch konnte Chotong sich nicht darüber beklagen. Als Gesar verkündete, daß er müde sei und zu schlafen gedenke, glaubte sein Onkel sich bereits erlöst. Chotongs Frau bot ihm darob auch dessen eigenes Sandelholzbett an.

»Niemals!« rief der Heldenkönig aus. »Wie könnte ich so etwas tun? Chotong ist eine Erscheinungsform des Schutzgottes Tamdrin (Hayagriva); wenn ich ihm sowenig Respekt bezeigen würde, indem ich einen Fuß auf seine Schlafstatt setzte, würde mir dies wahrlich großes Unglück bringen. Nein, nein... Schau, dieser Sack wird wohl gut genug für mich sein, um darauf zu schlafen. Ihn werde ich als Matratze benutzen.«

Und so nahm Gesar den alten Ledersack, in dem Chotong steckte, und schleuderte ihn auf den Boden, drückte sich ihn zurecht und legte sich schließlich darauf zur Ruhe. Am nächsten Morgen, nachdem er erwacht war, gab er vor, etwas nähen zu müssen. Um die Schärfe seiner Nadeln zu erproben, steckte er sie geradewegs in den Ledersack, in dem sein Onkel steckte. So ging das eine ganze Weile, bis Chotong es nicht mehr ertragen konnte, laut aufschrie und um Vergebung flehte. Gesar warf seinen bösen Onkel in den Kerker, rettete überdies seinen alten Vater und spendete seiner Mutter Trost.

Schließlich zog der Heldenkönig Gesar weiter gegen das Land Hor: auf dem magischen Braunen, seinen tauschimmernden Harnisch angelegt, seine blitzfarbene Schulterbedeckung umgelegt, seinen wie aus Sonne und Mond vereint zusammengesetzten weißen Helm auf seinem edlen Haupte tragend, seine dreißig weißen Pfeile mit den Kerben aus Türkis und seinen straffen schwarzen Bogen eingesteckt und sein drei Klafter langes Schwert aus schwarzem Stahl umgegürtet.

In der Nähe des Hoflagers des Königs Gurkar von Hor floß die köstliche Quelle Chabchalan, wo die Töchter der Hor-Fürsten Wasser zu holen und zu baden pflegten. In der Gestalt eines Bettel-Lamas tauchte Gesar dort auf und legte sich über den Weg. Als erste kam die Prinzessin Tsassün Goa mit ihrem Gefolge. Sie vergnügten sich mit Ballspiel, zu dem sie eine köstliche Frucht verwendeten, die dem liegenden Bettelmönch in den offenen Mund fiel. Sie wollten die Frucht zurück, der Lama forderte sie jedoch auf, gutherzig zu sein, ihm die Frucht zu lassen und sich vor ihm zu verbeugen: Nur bösartige Mädchen würden ihm die Frucht wegnehmen und über ihn hinwegschreiten. Diese Mädchen aber waren bösartig. Darauf kam Ssumün Goa, die Tochter des zweiten Khans, und es ereignete sich dasselbe. Erst die Tochter des dritten Khans, die schöne Tsömsün Goa, die mit ihrem Wassereimer aus Perlmutt, Kristall und Gold kam, hatte Mitleid, beichtete dem Lama, verbeugte sich vor ihm, ließ sich von ihm segnen und machte dann um ihn herum einen Umweg zur Quelle. Eine Wahrsagerin ihres Gefolges glaubte in dem Bettelmönch Gesar zu erkennen. Aber Tsömsün schalt sie eine nichtswürdige alte Zauberhexe, die nur verkehrtes Zeug schwatze, und gebot ihr zu schweigen. Die schöne Tsömsün war jedoch selbst eine magische Verwandlung, wußte, daß sie wirklich den König Gesar vor sich haben müsse, und hoffte sogar, dereinst auch seine Gemahlin werden zu können. Gesar ließ die Quelle aus den Ufern treten, so daß die Zauberin darin ertrank, und gab sich dann der Prinzessin zu erkennen. Sie bat ihn, sich in der Gestalt eines achtjährigen Waisenknaben an der Quelle niederzulegen, und versprach das weitere zu regeln.

Gesars Rache und Sieg über die südlichen Mongolen[12]

Der Shiraighol-Khan empfing seine zu spät heimkehrende Tochter sehr erzürnt. Tsömsün Goa erzählte aber von dem kleinen, schlafenden Knaben an der Quelle und trotzte so lange mit ihrem Vater, bis er zustimmte, ihn bei sich erziehen zu lassen. Tsömsün ließ den Knaben holen. Er spielte mit einem fliegenden goldenen Schmetterling und einem elfenbeinernen herumspringenden Löwen. Der alte Khan war von der Kunstfertigkeit des Knaben entzückt und gab ihm den Namen Olchibai.

Anläßlich der Verlobungsfeier der Tsömsün Goa mit einem Nachbarfürsten Büke prahlte der Bräutigam, daß er sechs Helden des Königs Gesar getötet habe, und fragte, ob jemand sich mit ihm im Ringkampf messen oder seinen Boden spannen möchte. Der Knabe Olchibai schrie: »Wehe, Jammer!« Büke aber verhöhnte ihn nur: »Seht einmal diesen Taugenichts!« Da spannte Olchibai-Gesar den Bogen Bükes so stark, daß er zu Asche zerfiel. Nun stürzte sich Büke zum Ringkampf auf den vermeintlichen Knaben, doch dieser packte seinen Gegner, hob ihn auf und warf ihn über sich hinweg. Dem Büke floß das Hirn aus beiden Nasenlöchern, sein Schädel war zerschmettert, und er starb. Die drei Schiraighol-Khane aber lachten nur: »Diesem ist also sein großes Maul schlecht bekommen!« und Tsömsün Goa stellte sich nur so, als ob sie weine. Nacheinander meldeten sich die anderen Söhne der Khane zum Ringkampf mit dem Knaben, und alle unterlagen sie gleichermaßen.

Nun begann Drukmo Verdacht zu schöpfen über die wahre Person des gefährlichen Knaben Olchibai. Der beste Kämpfer der drei Khane stellte sich ihm jetzt zum Kampf und unterlag ebenfalls. Da ahnte Drukmo, daß der Knabe nur eine Verwandlung ihres einstigen Gatten Gesar sein

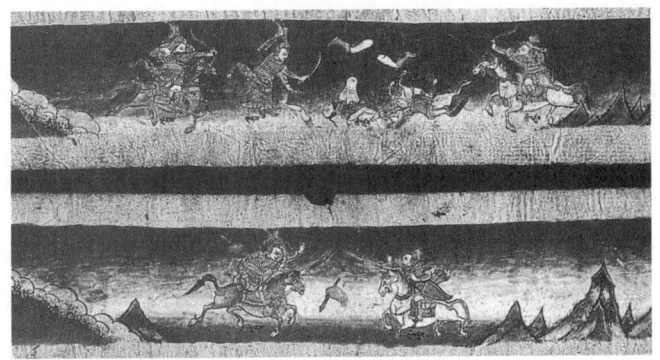

Schlachtenszene aus dem Gesar-Zyklus.

könne. Olchibai wurde in die Schlangengrube geworfen, doch er tötete die giftigen Schlangen und verwendete die Riesenschlangen als Kopfkissen. Dann sang er Lieder von Gesar und seiner untreuen Gattin. Drukmo ersann immer neue Proben, die nur ein Gesar überstehen konnte, um Olchibai zu prüfen. Aber der Knabe täuschte sie in oft doppelter Verwandlung. Als sie ihm zwei Thronsitze, einen silbernen und einen goldenen, hinstellte, verwirrte er sie besonders. Denn als Olchibai setzte er sich auf den goldenen Thron: schon glaubte Drukmo, es sei Gesar. Da ritt er gleichzeitig in seiner Gestalt als Gesar auf seinem magischen Pferd Kyanggö Yerpa daher: Wieder trug er seinen blauschwarzen Harnisch, seine Schulterbedeckung war blitzfarbig, sein weißer Helm war wie aus Sonne und Mond zusammengesetzt, die dreißig weißen Pfeile seines schwarzen Bogens hatten Kerben aus Türkis, und sein Schwert aus schwarzem Stahl war neun Klafter lang. »Warum habt ihr meine Gemahlin Drukmo hierher entführt?« tobte der Heldenkönig. »Warum habt ihr meine Tempel geplündert? Die großen Sammlungen des mit goldener Schrift geschriebenen Kanjur und Tanjur geraubt? Warum meine ›Dreißig Helden‹, drei Völkerschaften und dreihundert Hauptleute getötet?« Die schöne Tsömsün Goa versprach ihm alle Schätze wieder, er aber wollte auch seine »Dreißig Helden« wieder lebend haben.

In der Nacht drang Gesar in die Festung ein. Er suchte Drukmo, die gerade beim Baden weilte. Gesar erwürgte inzwischen ihren Gatten, den König Gurkar von Hor, riß ihm den Leib auf, schnitt das Herz heraus und tat es mit Blut in eine Schale, die mit der Abendmahlzeit für Drukmo hergerichtet war. Den abgeschnittenen Kopf des Khans legte er so auf das Kopfkissen, daß er wie lebendig unter der Decke hervorsah. Dann versteckte er sich. Drukmo kam zurück, aß das schlechte Mahl und wollte Gurkar aufwecken. Sie zog die Decke zurück, und da rollte ihr sein Kopf entgegen. Gesar stürzte aus seinem Versteck und bemerkte Drukmos Kind, einen Knaben, der gerade mit Pfeil und Bogen spielte. Er tötete ihn und rief: »Ist es mein Kind, so fließe Milch, ist es Gurkar Khans Kind, so fließe Blut!« Es floß Blut. Dann nahm er Drukmo und entfernte sich.

Die beiden verbliebenen Schiraighol-Khane nahmen die Verfolgung mit »1 300 000« Mann auf. Gesar besiegte sie alle mit seinen magischen Waffen, rottete ihr Geschlecht aus, nahm seine geraubten Schätze und trat den Rückweg in die Heimat an. Der Drukmo hieb er zur Strafe zuerst eine Hand und einen Fuß ab und lieferte sie dann einem achtzigjährigen Schafhirten aus. Da holten sie auf ihren eigenen Wunsch die Teufel und Unholde, und Gesar verwandelte ihre Seele in einen gelben Ziegenmelker. Aber die Seele seines in den Himmel aufgefahrenen Kampfgenossen Dsesse erinnerte ihn daran, daß Drukmo ihm doch zweimal nützlich gewesen sei. Da machte Gesar sie wieder lebendig und nahm sie mit sich. So erreichte er seine Heimat Ling wieder mit all seinen Schätzen, seinen »Dreißig Helden« und Völkerschaften, die er auf magische Weise wieder zum Leben erweckt hatte.[13]

Das Reich des Dämonenkönigs Dud Aachung[14]

Vor sehr, sehr langer Zeit war Bamgo, zusammen mit bestimmten Gebieten der benachbarten Landschaften um Shentsa, Nagchu und Amdo, Teil des Dämonenkönigreiches, das von Dud Aachung regiert wurde.

Es heißt, daß der sagenhafte Dämonenkönig Dud Aachung neun Leben und neun gehörnte Köpfe hatte. Ein Riese von einem Mann, konnte er einen Fuß auf den Berg Gori stellen und den anderen auf den Berg Namri, während er sich mit dem Rücken gegen den Berg Chyung lehnte, die Hände bis Lhasa ausstreckend und sich zum Wassertrinken zum See Siling Tsho niederbeugend. Seine Ziegenherden weideten im Süden in den Ausläufern der Chinglung-Rena-Ketten, seine Schafherden im Osten in den Penglha-Bergen und seine Rinder in den Goris im Norden.

Ada, die jüngere Schwester des Dämonenkönigs, eine Menschenfresserin von außergewöhnlicher Tapferkeit, war im Esu-Tal postiert, wo sie davon lebte, Wildyaks zu jagen. Bis heute können im Tal die Aschereste ihres Lagerfeuers gefunden werden, und die unverdauten Nahrungsreste aus den Yakmägen sind noch immer erkennbar. In Bamdor Dzong, weit im Nordosten bei Amdo, gibt es einen großen Kadaverhügel von Wildyaks, und die nahe gelegenen Felsen riechen noch immer nach verfaultem Fleisch. Und seit undenklichen Zeiten kommen die wilden Yaks jeden Herbst nach Bamdor Dzong, um sich zu paaren.

Dem Dämonenkönig Dud Aachung wird nachgesagt, grausam und von unbändiger Wildheit gewesen zu sein. Jeden Tag verschlang er einhundert Erwachsene zum Frühstück, einhundert Knaben zum Mittagsmahl und einhundert Mädchen zum Abendessen. Auch wird gesagt, daß alle schwarzen Yakhaarzelte um Bamgo breite weiße Bänder trugen, um sie als Untertanen des Königs zu kennzeichnen, damit er nach Einbruch der Dunkelheit nicht die falschen Leute verschlänge. Doch nichts dergleichen stimmt, so widersprechen die Menschen in Bamgo, habe ihr Dud Aachung doch lediglich wilde Tiere verspeist.

Während seines ganzen Lebens hatte Dud Aachung lediglich drei Menschen aus dem Königreich der Gebirgskämme, dem heutigen Osttibet, entführt, und er tat dies nur aus Liebe zu jenen. Einer der Gefangenen war Gesars Kanzler Chingmu, der später große Verantwortung von Dud Aachung übertragen bekam und sein Vertrauter wurde. Der zweite war Maichyung, der später entfliehen konnte und daher auch gar nicht mitgezählt werden sollte. Die dritte Person war eine, die den Dämonenkönig letztlich sein Leben kosten sollte: Dies war Mensa, die zweite Frau seines Gegners Gesar. Als der Dämonenkönig die Braut Mensa mit einem kräftigen Sturmwind aus dem Reich der Gebirgskämme davontrug, wagte der erboste Gesar allein die Verfolgung. Er wartete jedoch, bis Dud Aachung zum Jagen in die einsame Wildnis aufgebrochen war, bevor er sich in den Königspalast einschlich, um mit Mensa Ränke zu schmieden.

Nachdem in jener Nacht Dud Aachung zu Bett gegangen war, setzte die Frau sich nahe zu seinem Bett und begann zu spinnen, um den Lärm, den Gesar beim Schärfen seines Schwertes machte, zu übertönen. Doch der Dämonenkönig nahm es dennoch irgendwie wahr und sprach zu seiner neuen Frau: »Mensa, meine Liebe, ich höre Waffenklirren.«

»Oh, nein«, erwiderte diese, »das ist nur mein Spinnrad.«

Die Frage stellte Dud Aachung noch dreimal, und er erhielt jedesmal die gleiche Antwort. Dennoch wurde er schließlich argwöhnisch. Als Gesar das Zimmer mit gezogenem Schwert betrat, sprang der Dämonenkönig aus seinem Bett und entwaffnete flugs seinen Feind. Daraufhin kämpften die beiden mit bloßen Fäusten. In diesem Augenblick begann Mensa, dort wo Gesar rang, Sand auf den Boden zu streuen, leerte aber Erbsen zu Füßen von Dud Aachung; so daß der erstere auf einer sicheren Grundlage kämpfen konnte, während letzterer wiederholt ausrutschte und stürzte. Noch immer, ohne Verdacht zu schöpfen, wandte sich der arglose Dud Aachung dem Weibe zu und fragte: »Mensa, meine Liebe, was tust du da?«

»Oh«, log Mensa, »ich streue wertlosen Sand zu seinen Füßen, dagegen gelbe Erbsen um die deinen. Gelbe Erbsen, das beste all unserer Getreide!«

Und so starb der Dämonenkönig durch die Hände des Gesar.

Selbst bis auf den heutigen Tag sprechen die Menschen in Bamgo mit einer zärtlichen Sehnsucht von ihrem Dämonenkönig Dud Aachung und von König Gesar, der ihn ermordete, mit unsterblichem Haß.

Gesars Ende[15]

Nachdem Gesar seine Aufgaben auf Erden erfüllt hatte, zog er sich mit den Seinen in die Einsamkeit zurück und meditierte drei Jahre in den Grotten am Fuß eines Berges, dessen Spitze den Himmel berührte: im Osten Tibets am Magyal Pomra. Nachdem sie sich dergestalt von den Grundübeln des Daseins gereinigt hatten, ermahnte Gesar die Seinen, weiterhin der vollkommenen Lehre zu folgen, und sprach daher ein großes Wunschgebet aus:

»Auf daß von den Bergen, die einen nicht hoch und
die andern nicht niedrig seien;
auf daß unter den Menschen die einen
                                        nicht mächtig und
die andern nicht machtlos seien;

auf daß nicht bei den einen Überfluß an Gütern herr-
sche und
bei den andern Mangel;
auf daß das Hochland keine Täler und
keine Erhebungen habe;
auf daß die Ebene nicht überall flach sei;
auf daß alle Lebewesen glücklich seien!«

Für Gesars Gattin Drukmo jedoch war offensichtlich noch
nicht der Zustand gekommen, in dem sich alle Gegensätze
ausgleichen. Ihr Wunsch für das Glück aller richtete sich
daher noch nach sehr irdischen Maßstäben, deshalb war
ihre Antwort:

»Wenn es im Hochland weder Berge noch Täler gäbe,
würden die Herden keinen Schutz mehr finden;
wenn die Ebene nicht mehr flach wäre,
eignete sie sich schlecht zum Säen;
wenn die Menschen gleich wären, alle
gleich ihren Führern,
wie sollte das (gut) angehn?
Auf daß das Glück sich über ganz Tibet ausbreite!«

Ernst sagte der König Gesar auf diese Worte seiner Gattin
Drukmo:

»Du hast mich falsch verstanden.
Meine Worte wurden zu früh gesprochen.
Ich werde wiederkommen und sie nochmals
verkünden!«

Woraufhin Drukmo und ihre Gefährten, in Seide gekleidet
und dicht beieinander stehend, den Lobgesang des Glückes
sangen:

»Möge Chenresi über Tibet wachen!
Möge Chana Dorje China beschützen!
Möge Dorje Sempa Ling verteidigen!
Möge die Religion erblühen!

Mögen zahlreiche Klöster erbaut werden!
Möge das Glück walten!
Möge zur rechten Zeit Regen fallen und
                                    die Sonne scheinen,
auf daß den Lebewesen Nahrung im
                                    Überfluß wachse!«

Gesar betrachtete die Seinen nachdenklich und sprach: »Es wird uns nicht möglich sein, mit unserem Körper von Fleisch und Blut in den Zustand der Erlöstheit einzugehen. Daher werden wir morgen unseren Geist von ihm durch den Pholang-Ritus trennen.« Und sie versanken alle wieder in perfekter Gedankenkonzentration. Mit dem ersten Sonnenstrahl des anbrechenden Morgens, der über den weiten Bergen aufschien, rief Gesar die magischen Silben *hik* und *phat* aus, und auf der felsigen Terrasse des Schneeberges verblieb nichts als die leeren, von Lichtaureolen umgebenen Roben des Heldenkönigs und der Seinen.

Das große Epos der Tibeter im Licht der Geschichte

Der Sagenschatz des Gesar-Epos gilt mit seinen dreißig und mehr Teilen als eines der literarischen Monumentalwerke der Welt. Im Laufe der Forschungsgeschichte wurden Fassungen mit 30, 32, 36 oder auch 64 Kapiteln bekannt, je nach Region findet man das Epos auch in 18–25 Kapitel untergliedert. Die epischen Gesänge des Heldenkönigs Gesar (bzw. Kesar) wurden in den Hochländern von Tibet und der Mongolei von professionellen Sängern oder Barden mündlich tradiert. In China, wo seit einiger Zeit eine umfangreiche Bestandsaufnahme vorgenommen wird, indem die verschiedenen Versionen der noch lebenden Gesar-Erzähler niedergeschrieben und verglichen werden, gibt man die Anzahl der Verszeilen bereits mit über einer halben Million an. Im südlichen Nachbarland Bhutan existiert eine auf 31 Bände angelegte Ausgabe.

Inhaltlich unterscheiden sich die Epenversionen in drei Gruppen: eine westliche in Ladakh, eine südöstliche in Kham und eine nordöstliche in Amdo.[16] Die Ursprünge des Gesar-Epos liegen in Tibet, heutzutage finden sich jedoch Fassungen in allen von tibetischer Kultur beeinflußten Gebieten.[17] Verschiedene Versionen der Heldengesänge existieren daher nicht nur auf dem tibetischen Hochland (bei den Tibetern, Yugur, Tu/Monguor u. a.), sondern auch bei den Mongolen und Burjäten im zentralasiatisch-sibirischen Raum, bei den Hunzukutz im heutigen Nordpakistan, den Bhutanesen und den Lepcha in Sikkim und Nepal sowie verschiedenen anderen Bergstämmen im Himalaya (z. B. den nepalesischen Tamang und Thakkali).

Die Frage, ob es sich ursprünglich um ein ausschließlich mündlich überliefertes Epos handelt oder ob eine schriftliche (literarische) Fassung zugrunde liegt, läßt sich bis heute nicht endgültig beantworten. Vieles spricht aber für eine reine Erzähltradition, denn die generell unterschiedlichen Entstehungsbedingungen von mündlichem und schriftlichem Erzählmaterial machen es möglich, aus der Art und Zahl der vorhandenen Versionen der Gesar-Gesänge Schlüsse darauf zu ziehen. Ein mündlich tradiertes Epos geht auf keinen »Urtext« zurück, sondern stellt eine Art grundlegende Skizze dar, aus der sich die große Zahl von Erzählvariationen erklärt. Häufige Wiederholungen, Gleichnisse und andere erzählerische Hilfsmittel, wie sie im Gesar-Epos ständig auftreten, sprechen für einen solchen spontanen Schaffensprozeß während der Darbietung. Darüber hinaus ist die Erzähltradition in Tibet bis heute lebendig: An zahlreichen Orten versammeln sich noch immer Hirten und Bauern, um den Geschichten der Gesar-Barden zu lauschen. Trotz intensiver Suche nach einem schriftlichen Original konnte bislang kein Tibetforscher ein solches entdecken. Man beförderte vielmehr eine Fülle an selbständigen Textfassungen mit unterschiedlichen Versionen desselben Stoffes ans Licht. Auch alle vorhandenen schriftlichen Fassungen weisen eine verblüffende Ähnlichkeit mit mündlichen Vorträgen auf.

Das Epos hat keine feste Kapitelfolge. Die Ereignisse lassen sich zwar zeitlich ordnen, was in den verschiedenen Fassungen aber durchaus in unterschiedlicher Weise geschieht. Daß im Epos kulturfremde Inhalte ebenfalls Aufnahme fanden, liegt daran, daß die Erzähler mit Rücksicht auf ihr Publikum bestimmten Stoffen den Vorzug gaben. All dies spricht für eine mündliche Erzähltradition, was von Silke Herrmann an anderer Stelle überzeugend aufgezeigt wurde.[18] Ebenfalls für eine mündliche Überlieferung spricht die ausgesprochene Vorliebe für gesangsartige Einlagen im Erzähltext, wie Matthias Hermanns[19] betont hat: »Die Gesar-Sage von Amdo zeichnet sich aus durch sehr viele gesangliche Partien. Selbst in der größten Not und brenzligsten Gefahr, in der drängendsten Eile und überstürzten Hast, finden die Kämpen doch noch Zeit, lange Lieder zu singen.«

Die epischen Gesänge der Tibeter überliefern die Geschichte des mächtigen Helden Gesar, der über gewaltige Zauberkraft und große Tapferkeit verfügt und auf der Seite des Guten kämpft, wegen seiner menschlichen Schwächen (»Frauenheld«) gelegentlich mit wechselndem Geschick. Diese jedoch gehen wegen seiner göttlichen Abkunft in Strahlenglanz auf. Als kriegerischer Heldenkönig stand Gesar bei den Chinesen ebenfalls in hohen Ehren, und die letzte – die mandschurische – Kaiserdynastie Chinas erkannte ihn gar als ihren speziellen Schutzgeist an.[20] Allerdings wurde Gesar oft mit dem chinesischen Kriegsgott Guandi verwechselt.[21]

Im Gegensatz zu den Mythen des ersten Kapitels beginnt das Gesar-Epos nicht mit der Weltschöpfung, sondern lediglich mit der Erschaffung des Landes Ling, der Heimat des Heldenkönigs. Weitere Themen, die alle Ver-

sionen teilen, sind die übermenschliche Natur des Helden
– er steigt aus der Götterwelt herab, um eine Mission zu
erfüllen, der Konflikt zwischen Gesar und einem Onkel
väterlicherseits – der literarisch die in nomadischen Sippen-
gesellschaften häufigen Eifersüchteleien um die Macht widerspiegelt, die widersprüchlichen Aspekte in Gesars eigenen Erscheinungen – Charakterzwiespalt der Heldenfigur
und seine Entwicklung vom häßlichen rotznäsigen Knaben
zum reifen, glorreichen Herrscher – sowie Gesars überragenden Siege, die durch Tapferkeit, Freundestreue und
Aufopferung über heimtückischen Verrat, feindliche Eroberungen und grausige Dämonen errungen werden.

Als in alter Zeit die Dämonen die Menschenwelt ganz in
ihre Gewalt bekamen, wurde der Heldenkönig Gesar geboren, um die Menschen von der teuflischen Gewalt zu
befreien – das ist das Grundthema der Gesar-Sage. Hermanns charakterisiert Gesar als den »Archetypen des Himmelskönigs der Urzeit, der aus der Geisterwelt herabstieg,
um zu den Menschen zu kommen, sie friedvoll und glücklich zu regieren und nach Beendigung seiner Aufgabe zu
den himmlischen Gefilden zurückzukehren, ohne auf Erden den Tod zu schauen.«[22] Gesars Rolle ist die eines Er-
retters und Erlösers seines Volkes und der Menschheit.
Unter seiner Herrschaft werden Konflikte gelöst, er bringt
der Gesellschaft Frieden und Gerechtigkeit, und nur weil
die feindlichen Völker in ihrer Bosheit dem Guten übelgesinnt begegnen, unterwirft er sie, um sie gleichfalls gut und
damit glücklich zu machen.[23] Gesar ist in himmlische
Sphären zurückgekehrt, es herrscht aber der Glaube, daß
der Held eines Tages zurückkehren wird, um die Ordnung
auf Erden wiederherzustellen:[24] Die Tibeter richten eine
messianische Erwartung an ihn,[25] die in Unterhaltungen
von David-Néel mit Tibetern in neuerer Zeit noch immer
deutlich wurde.

Neben historischen Andeutungen findet sich in den Ge-
sar-Epen eine Fülle von ethnographischen Details. Die

Heldengeschichten geben uns ein Bild von der Gesellschaft auf dem Hochland im 11. Jahrhundert, der Zeit, in der der Gesar-Sagenschatz wahrscheinlich entstanden ist, von den ethischen Werten und Moralvorstellungen und vom Lebensalltag der Menschen. Gesars diverse eheliche Verbindungen deuten die Sitte der »Bündnisheirat« an, die in alter Zeit Konflikten mit benachbarten Stämmen und Völkern vorbeugen sollte. Nicht alle seine Gattinnen wohnen bei ihm, sondern sie besitzen ein eigenes »Schloß«, in dem er sich ihnen – ganz nach Art der Besuchsehe – nähert. Ein Hinweis auf die starke Stellung der Frau in den zentralasiatischen Hirtengesellschaften ist die Schimpftirade, die Gesars Braut Drukmo gegen den Heldenkönig schmettert, als dieser sie zum Kampf gegen den Nordriesen (»Gesar und der Teufelskönig des Nordens«) verlassen und endlich aufbrechen will: »Da Drukmo ihren Gemahl mit süßen und schmeichelnden Worten nicht zurückzuhalten vermochte, wird sie nun grob. Die schöne Psychologie in dem Rededuell zeigt die angesehene Stellung der tibetischen Frau. Bei Chinesen und Indern z. B. wären solche Vorgänge undenkbar« gewesen, in früheren Zeiten zumindest, wie Hermanns feststellt.[26]

Auch über die politische Geschichte gibt das Gesar-Epos Auskunft, besonders in der Darstellung der Kriege zwischen dem Reich Ling und seinen Nachbarreichen wie Hor und Sumpa werden sowohl die politischen Verhältnisse auf dem tibetischen Hochland im Altertum, vor allem im Nordosten (Amdo), als auch die Kämpfe der verschiedenen Fürstentümer untereinander reflektiert – insbesondere in den drei bis vier Jahrhunderten nach dem Zusammenbruch des Tubo-Reiches (10. Jahrhundert n. Chr., Ende der Yarlung-Dynastie). Das Epos gilt als im 11. Jahrhundert n. Chr. entstanden, obgleich diese Spekulation nicht von allen Forschern geteilt wird. Hermanns betrachtet die Zeit etwa vom 3. Jahrhundert v. Chr. bis ins 3. Jahrhundert n. Chr. als die Heroenepoche, die für die Herausbildung des Epos maßgebend war.[27] Er hält sie für die einzige Periode großer Bedrohung Nordosttibets, in der sich die Tibeter gegen Bedrängnisse aus Ostturkestan, durch die Hor (Tuque also Turkvölker),[28] sowie gegen die ins Tsongkha vordringenden Chinesen (121 v. Chr. Gründung der Garnison Xining in Amdo) zu wehren hatten. Weiter spräche für die Herausbildung dieses »Urepos« die Beschreibung des Kampfes gegen die (dogmatisierte) Bön-Lehre, die allmählich gegen die einheimischen religiösen Vorstellungen auftrat. Sie hatte wesentliche Impulse von der Lehre Zarathustras erhalten, die über die damals aufblühende Seidenstraße ihren Weg nach Amdo (Nordosttibet) gefunden hatte. Die zahlreichen im Gesar-Epos beschriebenen Kriegszüge sieht Hermanns als Ausdruck der Stammesfehden und Hegemonialbestrebungen der verschiedenen Stämme, die schließlich in eine tibetische Kleinstaaterei im Übergangsraum von Tibet nach China ausarteten: Die im 3. bis 5. Jahrhundert n. Chr. dort bestehenden, chinesisch benannten Dynastien der frühen Qin (351–394), späten Qin (384–417) und späten Liang (386–403) wurden von tibetischen Völkern getragen. In späteren Heldenliedern besungene Kämpfe gegen den Dud (»Teufel«) des Nordens, gegen China und Jang usw. sind gemäß Hermanns schematisch dem Urepos nachempfunden worden.[29] Gedanklich gut nachvollziehbar, gibt es dennoch keinerlei Belege für eine solch frühe Entstehung. Allerdings spricht für eine Entstehung des Epos in der Zeit vor der Einführung des Lamaismus in Tibet auch die Tatsache, daß die Amdo-Fassung frei von der lamaistischen Gedankenwelt ist und deren mönchische Hierarchien nicht kennt, dafür aber die tapferen Kämpen und kühnen Heroen der Hirtenkrieger als Ideal beschreibt.[30]

Datierbare schriftliche Fassungen des Heldenepos entstanden erst im 19. Jahrhundert. Eine Ausnahme stellt ein Pekinger Blockdruck von 1716 dar. Namen und Motive der Gesar-Gesänge finden sich schon in der alten tibetischen Schrift »rLangs Po-ti bse-ru« (Endredaktion um 1500) und waren somit im 15. Jahrhundert der Bevölkerung weiter Gebiete geläufig.[31]

In Tibets Nordosten ist ein unabhängiges Reich Ling mit Ruinen einer Hauptstadt in den östlichen Ausläufern des Amnye-Machen-Gebirges historisch belegt, und in dieser Region berufen sich manche Fürstenfamilien noch auf die Abkunft von Gesar.[32] Da in die Entstehungszeit des Epos die Auseinandersetzung mit dem mongolischen Weltreich und die erste buddhistische Missionierung der Mongolen durch die Tibeter fällt, verwundert es kaum, daß das Epos innerhalb beider Völkerschaften so weite Verbreitung gefunden hat. Die überaus große Beliebtheit, motivische Dichte und inhaltliche Parallelen machen es uns schwer, wenn nicht gar unmöglich, von einem tibetischen oder mongolischen Epos zu sprechen, zumal beide ein hohes Maß an Originalität aufweisen und keineswegs Züge einer Übersetzung tragen.[33] Daher habe ich in die vorliegende Auswahl nicht nur typisch tibetische Versionen (wie die von Francke übersetzte ladakhische oder die osttibetischen, welche durch Hermanns und David-Néel bekannt wurden, einbezogen, sondern auch eine mongolische. Dies schien mir notwendig, da gerade sie ganz augenfällig die ethnischen Auseinandersetzungen im Nordosten des tibetischen Hochlandes (d. h. in Amdo) zwischen mongolischen und tibetischen Stämmen thematisiert. Außerdem stammt diese mongolische Fassung vermutlich aus dem Erzählgut der im Kokonor-Gebiet beheimateten Ölöten (kompiliert um 1630, in Peking 1716 als Blockdruck erschienen) – und damit aus dem zur Debatte stehenden nordosttibetischen Amdo.[34] Diese Gegend wird von manchen Tibetforschern – wie G. de Roerich, B. Laufer, M. Hermanns – ohnehin als der eigentliche Entstehungsort des Gesar-Epos angesehen,[35] was aufgrund der historischen ethnischen Auseinandersetzungen in diesem Raum, die sich im Epos widerspiegeln, nicht abzuweisen ist.

Da die kriegerischen Schlachten bei den Mongolen ausführlicher beschrieben werden als in tibetischen Versionen, wird hierin der Einfluß der mongolischen Kriegsmoral offensichtlich. In manchen Versionen erobert Gesar nacheinander achtzehn große, sieben mittelgroße und vier kleinere Städte. Nicht selten werden die Feinde – in dschinggisidischer Manier – völlig ausgelöscht. So sind die »Erinnerungen« an Stammeskämpfe, an ethnische Konflikte und kriegerische Auseinandersetzungen bis heute überliefert. Es verwundert daher nicht, daß Gesar nicht in allen Gegenden des tibetischen Hochlandes nur positiv als *der* Heldenkönig gesehen wird – wie das Beispiel der Sage aus dem Changthang (»Das Reich des Dämonenkönigs Dud Aachung«) zeigt. Auch Roerich[36] berichtet von den am Nordrand des Hochlandes lebenden östlichen Yuguren (Schara-Yugur), die Gesar als gefährlichen und listigen Feind fürchteten. Deshalb sage man, sie würden hastig essen, weil jederzeit mit einem plötzlichen Angriff Gesars zu rechnen sei. Sie selbst, als Nachkommen der mittelalterlichen Turkstämme der Uiguren, betrachten Gesars Gegner im Epos, den König von Hor, als ihren Ahnen.

Die in Amdo entstandene frühe Fassung des Gesar-»Urepos«, die – wie oben dargestellt – von lamaistischen Vorstellungen noch frei ist, hebt sich von den mutmaßlich später ausgebildeten Gesängen aus Ladakh und Osttibet durch deren *buddhistische Prägung* sehr deutlich ab. Aus dem Sohn des Himmelsgottes, Gesar, wird unter buddhistischem Einfluß der vom allbarmherzigen Bodhisattva Gesandte: einer, der auf Geheiß des mitleidsvollen Chenrezi (Avalokiteshvara) zum Kampf gegen das Übel auf der Welt antritt.

Die Zeit der Entstehung (zumindest eines Teils) der epischen Gesar-Gesänge überschneidet sich mit der Periode, in welcher der Buddhismus sich in Tibet zu verbreiten und schließlich selbst im tibetischen Volksglauben gegen die Bön-Lehre durchzusetzen beginnt. So werden die Kämpfe

Gesars gegen das Böse zu einem Kampf gegen den Bön-Glauben umgedeutet. Diese erstaunliche Parallele in den vorbuddhistischen Amdo-Gesängen wie den lamaistischen Gesar-Fassungen aus Amdo und Kham erklärt sich aus dem Umstand, daß sich Gesar als Vertreter der alttibetischen Weltanschauung in der Amdo-Version gegen die Einwirkung des unter frühem buddhistischen Einfluß bereits dogmatisierten Bön wendet, während in den später auftretenden Geschichten der Lamaismus in Tibet sich bereits gegenüber der dogmatisierten Bön-Lehre durchgesetzt hat und diesen Sieg in den Kämpfen Gesars widerspiegelt.

In den Auseinandersetzungen der buddhistisch beeinflußten Fassungen gilt Gesar als Verkörperung des Bodhisattvas Avalokiteshvara, während seine Helden als Inkarnation der Mahasiddhas angesehen werden.[37] Die enge Verbundenheit mit den transzendenten Wesenheiten ist zuweilen von entscheidender Bedeutung. So schaltet sich Avalokiteshvara ein, als Gesar durch den von Dzemo gereichten Trunk des Vergessens im Reich des »Teufels des Nordens« verblieben ist: Gesar kommt erst wieder seine Aufgabe ins Bewußtsein, nachdem der Bodhisattva bestimmte Zeremonien für ihn durchgeführt hat.[38] Die verschiedenen buddhistischen Auslegungen des Epos sind jedoch keineswegs einheitlich, denn Gesar wird außer auf Avalokiteshvara manchmal auf den großen indischen Weisen Padmasambhava zurückgeführt – wie in der südosttibetischen Fassung von David-Néel und Lama Yongden.[39] Gerade Padmasambhava, dem es im 8. Jahrhundert gelungen war, die Theorien und Praktiken der alten Bön-Religion in das tibetisch-buddhistische System zu integrieren, übernimmt in dieser buddhistischen Prägung des Epos die Hauptrolle schlechthin. Er wird zum Schöpfer Gesars gemacht, der alles für den Auftritt des Heldenkönigs auf der Erde vorbereitet und seine Handlungen von Anfang bis Ende anleitet. Daraus erklärt sich der außergewöhnliche Schluß der buddhistischen Fassung (»Gesars Ende«), der sich inhaltlich als philosophischer Exkurs deutlich von den übrigen Episoden abhebt – und hier deshalb wiedergegeben wurde.

Aufgrund der messianischen Erwartung der Tibeter an Gesar wird der Heldenkönig als zukünftiger Heilbringer nicht selten sogar mit dem mythischen Reich Shambhala assoziiert und entsprechend als dessen König interpretiert. Heutzutage jedoch, in überlieferter Beschreibung und klösterlicher Ikonographie, trägt Gesar die typischen Züge und Rüstung einer klassischen Kriegergottheit, jenen Berggottheiten nicht unähnlich, die für die tibetischen Stämme als Ahnengötter fungierten. Daher könnten wir in Gesar die heldenhafte Ahnengottheit für jene Stämme sehen, die sich dem tibetisch-buddhistischen Kulturkreis zugehörig fühlen: für die Tibeter schlechthin und die ihnen in Seele und Lebensart verwandten Völker wie Mongolen, Yugur, Qiang, Naxi usw.

Gesar oder Cäsar
Verbindungen mit der westlichen Welt

Wie schon deutlich gemacht wurde, können wir die Geschichte der epischen Erzählungen und Gesänge von Gesar nicht als endgültig geklärt betrachten.[40] Ein anderes Problem als die Datierung der Entwicklung des Epos sind sein Ursprungsort und seine Verbreitungsrichtung. Während wir oben den Eindruck gewonnen haben, daß die epische Sagenüberlieferung ihren Ursprung in Tibets Nordosten genommen hat, waren manche Tibetologen früher zu dem Schluß gekommen, daß die Gestalt Gesars auf westliche Vorbilder zurückgehe, insbesondere der mediterranen Antike. Das rührt daher, daß zum einen Namen und Bezeichnungen (Gesar, Khrom) sich zu solchen weiter westlich in Bezug setzen lassen, und daß sich zum anderen im Sagenschatz motivische Übereinstimmungen finden lassen: das »Polyphem-Thema«, die »brunhildische« Drukmo als Braut des »siegfriedhaften« Gesar[41] u. a. So zeigt beispielsweise »Gesar und der Teufelskönig des Nordens« eine tibetische Ausformung des weitverbreiteten Polyphem-Motivs, des Zyklopen aus der griechischen Mythologie, wobei jedoch keine der zahlreichen Versionen alle Teilmotive vorweist: Hier fehlt z. B. das Motiv des Stirnauges.[42] Manchen Forschern war an einem Beweis der »Namens- und Themenwanderung« von West nach Ost gelegen – wie S. Hummel in seiner »pontischen Wanderung«.[43] Die Wahrscheinlichkeit dieser These ist von R. A. Stein in seiner Arbeit »Recherches sur l'épopée et le barde au Tibet« fast genauso überzeugend dargelegt worden, wie es M. Hermanns mit seinem Werk »Das Nationalepos der Tibeter gLing König Gesar« gelungen ist, die absolut eigenständige Entwicklung des Gesar-Epos in Amdo, Tibets Nordosten, zu belegen und gerade den entgegengesetzten Schluß zu ziehen: »Da das Gesar-Epos ganz in der Hirtenkrieger-Mentalität wurzelt, liegt es nahe, daß seine Verbreitung auf den Wanderwegen dieser Kultur von Osten nach Westen erfolgte.«[44] Endgültig entschieden ist die Frage keineswegs.

Die ältesten Versionen sprechen von Gesar oder Kesar von *Khrom* bzw. *Phrom* (moderne Aussprache: Trom). Da sich in der europäischen Literatur Verweise[45] auf diesen gefunden haben, wurde Gesar/Kesar als eine Art tibetischer Transkription von »Cäsar« bzw. dem griechisch-byzantinischen »Kaisar« aufgefaßt. Da außerdem *Khrom* die tibetische Bezeichnung für Byzanz (Ost-Rom) ist, die über das Persische ins Tibetische Eingang fand, lag es nur nahe, für den gesamten Themenkomplex eine Art West-Ost-Wanderung zu vermuten. Die Annahme einer Überlieferung dieses Begriffes über den Iran wird noch dadurch gestützt, daß schon bei den Bön-Elementen der Schöpfungsmythen iranische Einflüsse erkannt wurden, wie ja der tibetische

Name des Herkunftslandes der Bön-Lehre, Tazig, sich vom mittelpersischen »Tasfun« herleiten ließ: einem Ort im Herzen des damaligen persischen Weltreiches, dessen griechischen Namen wir als Ktesiphon kennen. Die alten Chinesen hatten ihren für diesen Ort verwendeten Namen Tatsin (Dajin) später für die Parther und schließlich für die Oströmer beibehalten, während an die Stelle des alten Tazig ein neuer Name getreten war: Rumija für Byzanz, auf türkisch Purim, das über das ostiranische Hrom bzw. From zum tibetischen *Khrom* oder *Phrom* und chinesisch Fu-lin[46] wurde. Daß der geographische Begriff *Khrom* in Osttibet ebenfalls auftaucht, und zwar in der Region Ling, nimmt Stein lediglich als Anlaß zu erklären, wie es dazu kam, daß aus der epischen Sammlung Gesar von *Khrom* ein Gesar von Ling wurde.[47] Er zeichnet den Weg des Wortes Kesar/Kysr von Byzanz über den Iran ins Kuschan-Reich nach, über das Sogdische, worin das Wort kesarakan »die Münze Caesars« benennt, über die Seidenstraße bis nach China und Nordosttibet, wo solche römische Münzen ja ebenfalls gefunden worden sind. Auf diese Weise hätten nach Stein die Tibeter mit dem Begriff »kaisar« bekannt werden können. Untermauert wurde Steins These durch die Tatsache, daß sogdische Texte, die von Manichäern über ganz Zentralasien verbreitet worden waren, von Kaisar/Kysr als einer Folklore-Gestalt sprechen.[48]

Anders Matthias Hermanns: Er akzeptiert die tibetische Herkunft des Namens Gesar, der ja soviel bedeutet wie »(Blüten-)Stempel des Lotos«,[49] ohne den Verdacht zu hegen, daß diese doch eher buddhistische Deutung – denn im Buddhismus ist der Lotos als Symbol der Reinheit von überragender Bedeutung – für den Heldenkönig aus Amdo eigentlich nur schwer hinnehmbar sein könnte –, wenn Gesar den einheimischen Volksglauben Tibets derart vehement gegen die Bön-Einflüsse verteidigt, um wieviel mehr müßte er dann gegen den ebenfalls neu aufgekommenen Buddhismus kämpfen! Hermanns will zeigen, daß mit

Khrom – obwohl es zweifellos auch der tibetische Begriff für Byzanz war – tatsächlich ein Ort in Nordosttibet bezeichnet wurde. Unter den sechs tibetischen, in den Abstammungsmythen genannten »Urstämmen« sind hier die Dong (*lDong, gDong*) wichtig, zu denen die Stämme des Reiches Ling gehörten. In der Sage wird erwähnt, daß diese Dong sich in sechs größere Unterstämme gliederten, von denen zwei *Khrom bo* und *Khrom thzang* hießen.[50] Nun war es unter den Hirtenvölkern Nordosttibets bis in die Neuzeit hinein üblich, die Herrschaft über ein bestimmtes Stammesgebiet nach dem mächtigsten Stamm zu benennen. Mit der Bezeichnung eines *Khrom*-Herrschers Gesar war lediglich ausgesagt, daß zur genannten Zeit Gesar entweder über den *Khrom*-Stamm herrschte oder aber als Stammesführer von Ling dadurch lediglich seine Stammesabkunft deutlicher differenziert wurde: »Unter den so berühmten *lDong*-Stämmen treten die *Khrom* also in ganz besonderer Weise hervor. Auch sonst kommt der Name noch oft in den Genealogien vor, ein Zeichen, daß sie für lange Zeit recht bedeutend blieben. [...] In literarischen Quellen, die aus Zentral- und West-Tibet stammen, wird nur der Name Gesar erwähnt, jedoch ohne Stammesbezeichnung. Später wird dann *Khrom* genannt, doch nie *gLing*, das erst um 1800 als Beiname des Gesar bekannt wurde. *Khrom* war um diese Zeit nicht mehr so berühmt, wenngleich die Namen *Khrom bo* und *Khrom chang* als Orte und *Khrom chog* als Land noch vorkommen.«[51] »Die geographischen und völkischen Angaben der Gesar-Sage von Amdo und des alten Manuskriptes der tibetischen Überlieferung stimmen weitgehendst überein mit der wichtigen Ausnahme, daß für *Khrom* gLing eingesetzt wurde, da diese Stämme, einst Unterabteilungen der *Khrom*, nun so hervorragend geworden waren.«[52]

Nicht auf dem Höhepunkt ihrer Macht haben sich die Ling-Herrscher mit dem Heros Gesar ein Denkmal gesetzt, sondern nachdem sie ihres Niedergangs gewahr wur-

den. Die *Khrom* müssen gleichfalls schon unbedeutend gewesen sein, da sie sonst ihre Ansprüche geltend gemacht
hätten.[53] Einflüsse aus den Tibet umgebenden Gebieten –
China, Turkestan, Iran, ja vielleicht auch die europäische
Spätantike – werden nicht vollständig bestritten, aber, so
Hermanns, die »wirklich mythenbildenden Elemente der
Gesarsage entstammen existenziellen Erlebnissen des religiösen, sozial-politischen und kulturellen Bereiches. Diese
gehören aber in den ursprünglichen Teilen der Gesar-Sage,
der wunderbaren Geburtsgeschichte und des Befreiungs-
kampfes mit den Dämonen und Hor-Feinden, der alttibetischen Schicht an, die natürlich von China und vom Iran
her beeinflußt war, bevor Buddhismus und Hinduismus in
Tibet wirksam wurden.«[54] Das byzantinische Rum (Ost-
Rom) war für Innerasien nicht bedeutend genug, um als
Archetyp für einen Gesar von *Khrom* zu dienen, zumal ja
andere Einflüsse (Manichäismus, Buddhismus), die aufgrund ihrer geographischen Nähe sehr viel eher hätten zur
Geltung kommen sollen, gleichfalls nicht von Anfang an,
sondern erst nach längerer Zeit Eingang in den epischen
Sagenkreis finden konnten. Und gerade in Nordosttibet,
wo mancher Forscher den Ursprungsort des Epos an-
nimmt, »kennt nun die Ur-Heroen-Sage von Amdo überhaupt nicht die lamaistische Vorstellungs- und Gedankenwelt, auch nicht die mönchische Rangordnung mit ihrem
Überlegenheitskomplex, sondern lebt und webt in der alttibetischen Weltanschauung und sieht in den tapferen
Kämpen und kühnen Heroen der Hirtenkrieger und ihrem
siegreichen Führer ihr höchst ehrenvolles Ideal«.[55] Dieses
Ideal ist eines jener Kulturelemente, die einen so großen
Unterschied ausmachen zwischen den Zentraltibetern
(Rongpas, den Ackerbau treibenden Talbewohnern) und
den von ihnen verächtlich als »Ausländer«, Drokpa, d. h.
»Steppenhirten«, ja sogar als »Barbaren« bezeichneten
Amdo-Nomaden und Osttibetern (Khampas), die bis weit
ins 20. Jahrhundert von unabhängigen Häuptlingen und

Kleinkönigen regiert wurden. Die auf ihren Titel Drokpa (»Steppenhirte«) stolzen Amdo-Nomaden selbst betrachten sich als die *Bod chen*, »Groß-Bod«, und die Zentraltibeter als *Bod chung*, »Klein-Bod«[56] und damit sich selbst als die »echten Tibeter«. Warum dies nicht jeglicher Berechtigung entbehrt, werden wir in der Deutung der beiden nächsten Kapitel noch erkennen können.

3. SHANGSHUNG
DAS MYTHISCHE REICH DER BÖN-
RELIGION

Shangshung

Das innere Shangshung (S. phukpa) lag in Barzig (Persien[1]), Bhadagshan und Bhalag, eine drei Monate lange Reise westlich des Gebirges Kang Tise. Auf den Relikten der Stadt Gyalwa Nyeche stand ein Hügel, auf dem die Natur ein Abbild des Sangchog geformt hatte. Milü Samleg erbaute dort die Stadt Gyalkhar Bachö und praktizierte Magie. Er fixierte einen mannsgroßen Fels in der Luft. Später erbauten die Menschen ein Steinfundament, um den Fels zu stützen. In diesem Raum lebten ursprünglich 32 größere und kleinere Stämme. Der Ort ist nun von Fremden erobert und besetzt (Kaschmir). Das mittlere Shangshung (S. barwa) lag eine Tagesreise westlich des Kang-Tise-Gebirges. Dort stand die Stadt Chunglung Ngulkhar, wo Drenpa Namkhay sich kultivierte, und die einst die Hauptstadt von Shangshung war. Die Gegend war 18 Generationen lang von Shangshung-Königen beherrscht und ist der Geburtsort von Drushu Pamevu, einer bekannten Persönlichkeit in der Entwicklung der vom Bön geprägten Zivilisation. Dort gab es überdies Höhlen, in denen der Meister Sherab Gyantsen und andere, später wirkende weise Bön-Lehrer zu meditieren pflegten. Da der Raum im Osten an Tubo grenzte, erlitt er öfters Invasionen des Bö-Reiches. Das äußere Shangshung (S. gowa), dessen Zentrum der Berg Chungpori Tsedrug war, wurde auch Sumpa Jimshö genannt. Es ist heute das Gebiet des oberen Amdo, wo einst 39 Stämme lebten und die 25 Gyade Nyernga-Stämme, von denen die meisten Bön-Anhänger waren. Es gab dort die Tempel Chungpo Sengchen und Parchang Gompa und außerdem heilige Grotten.[2]

Der Knabe aus dem Fels

König Tunyar Mutrö von Shangshung war trotz seiner gütigen Herrschaft ohne einen Sohn geblieben. Eines Tages berichtete ihm ein Hirte, er habe, von weidenden Ochsen geleitet, nahe des Tise-Gipfels eine aus einem Felsen ertönende Stimme gehört. Daraufhin begab sich der König an den vom Hirten genannten Ort und ließ den Felsen niederreißen. Dort erschien ihm ein achtjähriges Knäblein, dessen Gestalt aus dem Licht des Regenbogens gewoben war. Der König fragte den sonderbaren Knaben: »Wer ist dein Vater?«

»Mein Vater ist Tong, die Leere«, war des Knaben Antwort.

»Und wer ist deine Mutter?«

»Meine Mutter ist Salwa Yeshe, die strahlende sublimierte Erkenntnis«, antwortete er, »und daher ist mein Lichtkörper die Identität von Licht (sal) und Leere (tong). Ich komme aus dem geburtslosen Anfang und begebe mich zum immateriellen Sein.«[3]

Ligmirhya

Als es in alter Zeit in Tibet zwei mächtige Reiche gab – über West- und Nordtibet erstreckte sich das mächtige Shangshung, im südtibetischen Yarlung-Tal hatte eine junge Königsdynastie ihren Sitz –, herrschten dort die Könige Ligmirhya und Songtsen Gampo. Die beiden Herrscherhäuser hatten sich durch Verschwägerungen miteinander verbunden: Ligmirhya heiratete Semarkar, die Schwester Songtsen Gampos, jener nahm eine Schwester des Shangshung-Königs zur Frau.[4]

In der Zeit, als Ligmirhya König von Shangshung war, zählten seine Streitkräfte viele hunderttausend Regimentssoldaten, und das Reich von Ngari umfaßte auch das kleine Heer des Landes Sumpa, während Tibet nur 42 Regimenter hatte und ein weiteres kleines, also 43 insgesamt. So konnte der König von Tibet (Songtsen Gampo) den König von Shangshung nicht überwältigen, aber da er ein schwarzes Herz hatte, sann er darüber nach, wie er jenen durch Intrigen beseitigen könnte.

Der König von Shangshung hatte drei Gattinnen, deren jüngste die achtzehnjährige Nangdrön Lekma war. Zu ihr schickte Songtsen Gampo, der König von Bö, seinen Abgesandten Nanglam Ledrub, einen Mann von übler Gesinnung und hinterlistigem Geschwätz. Als Geschenk seines Herrn überbrachte er ein mit Goldstaub gefülltes Horn und überreichte es der Nangdrön Lekma mit den Worten: »Ehrwürdige Nangdrön Lekma, daß eine Frau wie Ihr ihr Dasein als Nebenfrau des Königs von Shangshung fristen muß! Wo Ihr doch von hoher Abkunft seid, findet dies mein Herr und König von Bö unerträglich. Gibt es denn keinen Ausweg? Wenn ja, dann werdet Ihr zur Hauptgemahlin des Königs von Bö erkoren werden, und zwei Drittel von Ngari wird er in Euren Besitz geben.«

»Die Heere des Königs von Shangshung breiten sich über das ganze Land,« gab Nangdrön Lekma zur Antwort. »Der König von Bö hat gerade genug Truppen, um den Rücken einer jungen Kuh zu bedecken – so kann er Ligmirhya offen gewiß nicht überwältigen. Solltet Ihr ihn jedoch mit List besiegen wollen, so seid im nächsten Monat bereit. Dann nämlich wird der König von Shangshung, begleitet von seinen Dienern, zu einer Versammlung nach Langgigyimshö im Lande Sumpa reisen. Erwartet und erschlagt ihn dort, ich selbst werde Euch das Zeichen dazu geben.«

In jener Zeit wurde von einer Frau keine Zurückhaltung erwartet, und solcherart hatte sie daher gesprochen. Die

Verschwörer entschieden, daß Nangdrön Lekma am Tage, an dem Ligmirhya kommen würde, auf dem Gipfel des Passes ein Zeichen vorbereiten würde.

Daraufhin kamen der König von Bö und seine Minister mit einer großen Heerschar, und Nanglam Ledrub und Songtsen Gampo gingen zuallererst zur Paßhöhe hinauf, wo sie einen mit Wasser gefüllten Tiegel vorfanden. Darin waren auch ein wenig Gold, ein kleines Stück Muschel und eine vergiftete Pfeilspitze. Der König von Bö sprach: »Der mit Wasser gefüllte Tiegel bedeutet, daß sie am Tag des nächsten Vollmondes anreisen werden. Das Gold und das Muschelstück sollen uns sagen, daß wir mit unserem gewappneten Heer nahe der Goldgrotte und der Muschelhöhle von Dangre warten; und die vergiftete Pfeilspitze besagt: Seid ihm übelgesinnt, und tötet ihn!« So warteten sie denn.

Bald darauf trafen die beiden Könige bei der Goldgrotte und der Muschelhöhle von Dangre zusammen, und die Soldaten des Königs von Bö ermordeten Ligmirhya, den König von Shangshung. Ohne ihren Heerführer aber wurden auch die Hunderttausende von Regimentssoldaten von Shangshung geschlagen, und die Zehntausende von Regimentssoldaten von Bö waren siegreich.[5]

Die Rache der Shangshung-Königin

Von Trauer und Wut wurde das Reich Shangshung nach der Ermordung seines Königs Ligmirhya erfaßt. Dessen Hauptgattin, Königin Chungsa Tsogyal, hegte feindselige Gefühle gegenüber dem König von Bö und lud deshalb den berühmten Bön-Magier Gyerpung Nangsher Löpo zu sich ein, der als Eremit auf einer Insel inmitten eines Sees in der Landschaft Darog meditierte. Sie ließ für ihn ein Zelt aus feinem weißen Tuch mit Hirschmustern aufstellen und bereitete einen Thron aus neun seidenen Steppdecken. Als er kam, bewirtete sie ihn mit klarem Reisbier und den neun schmackhaften Speisen und gab ihm die neun wünschenswerten Dinge als Geschenk. Die Tränen ihres Leids tropften als Blut herab, und sie flehte ihn mit folgenden Worten an:

»Der König, der die Bön-Lehre und ihre Gläubigen beschützte, ist tot. Der seidene Knoten der Bön-Sittlichkeit wurde zerstört, das goldene Joch unserer Herrschaft zerschmettert. Das Land Tibet bricht in Stücke, während sich die Lehren des ewigen Bön im Niedergang befinden. Da nun solche Zeiten über uns hereingebrochen sind, bitte ich Euch, den, der hierfür Verantwortung trägt, mit einem Fluch zu beladen.«

»Ich verfüge über ein Gebräu«, so erwiderte Gyerpung, »das Pu genannt wird. Wenn ich es über einer Unze Gold drei Jahre lang beschwöre und dann herauslasse, kann ich das Land Tibet wie von einem Sturm davonblasen lassen. Soll ich dies tun? Ich habe ein anderes mit Namen Chung. Wenn ich es über einer halben Unze Gold drei Monate lang beschwöre und dann herauslasse, dann wird der Berg Sokha im Yarlung-Tal zusammen mit dem König von Bö und seinem ganzen Hofstaat zerstört werden. Soll ich dies tun? Und schließlich verfüge ich über eines, das man Ngub nennt. Wenn ich es über einer Drachme Gold sieben Tage lang beschwöre und dann herauslasse, dann werde ich den König selbst töten. Soll ich dies tun?«

Chungsa Tsogyal sagte: »Ich bitte Euch um Ngub.« So stellte der große Gyerpung das weiße Zelt mit den Hirschmustern auf seiner Insel im Darog-See auf. Er saß auf dem Thron, der aus neun seidenen Steppdecken bestand, und beschwor sieben Tage lang über der Drachme Gold. Schließlich teilte er die Drachme Gold in drei gleich große Teile auf und schleuderte ein Drittel in der Abenddämmerung davon. Er traf damit den See an der Seite des Berges Yarlha Shampo, so daß der See austrocknete und die Schlangengottheiten fliehen mußten. Deshalb nennt man ihn den »Trockenen See von Yarlung«. Das zweite Drittel schleuderte er mitten in der Nacht von dannen, und es traf sieben Hirsche, die auf dem Berge Sokha Pünmo schliefen. Zwei von ihnen starben, während die fünf anderen erstarrten. Deshalb wird der Berg »Berg der erstarrten Hirsche« geheißen. Das letzte Drittel des Goldes schleuderte Gyerpung im Morgengrauen davon: Es traf die »Tigergipfel«-Burg in Chingwa, und der König von Bö wurde von Krankheit befallen.

Der König war klug, und er meinte: »Die Lehren des ewigen Bön sind unterdrückt, und der es schützende Herrscher ist getötet worden. Und da mich nun im Morgengrauen dieses Unglück heimgesucht hat, so will das heißen, daß der große Gyerpung erzürnt ist. Bringt ein mit Goldstaub gefülltes Horn, und bereitet einhundert Reiter zur Abreise vor. Gyerpung allein hat die Mittel, mich zu heilen. Wenn Ihr ihn nicht hierher einladen könnt, werde ich wohl sehr bald sterben müssen.«

Daraufhin zogen die hundert Reiter ins Land Draje, und sie suchten bei einem Hirten in Shangshung um Auskunft nach: »Der große Gyerpung ist von Feindseligkeit erfaßt worden und unser König von Bö von Krankheit befallen. Da wir nun kommen, Gyerpung zu grüßen und ihn einzuladen, sag uns, wo er sich aufhält.«

Der Hirte verwies sie auf die Insel im See, wo Gyerpung am Fuße einer weißen Klippe sein weißes, mit Hirschmustern geschmücktes Zelt errichtet hatte. Doch es bestünde keine Gewißheit, in welcher Erscheinungsform er dort weile, da er jede beliebige Gestalt annehmen konnte. So setzten die hundert Reiter in einem Boot über den See und erreichten die Insel. In Form eines kristallnen Horns fanden sie ihn auf seinem Thron aus neun seidenen Steppdecken. Sie brachten ihm das mit Goldstaub gefüllte Horn dar, umwandelten ihn ehrfürchtig und erwiesen ihm einen respektvollen Gruß. Das kristallne Horn erhob sich sodann in Gyerpungs menschlicher Gestalt, die da sprach:

»Der König, der die Bön-Lehre und ihre Gläubigen beschützte, ist getötet worden. Die Lehren des ewigen Bön sind unterdrückt worden. Obwohl ich Euch deswegen feindlich gesonnen bin, bedenke ich doch, daß das gesamte Königreich Bö untergehen wird, wenn sein König sterben sollte. So wollt Ihr mir versprechen, was ich von Euch verlange?«

Da erwiderten die Abgesandten des Königs von Bö: »Unser Herr Songtsen Gampo sagt, daß nicht ihn die Schuld daran treffe, daß die Bön-Lehren unterdrückt wurden. Dies ist auf den bösen Willen des indischen Lehrers Bodhisattva und die Minister am Hofe zurückzuführen. Doch nun wird er beachten, was immer auch Ihr befehlt. Das sollen wir Euch von ihm bestellen.«

»In diesem Fall müßt Ihr folgenden vier Punkten zustimmen«, war Gyerpungs Antwort. »Erstens dürft Ihr nicht die 360 Bön-Texte von Shangshung unterdrücken, deren Lehren wir folgen. Zweitens: Wenn Mitglieder der Gurub-Familie nach Sokha im Yarlung-Tal ziehen, müssen sie frei von allen religiösen und staatlichen Steuern bleiben, und Ihr müßt sie zu Eurer Rechten plazieren.[6] Drittens wollen wir für unseren Herrn Ligmirhya einen goldenen Schrein, der groß genug ist, seinen Leichnam aufzunehmen, und der mit einem Swastika von zwei Ellen Länge geschmückt ist. Und viertens fordern wir vollständige Wiedergutmachung für den Verlust, den wir durch seinen Tod erlitten haben. Stimmt Ihr diesen vier Punkten zu?«

Darauf gaben ihm die drei Abgesandten ihr Wort. Gyerpung folgte ihnen und besuchte den König von Bö, um ihn von dem Fluch, der über ihm lastete, und der Krankheit zu befreien. Aus den neun Körperöffnungen des Königs zog er Goldfäden heraus, die wie Baumwollfäden ineinander verwickelt waren, und als sie gewogen wurden, ergaben sie genau das Gewicht einer Drittel Drachme. Hiernach entzog er dem Körper schwarzes Blut und Eiter und dergleichen mehr in großen Mengen, und so wurde die Krankheit geheilt. Der König von Bö war sehr dankbar, und fortan unterdrückte er die Bön-Texte Shangshungs nicht mehr. Sokha im Yarlung-Tal gab er der Familie Gurub, und der Königin von Shangshung sandte er die Mittel für den königlichen Schrein sowie die Geschenke zur Wiedergutmachung.[7]

Der Untergang eines blühenden Reiches

König Lepung Gyalpo machte den Thongpot-See zum Heiligen See seines Königreiches Shangshung, um fortan jedes Jahr am fünfzehnten Tag des ersten Monats dorthin zu pilgern und die jährlichen Opferriten durchzuführen. Das Reich stand in Blüte, obschon das benachbarte Reich Bö bemüht war, seine Herrschaft über Shangshung auszubauen. In der Zeit Songtsen Gampos hatte sich der Untergang des Reiches schon einmal angekündigt, doch war dem König von Bö die endgültige Unterwerfung Shangshungs noch nicht gelungen. Der Einfluß der Bön-Priesterschaft war jedoch so groß, daß einige ihrer bekanntesten Gelehrten selbst nach Bö eingeladen wurden, wo sie im Wettstreit mit dem neu aus Indien eingedrungenen Buddhismus lagen.

Wie schon der erste tibetische Großkönig Songtsen Gampo war mehr als ein Jahrhundert später auch König Trisong Detsen bemüht, die Macht Shangshungs, wenn schon nicht durch seine Armeen, so doch durch Intrigen zu zerstören. Tatsächlich sollte das Königreich Shangshung bald endgültig untergehen, indem nämlich der letzte König Lepung Gyalpo einer ähnlichen Verschwörung zum Opfer fiel wie sein Vorgänger ein Jahrhundert zuvor: Er wurde von einem Handlanger des Bö-Königs Trisong Detsen ermordet, und zwar während jährlicher Opferriten am Heiligen See Thongpot. Nach dem Mord wurde die Shangshung-Königin Nebenfrau von Trisong Detsen. Weiter wird berichtet, daß der hohe Bön-Priester Gyapungchen den tibetischen König verfluchte. Um diesem Fluch zu entgehen, sandte Trisong Detsen einen Emissär an den Nam Tso, um den Bönpo dort um Gnade zu bitten. Diese wurde ihm gewährt, doch er hatte dafür dreizehn Gedenkchörten für den ermordeten Shangshung-Herrscher am Fuß des Kang Tise, des heiligsten Berges der Bön, zu errichten, die Bön-Religion zu dulden und nicht zu verfolgen.[8]

Dennoch war dies politisch das Ende des Reiches Shangshung. Nach seinem Zusammenbruch wurde seine Hauptstadt Chongdzong stark vernachlässigt, und schon bald lag der über den Ufern des Sees Dangre Yu Tso thronende Palast der Shangshung-Könige in Trümmern.[9]

Shenrab steigt vom Himmel herab[10]

In der vergangenen Weltenperiode waren der große Lehrer Togyal Yechen und der ihm zugeordnete herrschende Weltgott Mujü Karpo sowie Semkyi Drönmachen, der Gott der Weisheit, des ewigen Daseinskreislaufs und des mühseligen Bekehrungswerks müde geworden. Deshalb zogen sie sich in den Zustand höchster positiver Seligkeit zu der Stätte der vollendeten Shen zurück. Nun lebten in höheren Sphären Togyals Brüder Salwa und Shiba, deren Wirken als Lehrer in den beiden folgenden Weltzeitaltern erforderlich war. Im nun anbrechenden, dem gegenwärtigen Weltzeitalter sollte Salwa als Tenpa Shenrab in den Daseinskreislauf hinabsteigen und das Erlösungswerk seines Bruders fortsetzen.[11]

Von seiner himmlischen Welt hielt Salwa zunächst Ausschau nach der geeigneten Stätte und den passenden Eltern für seine Verkörperung. Nach langer Überlegung fiel seine Wahl auf das Land Olmolungring, wo sich der heilige Berg Yungdrung Gutse (Kailash) und der Quellsee der vier großen Ströme Ganges, Indus, Oxus und Sita befinden – einen Bezirk des Reiches Shangshung. In jenem Lande lag außer dem Bön-Tempel Shampo Lhatse der wunderbare Palast Parpo Sogye, in dem der Prinz Gyalbön Thökar aus dem Geschlecht der Mu[12] lebte.

Als der Königssohn Gyalbön sich in ein schönes Mädchen aus einer niederen Kaste verliebte, nahm er samt seinem Gefolge ein rituelles Bad und sandte einen Brahmanen als Brautwerber zu dessen Familie. Er heiratete sie, und daher wurde sie mit ihrer Familie in einen höheren Rang erhoben und von nun an Gyalshema geheißen. Später gewannen sie an einer Stätte nördlich des Tempels Shampo Lhatse märchenhafte Schätze, die von Jambhala, dem Gott des Reichtums, behütet wurden. Alle Einwohner des Heimatlandes der Braut gelangten so zu Reichtum.

Bevor der künftige Erlöser vom Himmel hinabstieg, stellte er sich den wirksamen Gottheiten des neuen Zeitalters vor: dem herrschenden Weltgott Sangpo Bumtri sowie dem Gott der Weisheit Shenlha Ökar, der ihm die Notwendigkeit erläuterte, sich unter den Menschen und nicht unter Göttern, Asuras, Tieren, Pretas oder Höllenwesen zu verkörpern. Himmlische Wesen erklärten sich bereit, Jünger des kommenden Erlösers zu werden. Vom Weltenberg Sumeru warf Shenrab einen letzten Blick hinab auf seine künftige Geburtsstätte und Eltern. Alsdann schoß ein weißer Strahl vom Himmel herab, trat durch das Haupt des Gyalbön Thökar ein und drang bis zu dessen Geschlechtsteilen vor, während ein roter Lichtstrahl ebenso Eingang in Gyalshema, seine künftige Mutter, fand und in ihren Schoß fuhr.[13]

Vor 18 000 Jahren, im Morgengrauen des 15. Tages des Feuertiger-Sommermonats im Jahr der Holz-Sonnen-Ratte, als es hell genug geworden war, um die Glückslinien in den Handflächen zu erkennen, erschien Shenrab Miboche, der »große Mensch und unbesiegbare Shen«, aus der rechten Hüfte seiner Mutter. Seine Geburt erschien allen glücksverheißend: Waren doch seine Gestalt schon ausgewachsen und seine Züge gesetzt, ruhig und hübsch.[14]

Als das wunderbare Kind geboren wurde, ließ es sogleich seine Stimme nach Art des Türkisvogels ertönen und tat umgehend seine ersten sieben Schritte. Der Brahmane Salchab Öden, der für den Königssohn um die Braut Gyalshema geworben hatte, brach beim Anblick des wunderbaren Knaben in Tränen aus, da er aufgrund seines hohen Alters nicht mehr in den Genuß der Lehrreden des kommenden Erleuchteten kommen sollte.[15] Als Shenrab drei Jahre alt wurde, entsprangen seinen Körperhöhlen die vier großen Shen der Elemente, und er hatte schon begonnen, die Lehre der Erlösung zu predigen.

Das Wirken des Shenrab Miboche[16]

Shenrab Miboche, der »große Mensch und unbesiegbare Shen«, war im Morgengrauen des fünfzehnten Tages des Feuertiger-Sommermonats im Jahr der Holz-Sonnen-Ratte in unserem Weltzeitalter aus der Hüfte seiner Mutter geboren worden, um den Menschen und allen anderen Wesen vom Weg zur Erlösung zu predigen. Göttliche Wesen wurden seine Schüler, und aus seinem Geiste entsprang der Jünger Malo, aus seinen Worten aber der Jünger Yulo.

Nun erzählen wir von der ersten großen Bekehrungstat des »großen Menschen und unbesiegbaren Shen«, Shenrab Miboche. Zu einer Zeit hauste in der Welt der wilde Jäger Tobu Dote, der unendlich viele Tiere hinmordete und selbst Menschen tötete. Der Weltgott Sangpo Bumtri sandte unter wunderbaren Erscheinungen seine Inkarnation, »Den mit dem türkisfarbenen Haarknoten« Yü Surpuchen, zu Shenrab und forderte ihn auf, den wilden Jäger Tobu Dote zu bekehren. Daraufhin zog der große Lehrer in das Land jenes Sünders, machte auf magische Weise dessen Mordabsichten zunichte und nahm ihn als Schüler mit in die Residenz nach Olmolungring. Das böse Karma des Tobu jedoch war so mächtig, daß er sogar nach dreijähriger

Shenrab Miboche, der Begründer der Bön-Lehre.

Unterweisung in den Bön-Lehren noch immer sündigte und deshalb am Ende dieser Zeit starb und in den kalten und heißen Höllen wiedergeboren wurde. Gleichwohl gelang es Shenrab mit Hilfe von magischen Zeremonien, bei denen Tobu in Gestalt seines auf ein Blatt muschelweißen Papiers gezeichneten Bildes zwischen magischen Silben anwesend war, und der Rezitation der Namen von hundert Gottheiten, den Sünder nicht nur aus der Hölle, sondern nacheinander aus den Welten der Pretas, Tiere, Menschen, Asuras und Götter zu erlösen, welche er seiner Übeltaten wegen durchlaufen mußte.[17] So bekehrte Shenrab Miboche, der »große Mensch und unbesiegbare Shen«, den wilden Jäger Tobu Dote und verhalf ihm zur Erlösung.

Als die Königin im Lande Hömo an einer durch Magie verursachten Krankheit darniederlag, sandte Shenrab Miboche seinen Schüler Surpuchen nach ihrem Land. Jener brachte der Königin Heilung durch die Rezitation von Gebeten an dreihundert Bön-Göttinnen.[18] Nachdem der Meister solcherart die sündige Königin gereinigt hatte, gab der König von Hömo dem Shenrab seine Tochter Hösa Gyalme zur Frau, und es wurde eine prächtige Hochzeit gefeiert. Die Prinzessin gebar dem Shenrab zwei Söhne: zuerst den Tobu Bumsang und dann den Jebu. Schon in ihrer Jugend waren diese sehr gelehrt und weise, und so wurden beide folgsame und gelehrige Schüler ihres Vaters. Ihre Gespräche mit ihm begannen mit relativ einfachen Gegenständen – wie mit der mystisch-etymologischen Ausdeutung von Namen wie dem ihres Vaters, dessen Eltern, seines Schlosses usw. – und gingen fort über die Behandlung der fünf moralischen Gifte. Sie diskutierten Fragen der Bön-Kosmologie und vermochten schließlich zu den metaphysischen Höhen der Doktrin der Leere (shunyata) aufzusteigen.

Hört nun die Geschichte des Königs Barwe Drönmachen, »Der mit der brennenden Lampe«,[19] in dessen Reich sich die nun erzählten traurigen Ereignisse zugetragen haben. Der Sohn des dem Barwe untergebenen Fürsten Trishang war von einer fürchterlichen und unheilbaren Krankheit heimgesucht worden. Seine verzweifelten Eltern riefen eine berühmte Orakelfrau und befragten diese, was getan werden solle. Die Losfrau riet dem fürstlichen Elternpaar, das Kind eines Untertanen als Sühneopfer darzubringen, um die bösen Geister aus dem Körper des Fürstensohnes zu vertreiben; und zwar sollte es ein Kind sein, das zur selben Zeit wie der Prinz, also unter den gleichen astrologischen Aspekten, geboren war. Es dauerte nicht lange, und ein solches Kind ward noch im Schlosse gefunden: im jugendlichen Pfleger des erkrankten Sohnes. Als der fürstliche Prinz davon hörte, daß man ihn durch ein solch fürchterliches Sühneopfer zu heilen versuchte, lehnte er das entschieden ab. Auch sein Vater hätte es lieber gesehen, wenn sein Sohn ohne dieses Sühneopfer gesundete oder er selbst als Sühneopfer hätte sterben können. Allein die Mutter hielt in ihrer blinden Liebe zum Sohn ein derartiges Opfer für erlaubt und bestand auf der Durchführung des Rituals. Schließlich wurde ein Bönpo, der sich auf dergleichen Zeremonien verstand, herbeizitiert und mit den Vorbereitungen betraut. Als Henker gab man ihm den »Schwarzen Han-dha« bei, welcher ohne Verstand war. Der kranke Fürstensohn wehrte sich standhaft gegen die geplante schreckliche Untat. Der Vater jedoch wurde ob seiner Liebe zum Sohn und des ständigen Flehens seiner Gattin nachgiebig und erlaubte endlich die Zeremonie. Die Wahrsagerin zog den jungen Burschen, der stellvertretend für den Erkrankten geopfert werden sollte, an den Beinen, der Bönpo faßte ihn an den Händen, und der »Schwarze Han-dha« schnitt die Lebensöffnung auf und riß das Herz heraus. Danach sprengten die beiden, Wahrsagerin und Bönpo, das Fleisch und das Blut nach allen vier Himmelsrichtungen aus,[20] um die ergrimmten Dämonen zu beschwören, den erkrankten Prinzen zu verlassen.

Der Sohn des Fürsten jedoch wurde auch nach der Durchführung des Sühneopfers keineswegs gesund, sondern starb schon sehr bald. Daraufhin begingen sowohl sein Vater, seine Mutter, die weissagende Orakelfrau und der waltende Bönpo Selbstmord. Die Eltern des geopferten Jünglings aber konnten nur Rache nehmen an dem »Schwarzen Han-dha«, der als Befehlsempfänger keine andere Wahl hatte als zu handeln und allemal ein Schwachkopf war. Die ergrimmten Untertanen stürmten auf ihn los und rächten ihren geopferten Sohn, indem sie dessen Henker das Herz herausrissen, und sie flüchteten sich auf die Burg des Fürsten Trishang. Als dem obersten Herrscher, König Barwe Drönmachen, hiervon berichtet wurde, glaubte dieser, den neuerlichen Frevel sühnen zu müssen, und er belagerte die Burg, in welche sich die Frevler geflüchtet hatten, mit dreitausend Kriegern. Nach kurzer Belagerung wurden die Festungsmauern überrannt und die beiden Schuldigen getötet. Da aber bekam der König Gewissensbisse und suchte darob den Meister Shenrab auf, um Rat von ihm zu erfragen.

Der »große Mensch und unbesiegbare Shen«, Shenrab Miboche, konnte dem König Barwe Drönmachen kraft seines göttlichen Auges Auskunft über das Schicksal aller an der unglückseligen Geschichte beteiligten Personen geben. Jeder erfährt ja gemäß dem Gesetz der Vergeltung aller Taten, dem karmischen Prinzip, seine unabdingliche Belohnung oder Strafe. So wurde einzig der an seiner bösen Krankheit gestorbene Prinz in einer glückseligen himmlischen Welt wiedergeboren, während die anderen in verschiedene Höllen, der dumme »Schwarze Han-dha« aber unter die Tiere gerieten. Als Shenrab den König auf die schlechten Motive der Orakelfrau und des Bönpo hinwies, die über kein Wissen verfügt und aus Gewinnsucht gehandelt hatten, da wurde dem König für sich und seine dreitausend Krieger bange, und er fragte, in welche der sechs Daseinsbereiche denn er und seine Gefolgsleute wiedergeboren würden. Sollte er schon gleich sterben, so antwortete ihm der Meister Shenrab, dann müsse er eine Wiedergeburt unter den Asuras gewärtigen, in einer Welt von schrecklichem Kampf und Krieg. Doch er habe, so erklärte Shenrab dem König unter ausgiebigen Erläuterungen über das Karma, in seinem weiteren Leben noch die Möglichkeit, Verdienste zu sammeln. Allein, der Meister beließ es nicht bei der Belehrung, sondern führte umfangreiche Riten durch und rief tausend Weisheitsgötter, Weltgötter sowie Shen, die großen Bön-Lehrer, an, um die Erlösung aller Beteiligten zu erwirken.[21]

Das segensreiche Wirken des Shenrab Miboche erregte die Aufmerksamkeit und den Ärger des teuflischen Fürsten »mit den langen Armen«, Khyapa Laring, der begann, den Bön-Lehrer und seine Umgebung heimzusuchen und zu verfolgen. Mit einer großen Schar untergebener wütender Dud, deren vier unheilvolle Ströme im Dämonischen

Reich durch die wundervollen Taten des Meisters Shenrab austrockneten, zog Khyapa Laring gegen diesen in den Kampf.

Eines Tages gelang es dem Dämonenfürsten, Shenrabs Tochter Shensa Nechungma zu verlocken und in sein Höllenreich zu entführen. Dort mußte sie fortan mit Khyapa leben und gebar ihm zwei Kinder. Dem Meister jedoch gelang es, seine Enkel aus dem Dämonenland zu rauben und den bösen Einflüssen der Dud und ihres Fürsten zu entziehen. Der teuflische Khyapa trachtete daraufhin danach, des Shenrabs wunderbare Pferde zu rauben. Die göttlichen Reittiere wurden dem Meister zwar entwendet, doch nach einer langen Verfolgung gelangten sie wieder in die Hand ihres rechtmäßigen Besitzers. Auf dieser Verfolgung aber mußte Shenrab Miboche das Reich Shangshung verlassen, und als er auf diese Weise nach Bö (Tibet) gelangte, versäumte er es nicht, die Menschen dort auf den rechtgläubigen Weg der Bön-Lehren zu führen.[22]

Im wilden Wald- und Schluchtenland des östlichen Bö wurde Shenrab Miboche der Zugang zu den schwarzen Schluchten des Kongpo von einem großen Teufelsathleten durch einen schwarzen Teufelsberg versperrt. Als jener den Weg des Meisters Shenrab so versperrt hatte, sprach er zu ihm: »Du Mensch, überschreite nicht meinen Athletenstein! Wenn du auch hinaufzusteigen trachtest, so ist dir das doch nicht möglich.« Der Lehrer Shenrab erwiderte: »Ihr Leute von Kongpo, wie seid ihr doch zu bedauern! Durch diesen Athletenstein, den schwarzen Berg, soll mir der Zugang verwehrt werden? Seht nur hierher, ob mir der Weg versperrt bleibt oder nicht!« Und er nahm den schwarzen Berg mit dem kleinen Finger der linken Hand und setzte ihn auf einer Stelle nieder, wo drei Bergfurchen zusammenliefen. Er erhielt den Namen Götterberg Gyangtho, d. h. »Hohe Stampferde«.[23]

Von seinen Niederlagen gegen den »großen Menschen und unbesiegbaren Shen«, Shenrab Miboche, im Lande Ti-

bet entmutigt, wandte sich der Dämonenfürst Khyapa Laring zu einem Anschlag nach China. Dort hatte der weise
König Kongtse den wundervollen, neunstöckigen Bön-
Tempel Sekhar zur Verbreitung der Religion und zur Unterdrückung aller bösen Geister erbaut. Daß dies dem teuflischen Khyapa Laring ein Dorn im Auge war, braucht uns
nicht zu verwundern, und mit Hilfe seiner Heerscharen
dämonischer Dud suchte er das Land des Königs Kongtse
heim und setzte alles daran, jenes von ihm errichtete Wun-
derwerk zu zerstören. Kraft seiner guten Taten und durch
das Aufsagen magischer Formeln konnte der chinesische
König das Unheil zunächst abwenden. Seine Lage wurde
jedoch heikel, als Khyapa das am Grunde des Ozeans ru-
hende riesenhafte Meerungeheuer aufweckte und ihm gute
Beute im neunstöckigen Tempel des Königs versprach. Mit
aufgerissenem Rachen schwamm das grauenhafte Meeresungeheuer auf den königlichen Bön-Tempel zu, um ihn zu
verschlingen. Vom Grauen gepackt, sandte Kongtse in seiner Not ein Stoßgebet zum Himmel empor, welches der
Meister Shenrab Miboche vernahm. Dieser wußte, daß die
Zeit zur endgültigen Überwindung der bösen Geister gekommen war, und so erschien er in großem Glanz und
glorreicher Aura mit seiner gewaltigen Schar von Schrek-
kensgöttern vor Kongtse.[24] Der König bezeigte dem großen Bön-Lehrer sogleich seine Verehrung und wurde von
Shenrab Miboche getröstet und aufgerichtet durch die An-
kündigung, daß er, Shenrab, nun selbst alles Unheil abwenden werde. Daraufhin setzte sich der Meister in Meditationshaltung nieder und sprach eine mystisch-magische
Formel. Als Folge daraus formte sich die Gestalt des Wugupa, eines fürchterlichen flammenäugigen Ungeheuers,
das von vier ihm gleichen, nur in der Farbe unterschiedlichen Schreckensgestalten begleitet wurde. Ohne Mühe
gelang es dem schreckenerregenden Wugupa und den vier
beigesellten Monstern die Angriffe des Dämonenfürsten
Khyapa Laring zurückzuschlagen und das enttäuschte

Meeresungeheuer in die Flucht zu schlagen, worauf die Lehren des Bön auch im Lande China ungestört gepredigt und verbreitet werden konnten.[25]

Die Weltentsagung des Shenrab Miboche[26]

Im Alter von einunddreißig Jahren beschloß Shenrab Miboche, der »große Mensch und unbesiegbare Shen«, der Welt zu entsagen. Zu jener Zeit und zu jener Gelegenheit verweilte der Lehrer Shenrab nicht mehr im Zustand des Samsara. Um zur wahren Stätte der Erlösung zu gelangen, nahm er im dreitausendeinhundertsten Menschenjahre und im einunddreißigsten Jahre eines Shenrab das erhabene Werk auf sich: Trotz des Wehklagens seiner Frauen, zu denen sich noch eine Tochter des chinesischen Königs Kongtse gesellt hatte, trotz der Vorstellungen seiner Söhne und Schüler, ja selbst trotz des Frohlockens des Dämonenfürsten Khyapa, der nun seinen Sieg für unausweichlich hielt, verließ Shenrab Miboche sein Haus und alle Bequemlichkeiten des irdischen Lebens, um in den geistlichen Stand einzutreten. Das wunderbare »höchste Gewand« (das Mönchsgewand), das sechsgestaltige, legte er an und nahm das reinigende Hö-Horn in die Hand.[27] Die Frauen und die Jünger des Meisters folgten bald seinem Beispiel und legten die weltlichen Gewänder ab. Der große Lehrer übte fortan verschiedenartige Formen der Kasteiung: Er lebte zeitweise nur von einem Korn Reis und einem Tropfen Milch und betrat allerlei himmlische Welten wie jene des Affenkönigs Hanumanda. Schließlich gelang es ihm sogar, den bösen Dämonenfürsten Khyapa Laring mitsamt seiner Schar von Dud zum Glauben zu bewegen und ihn nach Entgegennahme seines Sündenbekenntnisses in die Reihe der Bön-Schutzgötter einzureihen.

Die einfache Weltentsagung und das Mönchstum wollten dem »großen Menschen und unbesiegbaren Shen«,

Shenrab Miboche, letztlich nicht genügen, so daß er sich – trotz der Einwände seiner Jünger, unter denen sich jetzt der ehemalige Dämonenfürst Khyapa besonders hervorhob – von seiner Gefolgschaft zurückzog und in eine menschenleere Stätte in einem Wald zu Füßen des heiligen Berges Yungdrung Gutse umsiedelte, um sich dort der Askese und Meditation zu weihen. Nur gelegentlich spendete er seinen Schülern die Gnade weiterer Belehrungen, u. a. darüber, daß die dreizehn Stufen des Himmels als Stufen der moralischen und geistigen Vollkommenheit zu deuten seien, die vom »überlegungslosen Glauben«, der ersten Stufe, bis zum »unsichtbaren Glanz« der höchsten Sphäre in der dreizehnten Stufe führten.

Es kam schließlich der Tag, an dem der große Lehrer Shenrab seinen Jüngern verkündete, daß jetzt für ihn die Zeit gekommen sei, aus dem Elend des Daseinskreislaufs auszuscheiden. Selbst die flehenden Bitten seiner Anhänger konnten seinen Sinn nicht ändern. Er wurde schon bald von einer schweren Krankheit ergriffen. Sein Sohn und Jünger Tobu Bumsang vollzog wirkungsvolle Zeremonien zu Shenrabs Gesundung; diese konnten jedoch nur drei Tage lang wirken, so daß die Krankheit nach deren Ablauf wiederkehrte.

Auch den Bemühungen des zweiten Sohnes, Jebu, war nicht mehr Erfolg beschieden – woraus der große Meister endgültig schloß, daß nach dem Weltenplan jetzt unbedingt sein Dahinscheiden nahe bevorstand. Vergebens drang sein Schüler Yikyi Chechung in ihn, er möge doch noch in diesem irdischen Leben verharren.

»Tenpa Shenrab, unser großer Lehrer, so höre mich noch einmal!« sprach Yikyi Chechung zu ihm. »Der Lehrer ist ein köstlicher, goldener Erdboden, die Lebewesen aber sind die auf ihm wachsenden Gräser und Bäume. Wenn der Boden dahinschwindet, wie sollten dann die auf ihm wachsenden Gräser und Bäume weiterbestehen können! Ihr, o Tenpa Shenrab, seid ein Sandelbaum, dessen Blätter, Blüten und Früchte verdorren – wie wir, Eure Schüler ohne Euch. Ihr seid ein See und wir die in ihm lebenden Nagas, Drachen und Ottern. Der Bach, der die durchflossenen Wiesen befruchtet, ist wie Ihr, der unserem Geist Nahrung gibt und ihn vorwärtsbringt. Tenpa Shenrab, unser großer Lehrer, verlaßt uns nicht!«

»Höre, Yikyi Chechung!« tröstete der Meister. »Mein Dahinscheiden aus dem Daseinskreislauf ist kein endgültiges Entschwinden, und die Lehren des Bön werden keineswegs zugrunde gehen. Um den auf Beständigkeit des Irdischen Hoffenden, den Lässigen und Geizigen Entsagung nahezulegen, möchte ich ein Beispiel des Dahinscheidens geben.«

Zu dieser Zeit meditierte Asha Sangwa Dodud, des Tenpa Shenrab vorzüglichster Schüler, in der Einsamkeit und war daher nicht beim Meister zugegen. Er schaute allerlei böse Vorzeichen. Das »weiße A«, den heiligen Buchstaben der Bön-Religion, sah er im Traume dahinschwinden, der Glanz der Leuchten Sonne und Mond erlosch, die großen Ströme flossen nicht mehr abwärts, Blumen und Heilkräuter verdorrten, und die Erde bebte. Aus diesen Anzeichen schloß er, daß die »Lampe der Welt« erloschen sei. Und tatsächlich ging zu jener Stunde der Meister ins Nirvana ein. Asha irrte umher und suchte seinen Lehrer, fand ihn aber weder im Schloß Parpo Sogye, noch im Tempel Shampo Lhatse, noch am heiligen Berg Yungdrung Gutse.

Die an Shenrabs Totenlager versammelten Jünger wußten sich über die mit dem Verstorbenen vorzunehmenden Zeremonien nicht zu einigen, woraufhin Tobu endlich vermerkte, daß der »Shenrabs Geiste gleichende« Asha Sangwa noch fehle. Khyapa, der frühere Dämonenfürst und nun gelehrige Schüler des Meisters, wurde beauftragt, Asha herbeizuholen. Als schließlich alle Jünger beieinander waren, wurde der gesamte Pomp der Bön-Leichenzeremonien entfaltet: Tausendundacht Kesselpauken wurden geschlagen, tausendundacht Schallbecken zum Klingen gebracht, tausendundacht Muscheltrompeten geblasen, tausendundacht Seidenfahnen gehißt, tausendundacht Weihrauchfeuer entflammt, tausendundacht Lampen entzündet, tausendundacht Opferbissen dargebracht. Zuletzt wurde der Sarg des Shenrab Miboche, des »großen Menschen und unbesiegbaren Shen«, geschlossen und auf dem Scheiterhaufen verbrannt. Seine Reliquien wurden in sechs Behältern verschlossen, und man brachte ihnen Verehrung dar.[28]

Nach der Bestattung des Shenrab waren vier Stupas von selbst entstanden, und bei ihnen beugten die verlassenen Schüler die Knie und klagten ihr Weh, wer denn nun die Tür des ewigen Daseinskreislaufs schließen und die Leiter zur Erlösung aufstellen solle. Ihre Stimmen aber vernahm der Meister, Tenpa Shenrab, im höchsten Himmel Akanishtha, wo er sich fortan aufhielt und bereits dem Shepa, dem künftigen Bön-Lehrer, Belehrungen erteilte. Nach dem Weltengesetz kann der dritte Erlöser dieses Weltzeitalters erst erscheinen, wenn die Lebensdauer der Menschen bei allgemeiner Verschlechterung der Verhältnisse nur noch zehn Jahre beträgt. Damit aber die Bön-Lehre bis dahin nicht erlischt, wurde der bisherige Lehrer der Asuras, Mucho Demdrug, von Shenrab als sein Vertreter zur Erde hinabgesandt, um dort die Lehre zu verkündigen. Die Verheißung des Tenpa Shenrab weckte große Freude bei den Menschen im Lande Olmolungring, und zur genannten Zeit stieg Mucho Demdrug auch wirklich herab. Drei Jahre verweilte er auf der Erde und predigte im ersten Jahre am Ozean Karnag Trasäl, im zweiten im Palast Trimön Gyalshe, im dritten aber im Palast Parpo Sogye, wo Shenrab einst gewirkt hatte. Indem er sich an das Wort des großen Lehrers und Meisters Tenpa Shenrab hielt, legte Mucho Demdrug die Lehre vielfach dar und schrieb sie gänzlich und in vollem Umfang nieder.[29] Auch bildete er eine große Zahl von Übersetzern aus, welche die Bön-Lehre in alle Länder ausbreiten sollten. Drei dieser Gelehrten sandte er nach Westen ins Land Tazig [Reich der islamischen Völker], je einen nach Indien (jener Lotsawa sollte sich im Geschlechte Shakya inkarnieren![30] China und das Reich Trom [Gesar, in Turkestan] und außerdem nach Bö [Tibet] sowie in die Länder Minyag und Sumpa [in Osttibet] und schließlich nach Shangshung selbst – dem Lande, in dem einst der große Shenrab persönlich gelehrt hatte.[31] Nach der vorgesehenen Zeit von drei Jahren kehrte Mucho Demdrug kraft seiner Zaubermacht wieder zum Himmel zurück.

In der Zeit aber, in der das Lebensalter der Menschen nur noch zehn Jahre beträgt, ist auch der ehemalige große Lehrer Tenpa Shenrab aus dem Akanishta-Himmel dahingeschieden und weilt im Bereich der höchsten positiven Seligkeit, in der »Sphäre der vollendeten Shen, ohne Wiederkehr, dem Himmel gleich und im Raume ausgedehnt«. Shepa, der neue Bön-Lehrer, der in die Welt hinabsteigen wird, betrachtet die Welt und die Stätte seiner zukünftigen Inkarnation vom Weltberg Sumeru aus – so wie es einst Shenrab selbst getan hatte. Auch Shepa sucht sich Vater und Mutter aus, und bald wird die Erde wieder die Laufbahn eines neuen Erlösers sehen, denn nach dem ewigen Weltgesetz wird immer wieder ein Sohn des Himmels herabsteigen, um im Lauf eines streng vorgeschriebenen Lebens viele Wesen zu erlösen.

Wie die Bön-Lehre überdauerte[32]

Der hohe Bön-Priester Gyapungchen hatte den tibetischen König Trisong Detsen wegen seiner Verantwortung für den Untergang Shangshungs dereinst verflucht und ihm die Zusicherung abgetrotzt, dreizehn Gedenkchörten für den ermordeten Shangshung-Herrscher am Fuß des Kang-Tise, dem heiligsten Berg der Bön, zu errichten, die Bön-Religion zu dulden und nicht zu verfolgen. Doch auch in der göttlichen Welt hatte sich die Fortdauer der Bön entschieden. Und das erzählen sich die Bönpos in Nordtibet heute folgendermaßen:

Tenpa Shakyatubpa, die höchste buddhistische Gottheit, hatte einen jüngeren Bruder namens Amnye Chüebu, der ein Dämon war. Um ihn zu bezwingen, drang Shakyatubpa in einer anderen Gestalt in den Magen seines dämonischen Bruders ein und konnte ihn so in tausend Stücke reißen, die keinen Schaden mehr anrichteten. Die oberste Gottheit der Bön, Tenpa Shenrab, hatte ebenfalls einen Dämon als jüngeren Bruder, Düchapa mit Namen. Trotz aller Bemühungen jedoch gelang es Tenpa Shenrab nicht, seinen dämonischen Bruder zu unterwerfen. Deshalb zog er sich in eine Höhle zurück, um dort durch Meditation zur Erleuchtung zu gelangen. Neun Jahre verweilte Tenpa Shenrab dort, bis eines Tages der Dämon Düchapa durch einen Spalt in die Höhle hineinspähte und mit großer Verwunderung feststellte, daß sein älterer Bruder noch erhabener geworden war, obschon er sich doch all die Jahre von Wasser und Nahrung enthalten hatte. Das beeindruckte ihn so sehr, daß er seinem Beispiel folgte: Er ließ sich seinen Kopf kahlscheren und ging zum Mönchsdasein über, so daß er schließlich zu einer großen Inkarnation wurde.

Nachdem das üble Wirken beider Dämonen aus der Welt geschafft worden war, stritten die beiden Tenpas, dieser der Buddhisten und jener der Bön, um die Vorherrschaft. Ihr Streit jedoch führte zu keiner Entscheidung, nichts vermochte die Überlegenheit des einen über den anderen zu beweisen. Daraus erkannten sie die Wahrheit, daß ihr Wirken nicht so verschieden war, jedoch nur eine Gottheit als oberste herrschen konnte. Tenpa Shakyatubpa machte seinem Widerpart das Angebot, nominell neben ihm weiterzuwirken und die Bön-Religion formell weiterbestehen zu lassen. Der überaus großzügige Tenpa Shenrab sah die Vorschriften und Glaubensregeln des Buddhismus mit jenen der Bön-Lehren in Einklang und stimmte dem Vorschlag des Tenpa Shakyatubpa darum zu. Und so ist der Bön-Glaube bis heute überliefert geblieben.

Mythen als Spiegelbild ethnischer, politischer und religiöser Auseinandersetzungen in der Antike?

Da vom legendären Königreich Shangshung weniges und das nur bruchstückhaft überliefert ist, beginnt fast jeder Abriß der tibetischen Geschichte erst mit der Zeit nach dem Untergang von Shangshung. Um einen vagen Einblick in die nicht in historiographischen Aufzeichnungen festgehaltene Geschichte der Antike bzw. des frühen Mittelalters in Tibet zu erhaschen, bleibt daher oft nur die Beschäftigung mit den alten Mythen und Legenden. Deren Einbeziehung in die Geschichtsinterpretation ist natürlich mit einem hohen Maß an Spekulationen verknüpft, die uns auf eine falsche Fährte verleiten könnten. Andererseits wird die Genealogie der Yarlung-Könige, die ebenfalls weit in mythische Bereiche (vgl. das folgende Kapitel) zurückreicht, ganz selbstverständlich in die Geschichtsbetrachtung Tibets mit einbezogen, obschon erst mit Songtsen Gampo und seinen Nachfolgern die tibetische Schrift und mit ihr schriftliche Dokumente auftauchen. Wie kommt es, so muß man sich fragen, daß hier (d. h. bei den Tubo-Königen) Mythen Eingang in die Historiographie gefunden haben, während gleichartigen Überlieferungen, die das untergegangene Reich Shangshung betreffen, ein geschichtlich wahrer Kern abgesprochen wird?

Die Antwort haben wir in den Quellen zu suchen. Historiographie hat sich, zumindest in den Anfängen, als »dynastische Tagebuchschreiberei« der Herrschenden entwickelt. Die Lebensläufe ihrer wichtigsten Mandatsträger fanden darin ebenso Eingang wie wesentliche Ereignisse und deren Deutung. Gerade der Deutung aber liegt oft das Anliegen zugrunde, die herrschende Dynastie zu legitimieren. Ein solche Legitimation dürfte auch in der knappen Legende »Der Knabe aus dem Fels« vorliegen, die von der Bön-Tradition überliefert wurde: Wird doch dem König Tunyar Mutrö aus den höchsten Sphären des Himmels ein von Tong, der Leere, als Vater und Salwa Yeshe, der sublimierten Erkenntnis, als Mutter gezeugter Knabe als Sohn geschenkt. Reiche sind entstanden und vergangen, und dies häufig unter Ränkeschmieden und Gewaltanwendung. Sie dehnten sich aus und schrumpften wieder, je nachdem, in welchem Ausmaß sie sich mit Nachbarstaaten vertrugen, verbündeten oder schlugen. Eine Ausdehnung des Machtbereichs und der daraus resultierende Machtanspruch mußte militärisch gesichert, aber auch spirituell oder mindestens rational begründet – eben legitimiert – werden. Die Tubo-Könige der Yarlung-Dynastie hatten sich im Lauf des frühen tibetischen Mittelalters u. a. gegen ihre Nachbarreiche Shangshung und Sumpa durchgesetzt, weshalb es uns nicht erstaunen sollte, daß die Überlieferung nur wenig über letztere berichtet.

Wo ist Shangshung zu lokalisieren? Der Name Shangshung bezeichnet heute hauptsächlich Westtibet, das in der frühen Zeit einen Teil des Kernlandes des Reiches von Shangshung ausgemacht haben dürfte. Tatsächlich jedoch muß sich die Herrschaft seiner Könige oder doch wenigstens sein kultureller Einflußbereich bis weit nach Osttibet erstreckt haben, mindestens aber über den Norden der heutigen Autonomen Region Xizang sowie über weite Teile der Provinz Qinghai. Schriften wie »Die Tage des Drachens« oder der »Führer für Bön-Pilger« beschreiben die Hauptstadt des Königreiches Shangshung in Chong Dzong am Nordufer des Dangre Yu Tsho – eines langgestreckten Sees im südlichen Changthang. Die andere Hauptstadt Chonglung muß im 7./8. Jahrhundert als eigentliches Zentrum des Landes im Sutlej-Canyon westlich des heiligen Berges Kailash gelegen haben. Die Beschreibung Shangshungs in einer Bön-Schrift, mit dem unser Kapitel hier eingeleitet wird, läßt es sich von Persien im Westen bis Amdo in Tibets Nordosten erstrecken und unterscheidet dabei zwischen Innerem, Mittlerem und Äußerem Shangshung. Das Begriffspaar »eines inneren und eines äußeren Gebietes« kennen wir im zentralasiatischen Raum vor allem vom chinesischen Kaiserreich, das in historischer Zeit die dem Machtzentrum näher gelegenen und daher leichter beherrschbaren Räume Tibets und der Mongolei als »Inneres Tibet« bzw. »Innere Mongolei« benannte, während die ferneren und meist nur nominell unterstellten Gebiete mit dem Attribut »äußere/s« versehen wurden. Übertragen wir Entsprechendes auf das Shangshung-Reich, so hätten wir das Herz des Reiches in Persien und die Peripherie in Osttibet zu suchen, was in Anbetracht der Tatsache, daß es sich um ein tibetisches Reich handelt, eher unwahrscheinlich erscheint. Tatsächlich lag das Machtzentrum ja in Westtibet, wo sich der Reichsname bis heute als ein Landschaftsbegriff überliefert hat. Daher wäre es vielleicht nicht unangebracht, das »Innere Shangshung« in Persien mehr als ideologisches Zentrum zu betrachten, weil die Wurzeln der Staatsreligion – das dogmatisierte Bön – dort lagen oder vermutet wurden, während der »Äußeres« oder zuweilen auch »Unteres Shangshung«[33] genannte Landesteil in dem durch die Tallandschaften niedriger gelegenen peripheren Osttibet tatsächlich im weltlichen Machtbereich des »Mittleren«, will heißen des eigentlichen Zentrums Shangshung, lagen. Somit hätten wir jenes Reich im westtibetischen Ngari zu lokalisieren, das in die kaschmirischen (bis Baltistan und Hunza) und tibetischen Nachbarräume ausgriff und seine Fühler möglicherweise weit über das zentrale Hochland der Changthang-Steppengebiete bis in Teile Osttibets ausstreckte. Dabei mögen jene Gebiete im eigentlichen Sinne unterworfen oder aber – und dies wahrscheinlicher – durch entsprechende Bündnispolitik mit dem »Mittleren Shangshung« verbunden gewesen sein.

Die Bevölkerung Shangshungs dürfte aus Teilen jener Völker bestanden haben, die als Qiang (Ch'iang) in die chinesischen Annalen eingegangen sind und seit dem ersten vorchristlichen Jahrtausend nach Tibet einwanderten. Lediglich im südlichen Tibet vermischten sich diese mit der dort ansässigen, schon Ackerbau treibenden Bevölkerung – weshalb die Nomaden im Changthang bis heute ein einheitlicheres ethnisches Substrat aufweisen als die stark mit anderen rassischen Merkmalen durchsetzten tibetischen Bauern, von denen sie sich in der Regel deutlich abheben. Das würde für die weite Ausdehnung des Herrschaftsgebietes sprechen, da hohe Mobilität und ausgeprägte kriegerische Fähigkeiten die Hirtenkulturen zur Beherrschung der unwirtlichen Steppen des zentralen Hochlandes prädestinierten. Deren spärlichere materielle Kultur hinterließ verständlicherweise weniger Spuren als die der seßhaften Ackerbauern, weshalb der Nachweis eines frühmittelalterlichen westtibetischen Reiches nicht ohne Grund schwerfällt; und allenfalls in späten Phasen mochte eine historiographische Überlieferung eingesetzt haben – die von einem neuen Herrschaftsnachfolger eher unterdrückt, als tatsächlich weitertradiert wurde. Der Inhalt der weiteren Legenden des vorliegenden Kapitels, die sich mit der über Intrigen eingefädelten Beseitigung der späten Shangshung-Herrscher befassen, spräche denn auch für eine solche Auffassung.

Überlieferung bedeutet aber nicht allein Historiographie, sondern auch mündlich tradierte Erzählungen, die in ihrem mythischen und legendären Rahmen einen Kern Historizität bergen können. Was die Überlieferung Shangshungs betrifft, so hat sie vor allem mit dem alten Bön-Glauben zu tun, der Staatsreligion in Shangshung und in den ersten Jahrhunderten im Tubo-Reich der Yarlung-Könige war. Unter dem Einfluß des Buddhismus hatten die Anhänger des Bön gleichfalls ein Schrifttum entwickelt, welches dessen Geschichte sicher verfärbt, aber doch in Grundzügen wiedergibt. Tatsächlich existieren Schriften in einer Shangshung-Sprache, in der einige handgeschriebene Bücher abgefaßt und in Bön-Klöstern zu finden sein sollen. Das Kulturamt des Kreises Bachen im nordöstlichen Zentraltibet hat bereits die Schrift »Dabre Nyerdün« herausgegeben, eine in alter Zeit abgefaßte Sammlung von kulturgeschichtlichen Abhandlungen. Darin wird berichtet, daß zur Zeit von Tenpa Shenrab – dem mythischen Gründer der Bön-Religion und Zeitgenossen des Buddha – eine Shangshung-Sprache existiert habe. Spätere Bön-Texte sind auf Tibetisch geschrieben, wobei jedoch in der oberen Zeile oft die tibetische Transliteration des Shangshung-Texts wiedergegeben wurde.

Für die Mitte des ersten nachchristlichen Jahrtausends ist anzunehmen, daß der größte Teil des tibetischen Hochlandes vom damals klimatisch noch günstigen Westtibet aus beherrscht wurde, welches frühestens in der ersten Hälfte des 7. Jahrhunderts unter die Kontrolle des Yarlung-Königs Songtsen Gampo geriet. Dies sei ihm mit Hilfe der jüngsten Frau des Königs Ligmirhya von Shangshung gelungen, wie uns die Bön-Überlieferung hier berichtet. Tsering Thar[34] geht gar davon aus, daß das großtibetische Königreich Tubo eine gemeinsame »Gründung« durch die Shangshung- und Yarlung-Könige sei. Auf seiner Reise nach Sumpa, in der Mitte des 7. Jahrhunderts, wurde der Shangshung-Herrscher Ligmirhya dann aber umgebracht, was zur ersten Annexion Shangshungs durch den späteren tibetischen Großkönig Songtsen Gampo führte. Doch noch zur Zeit von Trisong Detsen (8. Jh.) erkannte Shangshung als ein alliiertes Territorium die zentraltibetische Oberhoheit der Tubo-Könige zwar an, blieb jedoch noch immer äußerst mächtig. Wahrscheinlich hatte sich inzwischen das politische Machtzentrum und damit die Haupt-

König Trisong Detsen.

stadt aus dem zentraltibetisch kontrollierten Sutlej-Tal in den südlichen Changthang verlagert. Bald jedoch sollte das Königreich Shangshung endgültig untergehen, indem der letzte König Lepung Gyalpo einer ähnlichen Verschwörung zum Opfer fiel wie sein Vorgänger ein Jahrhundert zuvor. Die letzte Legende des Kapitels überliefert schließlich, warum die Bön-Religion trotz des Untergangs der sie schützenden Staatsmacht nicht verschwand, sondern geduldet wurde: Die Macht des hohen Bön-Zauberpriesters Gyapungchen zwang den verantwortlichen Tubo-König Trisong Detsen zur Respektierung der alten Religion. Es ist allerdings zu vermuten, daß das Überleben der Bön-Religion mit dem Untergang des Herrscherhauses von Shangshung indirekt zu tun gehabt haben könnte. Immerhin war den Bön mit dem Buddhismus schon seit Songtsen Gampo eine konkurrierende Kraft erwachsen, und die neuerliche Missionierung der Bön im südtibetischen Tubo-Reich der Yarlung-Könige dürfte nicht ohne machtpolitische Aspekte gewesen sein, welche die Machtkonkurrenz zwischen den beiden mächtigen Staaten auf dem Hochland zugunsten Shangshungs hätte entscheiden helfen sollen. Dies wäre eine weitere Erklärung für die Förderung des Buddhismus durch die Yarlung-Könige, die sich zunächst vom wahrscheinlich größeren Shangshung emanzipieren wollten. Daher wurde die Bön-Religion unter dem Tubo-König Trigum Tsenpo nicht nur vom Hofe verbannt – wo die Bön-Lehrer Labön und Kushen einflußreiche Positionen erlangt hatten –, sondern auch alle Bönpos des Landes verwiesen, da »die königliche Macht und jene der Bön-Priester nicht am selben Ort koexistieren konnten«.[35] Nachdem jedoch die Macht des Bön-Staats Shangshung gebrochen war, konnte sich das erstarkte Tubo eine Duldung der alten einheimischen Religion durchaus wieder leisten.

Die Legenden um Shenrab Miboche: eine Kopie der Lebensgeschichte des Buddha?

Die ursprüngliche Religion im tibetischen Hochland war die (noch nicht dogmatisierte) Bön-Lehre, nach Hoffmann[36] eine »nationaltibetische Ausprägung des nord- und zentralasiatischen Schamanismus und Animismus«, die regional große Unterschiede aufgewiesen haben dürfte. In der Shangshung-Sprache wurde sie zunächst mit »Gyer« bezeichnet, was in späterer tibetischer Übersetzung Bön lautete.[37] Der Begriff »Bön« bezieht sich, wie schon oben in Kapitel 1 erläutert, auf die Beschwörungen, mit deren Hilfe die Bön-Priester Einfluß auf Naturereignisse und Dämonen zu nehmen versuchten. Auf solche »Anrufungen« (Bön) spezialisierten sich im Laufe der Zeit bestimmte, besonders dazu begabte Mitglieder der Gemeinschaft, zu denen die Schamanen zu zählen sind. Im alten Tibet versuchten die Shen-Schamanen feindselige Mächte durch Beschwörung zu zähmen und positiv wirkende Mächte (Götter, Ahnengeister) um Hilfe, um Schutz für das Volk und seinen Herrscher anzurufen. Mit der Ritualisierung solcher Anrufungen erweiterte sich allmählich ihr Aufgabenfeld. Magische Praktiken der Bönpos, Lieder von Barden, sogar besondere Rätselspiele sollten als den im Kosmos präsenten latenten Einflüssen entgegenwirkende Kräfte die Natur meistern und die Welt ordnen. Als eine Art Priester waren die Bönpos ursprünglich außerdem damit betraut, die Zukunft zu deuten und durch Losbefragung die Entscheidung der Götter zu erfahren sowie Grabriten zum Schutz der Lebenden und Toten durchzuführen.

Mit der Ausbreitung des Buddhismus in Tibet war den Bön-Priestern ernstzunehmende Konkurrenz erwachsen. Durch die geistige Auseinandersetzung mit der Lehre Buddhas begann die Bön-Religion ein eigenes theoretisches Lehrgebäude zu errichten: Kanonische Schriften wurden verfaßt, ein Kloster- und Mönchswesen und ein am Buddhismus orientiertes Pantheon entwickelt. In der Bön-Literatur tritt nun ein mythischer Stifter auf, dessen Name Shenrab Miboche »vorzüglichster der Shen« (d. h. der Schamanen) bedeutet und der als Zeitgenosse des Gautama Buddha ausgegeben wird. Die von Shenrab gestiftete orthodoxe dogmatisierte Bön-Lehre mit Kanon und Doktrinen wurde als Yungdrung-Bön bezeichnet – mit der Bedeutung »Swastika« für Yungdrung, später wurde Yungdrung mit »ewig, nicht veränderbar« übersetzt.[38]

Das Auftreten der Shen genannten »Priester« kennzeichnet den Beginn einer neuen Phase der Bön-Religion, für deren Ausformung der genannte Stifter verantwortlich zeichnet. Die Shen müssen sich von den bereits als vollendete Schamanen ausgewiesenen Bönpo unterschieden haben, werden sie doch – um zum helfenden Vergleich buddhistische Termini heranzuziehen – eher mit Buddha (Ye Shen[39]) bzw. den Arhats (Shenre[40]) in Verbindung gebracht, während die späteren monastischen Vertreter bis hin zum Lama mit Bönpo-Begriffen versehen werden: mit Bönre, d. h. »Bön-Sohn«, als höchstem Titel einer Inkarnation. Der vollkommenste Shenre und Begründer der Shen-Religion heißt demzufolge Shenrab, der »Vollkommene« oder »Ausgezeichnete«: Sein voller Titel lautet Bön Shenrab Mibo Ye Shen, d. h. »vollkommener Bön-Shen – Mensch des absoluten Shen« bzw. Tönpa Shenrab Miboche, »großer Mensch-Lehrmeister Shenrab«. Dieser deutlich auf die Ausformung einer zu diesem Zeitpunkt schon existent scheinenden »Bön-Kirche« zugeschnittene Name ihres Stifters legt den Verdacht nahe, daß es sich dabei eher um eine mythische, eine konstruierte Figur handelt als um eine historische Persönlichkeit. Dabei stellt sich die Frage, »ob sich hinter der mythischen Figur die Gestalt eines einzigen überragenden Shangshung-Priesters verbirgt, der [...] das synkretistische System allein geschaffen hat, oder ob er für einen ganzen Kreis von Priestern steht, als deren übersteigertes und idealisiertes Abbild er dann zu betrachten wäre« (Hoffmann[41]).

Geboren wurde Shenrab der Überlieferung nach als Sohn des Königs Gyalpo Töker und seiner Königin Gyalshema im Lande Tazig Olmolungring. Durch die zwölf großen Ereignisse und Errungenschaften seines Lebens, welche in der hier verkürzt wiedergegebenen Überlieferung dargestellt werden, begründete er jenen Teil der Bön-Lehre, die durch das persönliche Vorbild des großen Meisters wirkte.[42] Nach Vollendung seiner Mission auf Erden stieg Shenrab in den Allerhöchsten Himmel, Ogmin, empor, der über dem ursprünglich dreigestuften Himmel der alten Tibeter liegt. Damit gleicht dieser dem buddhistischen Nirvana, dem die Shen noch eine weitere, höhere Stufe zufügten: die »Sphäre des vollendeten Shen, der ewig ohne Wiederkehr währt«. Die Shen-Religion hält jedoch konsequent am Glauben an einen Hochgott fest, der im vollkommensten Shen-Himmel wohnt und dessen Inhalt ist.[43]

In manchem Mythos erscheint Shenrab, dem alttibetischem Motiv entsprechend – wie schon im Gesar-Epos als Archetyp des Himmelskönigs –, als Göttersohn, der vom Himmel herabsteigt. Dagegen wird im Zermig, der Biographie des Religionsstifters, das für die Shen-Religion so wichtige Licht-Element besonders stark betont: eine Auswirkung der iranisch-manichäisch-gnostischen Lichtlehre, der wir ja bereits in der Bön-Schöpfungsgeschichte im ersten Kapitel begegneten.[44] Daher glaubt Hermanns, daß die Biographie des Shenrab besonders jener des Mani, des Stifters des Manichäismus, nachgebildet sei, obwohl darin auch Elemente aus der Gesar-Heroensage und dem Leben Gautama Buddhas vorkommen. Als wichtigste Belege für die Anlehnung der Shenrab-Biographie an Manis Lebensgeschichte nennt er die Legende, in der Shenrab den wilden Jäger Tobu dote bekehrt, nacheinander aus der Hölle und den anderen Wiedergeburtswelten befreit und zur Erlösung führt. Dazu gibt es eine vergleichbare manichäische Geschichte des Urmenschen aus dem Iran. Ebenso hat Shenrabs dreimaliger Kampf mit den Dämonenfürsten im Osten, Westen und Norden eine Parallele bei den Finsternis-Teufeln des iranischen Maniglaubens. Das ewige Weltgesetz, nach dem ein Zeitalter nach dem anderen in ununterbrochenem Kreislauf entsteht und vergeht und demzufolge immer wieder ein Sohn des Himmels als Erlöser herabsteigen muß, findet sich ebenso bei der Shen-Religion wie im Manichäismus.[45]

Hoffmann dagegen sieht eher die Biographie des Buddha Sakyamuni als Vorbild für die Entlehnungen, wenngleich er andere Einflüsse gleichfalls gelten läßt. So »gestatten uns die vorhandenen Quellen schon heute das Urteil, daß der Stifter der Bon-Religion eine lediglich mythische Gestalt ist, deren uns bekannte Biographie im großen und ganzen nach dem Muster der Buddha-Legende der Mahayana-Texte zusammengezimmert wurde mit literarhistorisch interessanten Zusätzen aus anderen Literatur- und Religionskreisen«.[46] Die auffälligsten Parallelen zur Buddha-Geschichte stechen selbst in unserer knappen Zusammenfassung der Shenrab-Biographie ins Auge: Von der himmlischen Welt aus beginnt der Lehrverkünder die Suche nach dem geeigneten Ort für seine Geburt und den passenden Eltern; die Anfechtungen und Versuchung durch den Teufelsfürsten Khyapa Laring ähneln Buddhas Versuchung durch Mara; und schließlich verlaufen die Weltentsagung Shenrabs, sein Tod und die Verbrennung seines Leichnams, die Reliquienaufbewahrung usw. parallel zu den entsprechenden Ereignissen in der Buddhageschichte. Höhepunkt und Umkehrung der Auseinandersetzung mit den buddhistischen Vorbildern schließlich ist der Verweis darauf, daß einer der Schüler seines Nachfolgers Mucho Demdrug nach Indien gesandt worden sei und sich dort später im Geschlecht der Shakya inkarniert habe: Was die Abhängigkeit des Buddhismus von der Bön-Lehre dokumentieren sollte[47] und nicht etwa umgekehrt, wie die nachempfundene Lebensgeschichte Shenrabs eigentlich nahelegt.

Die Schilderung der Bekehrungsfahrten in Gebiete außerhalb Shangshungs dürfte historische Ereignisse – vielleicht sogar späterer Zeiten – widerspiegeln: und zwar nicht allein die Missionierungsversuche der Bön-Priester in Zentraltibet zur Zeit der Yarlung-Dynastie, denn ihr Einfluß ist durchaus über die Randgebiete des tibetischen Hochlandes hinausgegangen. Von der Bön-Mission nach dem Osten zeugen die von Rock übersetzten Texte der Moso, die in klarer literarischer Abhängigkeit von den Schriften der systematisierten tibetischen Bön-Religion stehen.[48] Das teuflische Wirken des Khyapa Laring in China wiederum ruft uns ähnliche Ereignisse in der Gesar-Sage in Erinnerung, auf welche die Bönpo im Zuge der

Ausbreitung nach Osten gestoßen sein dürften. Die Vielzahl der Einflüsse haben somit zu einer großartigen motivischen Vermischung geführt, die eine eindeutige Zuordnung aller Vorbilder nicht wahrscheinlich werden läßt. Auffällig aber bleibt die kopienhafte Konstruktion der Shenrab-Biographie nach jener des Buddha und des Mani. Aber auch die Verbundenheit der alten tibetischen Kultur mit dem frühen China scheint durch, wenn in Shenrabs Reise nach China auf die »Bön-Tempel« dort verwiesen wird: denn schließlich lagen die weltanschaulichen Vorstellungen der verschiedenen zentral- und ostasiatischen Völker – repräsentiert durch Bön und Daoismus – früher enger beieinander als heute. Hier stoßen wir wieder auf die gemeinsamen Wurzeln der alten religiösen Vorstellungen im chinesischen und tibetischen Altertum.[49]

4. Von Yarlung bis Lhasa
Geschichtliche Überlieferung voller bewegender Legenden

Tibets erster König Nyatri Tsenpo[1]

In der Zeit, da alle Tibeter von den zwölf kleinen Königen der Teufel und Schadendämonen gequält wurden, wurde im Lande Badsala dem König Charche ein Sohn geboren, dessen Augenlider bedeckt und die Finger durch Schwimmhäute verbunden waren. Da sich die Menschen Badsalas vor ihm fürchteten, steckten sie ihn in einen Kessel, verschlossen dessen Öffnung und warfen ihn in den Ganges-Fluß. Vom Ganges fortgetragen, wurde er andernorts jedoch gefunden und aufgezogen. Als er groß geworden war und man ihm die früheren Ereignisse erzählte, überfiel ihn großer Zorn, und er floh in die Schneeberge. Nach langer Wanderung kam er ins Land der Tibeter, wo er über eine Geisterleiter auf den Berg Yarlha Shampo im Yarlung-Tal hinaufstieg. Da stellten sich ihm die feindseligen Geister von Srin-Dämonen entgegen: Jang Srin und Kong Srin erschienen vor ihm in der Gestalt eines roten Yaks. Die persönlichen Schutzgottheiten des Knaben aber zerschmetterten diesen roten Yak mit Leichtigkeit, und zwar

> Indem sich die Rüstung selbst anlegte,
> Indem der Speer sich selbst davonschleuderte,
> Indem sich der Schild selbst als Schutz erbot,
> Indem das Schwert von selbst zuschlug,
> Indem der Pfeil sich selbst abschoß,
> So daß dergestalt die Dämonen
> Jang Srin und
> Kong Srin getötet wurden.

Nachdem Nyatri Tsanpo so seine göttliche Macht ausgeübt hatte, verließ er den heiligen Berg Yarlha Shampo und stieg hinab ins Yarlung-Tal.

Im Yarlung-Tal lebte damals eine Nomadenbevölkerung. Eines Tages fanden einige Hirten auf dem Berg Tsentang Goshi den unerschrockenen Jungen, der sich in Sprache und Verhalten von den Ansässigen unterschied. Da die Hirten nicht wußten, woher er gekommen war und was sie mit ihm anfangen sollten, schickten sie einen Boten in ihre Ansiedlung. Die Ältesten sandten zwölf Schamanen in die Berge. Auf ihre Frage nach seiner Herkunft antwortete der Junge, indem er nach oben zeigte. Man vermeinte daher, daß er vom Himmel gekommen und der Sohn des Himmelsgeistes sei, und freute sich darüber. Der Oberschamane streckte seinen Kopf vor, so daß sein Nacken dem »Himmelssohn« als Sänfte dienen konnte, und trug ihn, von den anderen begleitet, zurück. Die Talbewohner machten den Jungen zum Fürsten ihres Stammes, weil sie ihn schön und hochbegabt fanden. So wurde er der erste Führer jenes Stammes, der später Tubo genannt wurde. Dies soll sich vor über zweitausend Jahren ereignet haben.[2] Voller Respekt bezeichnete man ihn als Nyatri Tsenpo, d. h. »Held, der den Nacken als Thron benutzte«, denn in der tibetischen Sprache bedeutet Nya »Nacken«, Tri »Thron« und Tsenpo »tapferer Führer«. Seitdem nannte man die tibetischen Könige »Tsenpo«.

In den heiligen Schriften der Bön-Religion gilt Nyatri Tsenpo als der dreizehnte auf die Erde gesandte Gott des Lichts in der sichtbaren Welt, weshalb ihn der Stamm und die Anhänger der Bön-Religion einstimmig zu ihrem Fürsten machten.

Nyatri Tsenpo, Tibets erster legendärer König.

Der erste sterbliche König: König Drigum Tsenpo und seine Söhne[3]

Drigum Tsenpo war der Sohn des Sritri Tsenpo. Er hatte drei Söhne, mit Namen Shatri, Nyatri und Jatri. König Drigum Tsenpo wurde von einem Dämon verlockt, daß er zu einem Minister, Long-ngam der Pferdehüter genannt, sprach: »Du sollst mein Rivale im Kampf sein!« Long-ngam antwortete: »Was soll das, o Herr? Es geht nicht an, daß ich als Untertan der Kampfrivale des Herrschers bin.« Trotz dieser Worte bereitete er sich zum Kampf vor, da der König machtlos geworden war. Als Zeit des Kampfes nahm man einen Tag zur Zeit der Mondkonstellationen Saga und Sari.

Nun besaß der König einen Hund, der eine Inkarnation war, eine Hündin mit dem Namen »die zum Hören mit spitzen Ohren Begabte«. Diese entsandte er zu Long-ngam, um zu lauschen. Long-ngam, der die Absicht wohl erkannte, sprach: »Wenn der König früh morgens zum Duell kommt ohne großes Gefolge, sich dann um das Haupt einen Turban von schwarzer Seide bindet, an der Stirn einen Spiegel anbringt, auf die rechte Schulter einen toten Fuchs, auf die linke eine tote Maus legt, sein Schwert über sich umherschwingt und einem Stier einen Sack mit Asche auflädt, dann werde ich nicht imstande sein, den Sieg zu erringen.« Als die Hündin dem König dies berichtet hatte, sagte er: »So will ich es machen!«

Als er am frühen Morgen die geschilderten Vorkehrungen getroffen hatte, kam Long-ngam zum Zweikampf herbei. Nach Flüstern von magischen Sprüchen machte er sich an den Stier heran, und als der Aschensack zerriß, wurden dem König durch das Umherwirbeln der Asche die Augen gefüllt, wodurch Drigum Tsenpos »Lebensgeister« entwichen: der Dralha durch den toten Fuchs, der Polha durch die tote Maus, und als der König das Schwert über sich umhergeschwungen hatte, wurde das Geisterseil zerschnitten. Da zielte der Minister Long-ngam auf den Spiegel an des Königs Stirn, schoß den Pfeil ab und tötete den König.

Des Königs drei Söhne aber flohen nach den Landschaften Kongpo, Powo und Nyangpo. Da eignete sich der Minister Long-ngam die Königsherrschaft an. Die Gemahlin des Königs wurde zur Pferdehüterin gemacht. Als sich die Königinmutter daran machte, die Pferde weiden zu lassen, träumte ihr eines Nachts, ein magisches Abbild des Berggottes Yarlha Shampo beschliefe sie als ein weißer Mann. Als sie erwachte, sah sie einen weißen Yak sich erheben und fortgehen. Als acht Monate vergangen waren, gebar die Königinmutter einen faustgroßen, beweglichen Blutklumpen, und es jammerte sie, ihn wegzuwerfen, da er aus ihrem eigenen Fleisch geboren war. Als sie das Wesen nähren wollte, waren weder Mund noch Augen vorhanden. Da tat sie es in ein warmes Wildyak-Horn und umwickelte es mit einer Hose. Als sie nach einigen Tagen wieder nachsah, war ein Knabe entstanden, der den Namen Rulakye, d. i. der »im Horn Geborene«, erhielt. Nach Ablauf von zehn Jahren fragte er die Mutter: »Wo sind mein Vater und die älteren Brüder hingekommen?« Als die Mutter die früheren Begebenheiten ausführlich erzählt hatte, suchte Rulakye mit verschiedenen Mitteln beim Flusse Nyang Chu Kyamo den Leichnam des Vaters und errichtete ihm ein Grabmal in Chingyül Darthang. Den Minister Long-ngam tötete er. Als er die drei älteren Brüder herbeiholen wollte, gelang dies bei Shatri und Nyatri nicht, da sie Herrscher von Kongpo und Nyangpo geworden waren, wo ihr Geschlecht noch heute existiert. Aber aus dem Lande Powo zitierte er den Sohn Jatri herbei und setzte ihn in Yarlung ein. Dieser erbaute die Feste Chingwa Tagtse. Als die Mutter ihren Sohn Jatri anfaßte und bei den Göttern einen Eid schwor, ertönte vom Himmel eine Stimme: »Dieser dein Sohn wird über alle Herrscher sein.« Da nun gesagt war, daß er über alle herrschen werde, wurde er bekannt unter dem Namen Pude Gunggyal. Während dieser König herrschte, fungierte Rulakye als Minister.

König Lhathothori und die ersten heiligen Schriften[4]

Während der Regierungszeit des himmlischen Königs Lhathothori Nyentsen fielen das Wunschjuwel Cintamani und die Schriften Pankong Cakgyama vom Himmel und wurden verehrt. Sie sind in einem Sutra des Kanjur erwähnt, und dort heißt es von ihnen, daß die Schriften im Jahre 463 in einem Kästchen auf das Dach des Palastes Umbu des Königs Lhathothori im Yarlung-Tal herabgefallen seien.

Was da herabgefallen war, waren das wunderbare Wunsch-juwel, das alle Wünsche erfüllen kann, insbesondere den nach der Erlösung, und Bücher mit heiligen Formeln und Aufzählungen der Eigenschaften und des Wirkens der Bodhisattvas.

Jenes Ereignis wurde in der Tradition des Schneelandes bekannt als »Der Beginn der Heiligen Lehre« in Tibet. Der weise Gelehrte Pandit Nelpa sagte jedoch: »Nur weil die Bönpo den Himmel als Gottheit verehrten, wurde gesagt, daß diese Bücher vom Himmel gefallen seien.«

Im Gegensatz zur Bön-Überlieferung heißt es, daß die genannten Bücher von den Weisen Pandita Buddhirakshita und Lotsawa Lithese ins Schneeland gebracht worden waren. In der Zeit des Beginns der Lehre in Tibet, während der Regierungszeit des Königs Lhathothori, gab es aber – obwohl die buddhistische Lehre durch das Wunschjuwel und heilige Schriften bereits bekannt geworden war – noch niemanden, der etwas lesen, schreiben oder gar erklären konnte. Und weil somit der Sinn dieser heiligen Bücher unverstanden blieb, kehrten der Pandita und der Lotsawa wieder nach Indien zurück.

Namri Songtsen besiegt das Reich Sumpa[5]

Der achtundzwanzigste König von Tubo, Tagri Nyensik, hatte sich mit seinem Gefolge auf der im oberen Yarlung-Tal gelegenen Burg Chingwa Tagtse niedergelassen. Aber gleichzeitig mit der Machtentfaltung der Tubo hatten sich weiter im Nordwesten, im Einzugsgebiet des Kyichu-Flusses, die Stämme von Sumpa zu einer immer stärkeren Bedrohung entwickelt. Deren Reich hatte zwei große Hauptorte: Der Sumpa-König Sumpotie Dagowo lebte in der Bergfestung Ninkol in der Nähe des späteren Shigatse, während in Sipulwarina der mit ihm um die Macht wettei-fernde Häuptling Sumpotie Shipotsung lebte. Anfangs

mußten auch die Tubo die Sumpa als ihre Herren anerken-
nen, und die Schwester des Tubo-Königs Tagri Nyensik
wurde als Geisel in Sumpa gehalten, wo sie dem König als
Magd dienen mußte.

Die Sumpa lebten von der Viehzucht und waren daher
schnelle und geschickte Krieger. Unter ihren Häuptlingen
jedoch entwickelte sich Zwietracht, weil sie sich nicht auf
einen einzigen Herrscher über das Sumpa-Reich einigen
konnten, denn bis dahin hatten die Häuptlinge die Macht
gemeinsam ausgeübt. Der Sumpa-König aber soll ein wirr-
köpfiger und törichter Herrscher gewesen sein, der nicht
auf die Worte seiner klugen, umsichtigen Minister hörte,
sondern nur Lob und Schmeicheleien zugänglich war. Bei
allen Fragen hörte er sich nur die Meinungen einer Partei
an und schenkte dieser dann seinen Glauben. So stellte er
alles auf den Kopf und brachte Gut und Böse vollkommen
durcheinander. Er entfernte sich immer weiter von den
Ministern, die sich um das Reich verdient gemacht hatten,
und erlegte ihnen ungerechte Strafen auf. Den schmeichle-
rischen und prahlerischen Worten der arglistigen Minister
dagegen folgte er aufs Wort.

Daher gab es Streit unter den Häuptlingen von Sumpa.
Von ihnen flüchteten Wa Yitsal und Nyang Tsenggu nach
Tubo, weil sie sich gekränkt und durch den Sumpa-König
ungerecht behandelt fühlten, der falschen Anschuldigun-
gen Glauben geschenkt hatte. Diese Ungerechtigkeit ging
ihnen sehr nahe, und so beschlossen sie, sich von Sumpa zu
lösen. Sie schworen, mit den Tubo-Fürsten zusammen einen Aufstand gegen den Sumpa-König vorzubereiten.

Wa Yitsal und Nyang Tsenggu machten sich insgeheim
zur Burg Chingwa Tagtse im Yarlung-Tal auf und versteck-
ten sich tagsüber im »Wildschweinwald«. Sobald es dunkel
war, schlichen sie in die Burg und schlossen mit dem Tubo-
Fürsten Tagri Nyensik ein Bündnis. Die Bewohner von
Tubo hatten diese Vorgänge sehr wohl bemerkt und sangen
folgendes Lied: »Sie kommen auf stolzem Rosse, verber-

gen sich tagsüber im Wald. Wenn die Nacht einbricht, schleicht in die Burg eine dunkle Gestalt. Ist es der Feind? Ist es der Gast?«

Schon bald nach seinem geheimen Bündnis mit den Sumpa-Häuptlingen erkrankte Tagri Nyensik schwer und starb, noch bevor er den Feldzug gegen Sumpa beginnen konnte. Sein Sohn Namri Songtsen bestieg nun den Thron und erneuerte den Pakt mit Wa Yitsal und Nyang Tsenggu. Ihre Kräfte wuchsen bald noch mehr, denn es schlossen sich weitere fünf Häuptlinge an, die mit dem Sumpa-König unzufrieden waren. Der Tubo-Fürst plante mit ihnen gemeinsam den Angriff auf Sumpa und überfiel das Nachbarreich schließlich überraschend. Zehntausend seiner besten Soldaten überquerten, von Namri Songtsen selbst angeführt, den großen Strom Tsangpo und marschierten unaufhaltsam auf die Sumpa-Hauptstadt Sipulwarina zu. Die verbündeten Sumpa-Häuptlinge legten an strategischen Positionen Hinterhalte, um den Verteidigern in den Rükken zu fallen. Das von den plötzlichen Angriffen der Tubo-Soldaten überraschte Heer des Sumpa-Königs Dagowo wurde geschlagen und flüchtete nach Norden. In anderen Teilen seines Reiches erhoben sich Aufständische und ergaben sich nach ihrem Sieg dem Tubo-Fürsten Namri Songtsen, der bald das gesamte Einzugsgebiet des Kyichu-Flusses unter seine Kontrolle brachte. Hier begann er nun Paläste zu bauen, die als Hauptquartiere dienen sollten. Nachdem er die Sumpa geschlagen hatte, war aus dem im Yarlung-Tal residierenden Tubo-Fürsten ein tibetischer Großkönig geworden.

Als Dank für ihre Unterstützung versah Namri Songtsen die Sumpa-Häuptlinge mit einer Reihe wichtiger Regierungsämter und belehnte sie mit Landbesitz. Der alte Adel von Tubo jedoch fühlte darüber großen Zorn, insbesondere einige ehemalige Minister der königlichen Linie. Die Anhänger der Minister der väterlichen Linie waren von Haß auf Namri Songtsen erfüllt, und die Anhänger der

König Songtsen Gampo.

Minister der mütterlichen Linie rebellierten offen. Die Adligen verbündeten sich mit dem Nachbarreich Shangshung und anderen Stämmen, und im gerade eben vergrößerten Tubo-Reich flammten Unruhen auf. Als der König vergiftet wurde, folgte ihm sein dreizehnjähriger Sohn Songtsen Gampo auf den Thron und nahm die Neuordnung des Tubo-Reiches in Angriff.

Die Brautwerbung des Großkönigs Songtsen Gampo in Nepal[6]

Songtsen Gampo, der Begründer des Königreichs Großtibet, wollte dem erstehenden Reich, das sich von den Kulturoasen nördlich der Hochlandsteppen bis an die Süd-

147

hänge des Himalaya, der »Stätten des Schnees«, erstreckte, eine einende Religion vermitteln. Daher erwählte er zwei königliche Prinzessinnen als Gattinnen: Lhachig Tritsun (Bhrikuti) aus Nepal und Lhachig Kongjo (Wencheng) aus China, die bereits für ihren Glaubenseifer und ihre Gelehrtheit berühmt waren.

Mit seinem geistigen Auge hatte Songtsen Gampo die beiden Prinzessinnen erblickt, und darin war ihm Bhrikuti, die Tochter des Königs von Nepal, folgendermaßen erschienen: »Auf ihrem Körper aus grünlicher Farbe[7] lag eine rosa Tönung. Von ihrem Gesicht strömte der Duft der weißen Lotosblume. Sie war in allen Wissenschaften gelehrt und hatte die Fähigkeit, alle Kommentare der Lehre zu begreifen.« Um die Brautwerbung zu vollziehen, sandte König Songtsen Gampo seinen Minister Gar aus, den Ahnherrn der Familie Gar, die dem Lande viele große Männer schenkte. Als »Träger der Goldenen Briefe«, das heißt als königlicher Gesandter, hatte es Gar keineswegs leicht; denn weder am Hofe von Nepal noch im Palast des Sohnes des Himmels in China war man über den Gedanken entzückt, eine Prinzessin in das »Land der rotgesichtigen Barbaren« zu senden. Der tibetische König hatte geahnt, daß der eingebildete König von Nepal schon allein über die Zumutung empört sein würde, daß seine Tochter ins »Land der Thakopa«, d. h. der »Menschen der äußersten Enden – jenseits der hochzivilisierten Gegenden von Indien und China« gebeten wurde. Daher befürchtete der hellsichtige Songtsen Gampo, daß seine Gesandten nur mit Fragen abgespeist würden, und er gab seinem Minister Gar deshalb drei verschlossene Briefe mit, die er dem unfreiwillig erkorenen Brautvater auf jede Frage als direkte Antwort des tibetischen Königs überreichen solle.

Mit großem Gefolge und mit Geschenken beladen erreichte Gar den nepalesischen Königspalast. Er brachte seine Werbung vor und überreichte den wunderwirkenden Haarschmuck aus Lapislazuli und Rubinen, der seinen

Träger zum Sieger im Kampf macht, Krankheiten verscheucht und das Unwetter bannt. Doch der nepalesische Herrscher, der sich als direkter Nachkomme des Buddha des vorangegangenen Zeitalters fühlte, erwiderte sofort, ob Gars Herr wohl von Sinnen sei? Der Gesandte solle seinen Herrscher zunächst fragen, ob er in seinem Lande auch nach den »Zehn vorgeschriebenen Tugenden« herrschen könne, denn nur dann sei es möglich, ihm die Prinzessin zur Frau zu geben. Es handelte sich bei dieser Forderung um die zehn buddhistischen Tugenden, nach denen man weder töten, stehlen noch lügen darf, keine böswilligen oder eitlen Reden führen soll, kein falsches Zeugnis ablegen, nichts begehren und an keinen falschen Meinungen hängen darf.

Als Antwort überreichte Gar dem verblüfften Nepalesen den ersten Brief Songtsen Gampos. Und – die Antwort ließ nichts an Deutlichkeit zu wünschen übrig. Wenn der König von Nepal wünsche, daß in Tibet die Zehn Tugenden verbreitet würden, dann müsse er seine Tochter hinsenden. Songtsen Gampo werde ihr zu Ehren fünfzigtausend Tulpas (d. h. von ihm geschaffene magische Gestalten, die nach seinem Willen handeln) hervorbringen, damit sie die Gesetze verbreiten. Wenn aber die Prinzessin nicht käme, würde er mit seinen fünfzigtausend Tulpas Nepal bekriegen und die Königstochter entführen.

Dem nepalesischen Herrscher wurde unheimlich zumute. Trotzdem antwortete er Gar, er solle nur zu seinem Herrn zurückkehren und ihn fragen, ob er auch Klöster bauen könne, denn nur dann werde die Prinzessin nach Tibet kommen. Gar überreichte sofort den zweiten Brief seines Königs, in welchem Songtsen Gampo versprach, mit fünfzigtausend Tulpas Klöster zu bauen, falls er die Prinzessin bekäme; im gegenteiligen Falle werde er aber Nepal zerstören. Nun stellte der erschrockene Nepalese eine dritte Bedingung. Er fragte, ob es in Tibet »Die Fünf die Sinne erfreuenden Dinge« gebe: nämlich Musik, schöne

Sprache, Wohlgerüche, feine Speisen und Früchte. Wieder hatte Gar die briefliche Antwort bereit, in welcher sein König versprach, mit seinen Tulpas alle Reichtümer der Welt für die Prinzessin zu beschaffen, wenn er sie zur Frau erhielte, ansonsten raube er sie mit kriegerischer Gewalt.

Nun konnte Amschuvarman, der König von Nepal, nicht anders als nachgeben. Zu sehr fürchtete er die unübersehbaren Heerscharen der »Krieger mit den goldscheinenden Waffen«, die dem Wunsch des tibetischen Königs Nachdruck verliehen. Deshalb trennte er sich von seiner lieblichen Tochter und sang:

»Tochter meines Herzens, unter allen Ländern ist Tibet ein edles Land. Die Berge dort sind hoch, die Erde ist rein. Die schneeigen Hügelketten gleichen dem Hals wilder Ziegen.

Frisch, schön, den herrlichen Götterwohnungen gleich, ist dieses wunderbare Land, Quelle allen Glücks, Quelle der vier großen Flüsse, verschönt durch die fruchttragenden Bäume und die dichten Wälder. Ein Land, in dem die fünf verschiedenen Arten des Korns gedeihen, das verschiedene Arten von Edelsteinen umfaßt und kostbares Metall. Die vierbeinigen Tiere finden sich überall, und voll Vergnügen bereiten die Menschen die Butter.

Der König ist die Wiedergeburt eines Gottes, die ihn Umgebenden sind Erleuchtete. Noch gibt es keine Religion in diesem Land, der König hat jedoch ein Gesetz. So, wie ich es beschrieben, so ist dieses Land, gehe dorthin, mein Kind ...

Götter formten dieses Buddhabild. Auf der ganzen weiten Erde ist kein Bild, das diesem gleicht ... Ich liebe dieses unvergleichliche Bild wie meinen Augenstern. Ich gebe es dir mit, geliebtes Kind ... Ich gebe dir Dölma, die Selbstgeschaffene, damit sie die Schrecken besänftige und höhere Tugend wecke. Das magische

*Die Prinzessinnen Bhrikuti (Lhachig Tritsün) und Wencheng
(Lhachig Kongjo).*

Kraut und Juwelen gebe ich dir, um zu mildern das
Elend, das Leiden gebiert.

Ich gebe dir von allen Tieren Elefanten, Kamel,
Maulesel, beladen mit Gold, Silber und Seide und mit
allem, was nützlich ist. Ach, du meine Tochter, ich
fühle so großen Schmerz, daß ich mich trennen muß
von dir. So bewahre meine letzten Worte im Geist.

Im Palaste des Königs im ›Lande des Schnees‹, unter
Ministern und Untertanen dort, verhalte dich so: Von
allen Lehren, die für die Menschen gemacht, lehre sie,
was ihnen Nutzen bringt!«

Amschuvarman gab seiner Tochter die geweihte Statue des
Buddha im Prinzenornat mit, eine Figur der Göttin Tara,
Heilkräuter, kostbare Güter, Heilige Schriften und ein
großes Gefolge, das sie in das »Land der Barbaren« begleitete. Im Jahre 637 erreichte sie Lhasa und lebte fortan als
Gattin des tibetischen Großkönigs. Von den anderen, einheimischen Gattinnen des Songtsen Gampo hört man in
der Überlieferung nichts weiter als deren Namen. Da war

151

wohl eine »Königin aus Shangshung«, dem Gebiet westlich des heiligen Berges Tise... Bekannt und durch Geschichte und Legenden berühmt wurden jedoch nur Bhrikuti, die »Königin aus Nepal«, und Wencheng, die »Königin aus China«.

König Songtsen Gampo wirbt um die Hand einer chinesischen Prinzessin[8]

Vor mehr als 1400 Jahren [...] lebte am Kaiserhof im Reich der Mitte Prinzessin Wencheng, die sich gleichermaßen durch Schönheit und Verstand auszeichnete. Als sie das heiratsfähige Alter erreicht hatte, begehrten alle Fürsten und Könige sie zur Frau. Der Kaiser fühlte sich sehr geehrt, daß viele Gesandte in der Hauptstadt Changan erschienen, einzig und allein, um im Auftrage ihrer Herrscher um die Hand der Prinzessin anzuhalten.[9]

Im weiten Hochland Tibet fügte um diese Zeit der außerordentlich fähige Songtsen Gampo viele widerstreitende Hirtenstämme, die sich seit eh und je befehdeten, zu einem großen Reich zusammen und stellte sich als König an ihre Spitze. Er besaß großes staatsmännisches Talent, kannte das Volk seines Landes und die Nachbarvölker, und außerdem konnte er stolz sein auf tüchtige Ratgeber, ohne die auch der klügste Herrscher nicht regieren kann. Es nimmt daher nicht wunder, daß er in der fernen Stadt Lhasa von der begehrenswerten chinesischen Prinzessin Kunde erhielt. Er beauftragte seinen klügsten Ratgeber, Ludongtsen, die kaiserliche Zustimmung für die Ehe mit der Prinzessin zu erwirken.

Als Ludongtsen in Changan ankam, traf er in der kaiserlichen Diplomatenherberge die Abgesandten von sechs anderen Königen, die in der gleichen Mission erschienen waren. Jeder versuchte, seine Sache so gut wie möglich zu verfechten, um nicht das Los der Vorgänger, die alle mit abschlägigem Bescheid die Rückreise angetreten hatten, teilen zu müssen. Schwer fiel dem Kaiser die Entscheidung ohnehin, am allerwenigsten aber wäre es ihm in den Sinn gekommen, seiner Tochter zuzumuten, vom kultivierten Changan mit dessen feinen Lebensformen in das weit entfernte und rauhe Tibet zu übersiedeln. In dieser heiklen Lage rieten die Minister, keinen der Gesandten abzuweisen, sondern die Prinzessin demjenigen Bewerber zu geben, dessen Vertreter sich am klügsten erweise.

Der Kaiser ließ seinen Gästen fünfhundert Stuten und fünfhundert Fohlen vorführen, sodann wandte er sich an die Gesandten:

»Eure Regenten sind mir alle wert und teuer wie mein eigen Hand und Arm. Hätte ich sieben Töchter, würde ich gerne mit jedem Herrscher in verwandtschaftliche Beziehungen treten. Aber zu meinem eigenen Leidwesen habe ich nur eine einzige Tochter. Der Gerechtigkeit willen soll sie dem gehören, dessen Gesandter meine Aufgaben richtig löst.

Ihr seht, verehrte Gesandte, vor euch tummeln sich fünfhundert Stuten und fünfhundert Fohlen. Wer ist in der Lage zu erkennen, welche Muttertiere und Fohlen zusammengehören?«

Da standen die Gesandten vor einem großen Rätsel. Aus Höflichkeit ließ der Tibeter seinen Kollegen den Vortritt. Der Reihe nach gingen sie in das Pferderudel und versuchten, die Fohlen zu den Muttertieren zu führen, was jedoch keinem der sechs Gesandten gelang. Denn einmal stellten sich die Fohlen bockig, und zum andern schlugen die Stuten aus, oder sie stiegen mit den Vorderbeinen hoch und drohten die Eindringlinge niederzuwerfen. Dann war die Reihe an Ludongtsen. Als Tibeter verstand er mit Pferden umzugehen, kannte ihr Wesen und ihre Eigenheiten. Er packte die Sache daher ganz anders an. Auf seinen Befehl schütteten die Pferdeknechte Futter auf, und nachdem die

Stuten ihren Hunger gestillt hatten, lockten sie mit hellem Gewieher ihre Fohlen zum Säugen herbei. Mit einem Mal löste sich das Knäuel der spielenden Fohlen, ein jedes sprang zu seiner Mutter, ließ sich kosen und schlug übermütig mit den Läufen nach allen Seiten aus, bis es mit gesenktem Kopf an das mütterliche Euter stieß und behaglich schmatzte.

Nun sah ein jeder, welches Fohlen zu welcher Mutter gehörte, ohne daß Ludongtsen auch nur einen Finger gekrümmt hatte. Der Kaiser war überrascht, daß sich der Gesandte des tibetischen Königs durch so großen Verstand auszeichnete. Aber es widerstrebte ihm dennoch, seine geliebte Tochter einem Tibeter anzuvertrauen: »Einem klugen Gesandten will ich meine Anerkennung nicht versagen. Wenn auch mein Herz tief gerührt ist von soviel Scharfsinn, sollen sich alle, der Gerechtigkeit wegen, an einer zweiten Aufgabe versuchen!«

Er zeigte den Abgesandten einen kunstvoll gearbeiteten Smaragd. »Dieses Kleinod wurde von geschickter Hand verschlungen durchbohrt. Noch nie gelang es, einen Faden durch das Loch zu ziehen. Wer es zustande bringt, hat gute Aussicht, über die Heiratsangelegenheit zu verhandeln!«

Wieder ließ der Tibeter seinen Kollegen den Vortritt. Die sechs mühten sich einen ganzen Vormittag im Audienzsaal mit dem lächerlichen Faden ab. Sie kamen zu keinem anderen Resultat, als daß ihnen vor Aufregung der Schweiß den Rücken hinablief, bis sie sich schließlich geschlagen geben mußten.

Ludongtsen wandte einen kleinen Kniff an. Er fing eine kleine Ameise, heftete ihr einen Seidenfaden an den Leib und setzte sie in das Bohrloch des Smaragdes. An den Ausgang des Loches schmierte er etwas Honig. Die Ameise zwängte sich, zum süßen Duft strebend, durch die Windungen und kam auf der anderen Seite des Steins bald heraus. Ludongtsen nahm ihr den Faden ab, verknotete beide Enden und überreichte dem Kaiser den schimmernden Edelstein.

Den Kaiser verwunderte es sehr, auch bei dieser Aufgabe den tibetischen Gesandten als Sieger zu sehen. Er sprach zu seinen Gästen: »Damit sich jeder von unserer Gerechtigkeit überzeugen kann, soll noch ein dritter Wettstreit ausgetragen werden!«

Er winkte einen Zimmermann herbei, der eine lange Holzrolle heranschleppte, die völlig ebenmäßig und glattpoliert war. »Wer von euch kann sagen, welches Ende dieses Holzstückes ursprünglich zur Wurzel und welches zur Spitze zeigte, der hat beste Aussichten, guten Bescheid in der Heiratsangelegenheit zu erhalten!«

Mit Eifer untersuchten die sechs Gesandten die Holzrolle von allen Seiten, maßen und verglichen, zählten und rechneten, ohne jedoch ein Ergebnis zu erzielen. Ludongtsen, der aus den Bergen stammte, kannte sich im Wuchs und in den Eigenheiten des Holzes aus. Er warf die Rolle in den Wallgraben, wo das Wasser ruhig und fast unmerklich dahinfloß. Erstaunt sahen die Zuschauer, wie das Holz, gleichsam durch Zauberhand geführt, eine gleichbleibende Lage einnahm und mit dem leichteren oberen Ende nach vorn und mit dem schwereren unteren Ende nach hinten zeigte.

Im Herzen des Kaisers stritten Achtung vor der Klugheit des tibetischen Gesandten mit der Angst um das ungewisse Schicksal seiner Tochter. Er wandte sich daher erneut an seine Minister, welche die Befürchtungen des Herrschers teilten. Sie suchten nach neuen Hindernissen, um den Weg zur Prinzessin zu verlegen.

»Eure Majestät sollten dreihundert schöne Jungfrauen genauso kleiden und schminken lassen wie die Prinzessin«, meinten einige. »Dann könnt Ihr unbesorgt sein und werdet Eure Tochter nicht verlieren, denn keinem der Gesandten dürfte es gelingen, die Richtige herauszufinden!«

Erneut bat der Kaiser seine Gäste zur Audienz: »Eine letzte Prüfung soll den Abgesandten der hohen Herrscher mein Streben nach vollkommener Gerechtigkeit vor Augen führen. Im Palast haben sich dreihundert Jungfrauen versammelt. Wer von den Abgesandten die Prinzessin herausfindet, der erweist sich unwiderruflich als der Würdigste, die Heiratsangelegenheit mit mir zu verhandeln!«

Die sechs Gesandten verfehlten einer nach dem anderen das Ziel, weil sie der irrigen Ansicht waren, die schönste der dreihundert Jungfrauen müsse die Prinzessin sein. Auch Ludongtsen sah sich diesmal auf eine harte Probe gestellt, wußte er doch nicht das geringste über das Aussehen, über den Wuchs und über die Eigenheiten der Prinzessin, das ihm hätte die Suche erleichtern können. Aber er setzte alles daran, seinen König würdig zu vertreten und den ehrenvollen Auftrag zu erfüllen. Die einzige Möglichkeit erschien ihm darin, recht viele Erkundigungen über die Prinzessin einzuholen. So war er von früh bis spät auf den Beinen, um mit allen Leuten zu sprechen, von denen er annahm, daß sie irgendwie Einblick in das geheimnisvolle Hofleben hatten, wie Kutscher, Gemüselieferanten und Schneider. Er geriet auch an eine alte Wäscherin, die ihm durch ihre welken Lippen zuflüsterte: »Hoher Herr, was stellt Ihr für seltsame Fragen! Kein Mensch wagt solche Dinge auszuplaudern. Der kaiserliche Wahrsager kommt nämlich allen Verrätern auf die Spur, und dann ist es um uns geschehen!«

Ludongtsen spürte aus diesen Worten, daß von der Alten mehr zu erfahren sei, wenn man die Angst vor dem Wahrsager von ihr nähme.

»Altes Mütterchen, da kannst du ganz beruhigt sein! Ich weiß ein probates Mittel, das selbst den erfahrensten Orakelkünstler in die Irre führt!«

Was der Gesandte des Tibeterkönigs nun begann, war der alten Wäscherin rätselhaft. Er legte drei weiße Steinplatten übereinander, stellte einen eisernen Kessel darauf, füllte ihn mit Wasser und setzte einen Holzschemel hinein. Die verwunderte Alte erhielt eine Kupfermünze und wartete gespannt auf die Worte des hohen Herrn.

»Liebes Mütterchen, wenn du dich auf den Schemel setzt und diese Münze in den Mund legst, wird der Wahrsager sprechen: ›Die Kunde über die Prinzessin wurde von einem Menschen verbreitet, der auf einem hohen Berg steht; der Berg schwimmt in einem Meer von Eisen, das von drei Silberbergen umgeben ist. Er spricht mit kupferner Zunge durch silberne Zähne!‹ Siehst du, niemand wird jemals wissen, wo die Silberberge liegen und welcher Himmelsgeist eine Kupferzunge und Silberzähne hat. Oder man wird dich gar für einen begnadeten Schützling der Götter halten! Warum also solltest du mir jetzt nicht alles erzählen, was du über die Prinzessin weißt?«

Da faßte sich die alte Wäscherin ein Herz und sagte: »Hoher Herr! Wenn Ihr die Prinzessin sucht, dürft Ihr Euch nicht verleiten lassen, die schönste der Jungfrauen auszuwählen. Freilich sieht die Prinzessin nicht übel aus, aber die Leute übertreiben gerne, nur um dem Kaiser zu schmeicheln. Die Prinzessin wird auch nicht am Anfang oder am Ende der Mädchenreihe, sondern mehr nach der Mitte zu stehen. Und dann ist sie daran erkenntlich, daß immerzu Schmetterlinge in ihrer Nähe flattern. Sie reibt nämlich seit der Kindheit ein Duftwasser ins Haar, das die Falter anlockt, und sie liebt die kleinen Gaukler über alle Maßen. Dieses Duftwasser wurde extra für die Prinzessin aus einem fernen Lande herbeigeschafft, so daß es kein anderes Mädchen haben kann. Ihr müßt nur darauf achten, welche Jungfrau von Schmetterlingen umflattert wird. Das kann dann nur die Prinzessin sein. – Solches erzählen die Palastdiener. Von ihnen hat es der Koch erfahren, und weil ich dem Koch die Wäsche wasche, hat er es mir einmal verraten. Das ist alles, was ich weiß, hohe Herr! Ein gütiges Geschick sei mit Euch!«

Ludongtsen dankte der Wäscherin mit bewegten Worten, dann meldete er sich zur Audienz. Er ließ sich Zeit mit der Suche, bis der Mittag heran war. Die Schmetterlinge spielten in der Sonne, und tatsächlich umtanzten sie immerzu eine der vielen Jungfrauen. Er ging auf sie zu und erkannte sie als die Prinzessin. Da gab es ein erstauntes Raunen bei den Höflingen und den anderen sechs Gesandten. Mißtrauisch sagte sich der Kaiser, daß dies nicht mit rechten Dingen zugegangen sein könne. Er rief den Hoforakelmeister, der aber nur zusammenhangloses Zeug zu sagen wußte. So blieb es ewig ein Geheimnis, aus welcher Quelle der tibetische Gesandte sein Wissen hatte.

Endlich blieb dem Kaiser nichts anderes mehr übrig, als der Werbung des Tibeterkönigs zuzustimmen und seinem Abgesandten eine Audienz bei der Prinzessin zu gewähren.

»Edle Prinzessin!« begann Ludongtsen seine Rede, »der kaiserlichen Majestät sei tausend Dank, daß er in die Heirat der königlichen Hoheit von Tibet mit Euch einwilligte. Ich gehe wohl nicht fehl in der Annahme, daß die kaiserliche Majestät Euch mit vielen kostbaren Hochzeitsgeschenken ausstatten wird. Wenn ich mir dazu eine Bemerkung erlauben darf, so bitte ich Euch, weder Juwelen noch Zierat mitzuführen, denn davon wollen die Schatzkammern des Königs von Tibet schier bersten. Von großem Nutzen wären jedoch die Samen der fünf Getreidearten, wie sie die Bauern im Reich der Mitte anbauen, Pflüge und Menschen, die sich auf handwerkliche Künste verstehen. Dann könnten wir Tibeter die Felder so bestellen wie die Bauern des Han-Volkes und wie sie zu einem besseren Leben gelangen. Brautgeschenke dieser Art wären uns Tibetern unendlich mehr wert als die größten Berge von Gold und Silber!«

Die verständige Prinzessin Wencheng hatte ein offenes Ohr für die Wünsche des tibetischen Gesandten. So wunderlich dem Kaiser dieses Anliegen auch schien, er vermochte seine Tochter davon nicht abzubringen.

Als der Brautzug mit der schönen Prinzessin Wencheng und dem Gesandten aus Lhasa nach dem fernen Tibet aufbrach, zählte die staunende Volksmenge fünfhundert Pferdelasten mit den fünf Getreidearten, eintausend Pferdelasten mit Pflügen und einige hundert Handwerksmeister, ein prächtiges Gefolge für eine Kaisertochter. Seitdem, so erzählen sich die Leute, wird in Tibet neben der Viehzucht auch Ackerbau betrieben. Seitdem blühte in den Städten Tibets das Handwerk auf, seitdem drehen sich an den Flußläufen die Wassermühlen, und seitdem kennt jeder den Gesandten des Königs Songtsen Gampo und die kluge Prinzessin Wencheng.[10]

Prinzessin Wenchengs Reise nach Tibet[11]

Die Straße von der Hauptstadt des chinesischen Tang-Reiches nach Tibet war schwierig zu begehen. Eisige Pässe führten über einige der höchsten Berge der Welt, und reißende Flüsse mußten durchquert werden. Entlang der ganzen Strecke hatte König Songtsen Gampo Palisadendörfer errichten lassen, in denen Prinzessin Wencheng mit ihrem Gefolge rasten konnte – um so die Beschwernisse der langen Reise etwas abzumildern.

Der Weg führte Prinzessin Wencheng von der chinesischen Hauptstadt auf der Seidenstraße westwärts und dann hinauf durch die nordosttibetische Tallandschaft Tsongkha zum Kokonor-See. So gelangte sie an den Sonne-Mond-Paß, die Scheidegrenze zwischen den Ackerbaugebieten Tsongkhas und den Grassteppen des Hochlandes. Auf der Paßhöhe angelangt, ließ die kaiserliche Prinzessin ihr Auge über die kahle vor ihr liegende Weite schweifen und wandte sich zurück, wo eine gänzlich andere Landschaft ihr deutlich machte, daß sie hier die Grenze zwischen zwei völlig verschiedenen Welten überschritt: diesseits des Passes die saftiggrünen Matten im Tal, jenseits welke und jämmerliche Gräser; hier benetzte ein Nieselregen frische Weidenäste, dort wirbelten die welken Grashalme wie Schuppen durcheinander; ja sogar Sonne und Mond schienen nicht so hell, wärmten nicht so sehr wie in der Heimat. So konnte die

Auf ihrem Weg nach Tibet bringt die chinesische Prinzessin Wencheng die Jobo-Statue mit – Tibets allerheiligste Buddha-Figur.

Prinzessin ihre Gefühlsaufwallungen nicht bezähmen, zehntausend kummervolle Gedanken zermarterten ihr Hirn, und Tränen liefen über ihre Wangen. Ihrem Vater, dem Kaiser Taizong, kam zu Ohren, daß seine Tochter von Heimweh geplagt wurde und Sehnsucht nach der Familie hatte und daher nicht mehr bereit war, weiter westwärts zu reisen. Um die Prinzessin von ihrem Kummer zu befreien, ließ der Kaiser einen wunderkräftigen Sonne-Mond-Schatzspiegel gießen und zu seiner Tochter an den Paß bringen. Dieser Wunderspiegel sollte es ihr ermöglichen, immer wenn sie von Heimweh geplagt wurde, darin die Eltern und die Heimat zu erblicken.

Der tibetische Minister, der die Prinzessin Wencheng begleitete und Schutz bot, fürchtete jedoch, daß diese, sollte sie ihre Eltern und ihre Heimat einmal in jenem wundersamen Schatzspiegel erblickt haben, überhaupt nicht mehr daran denken würde, noch weiter auf das vor ihr liegende karge Hochland weiterzureisen. Daher wartete er einen günstigen Augenblick ab, in dem er den wertvollen Zauberspiegel heimlich gegen einen gewöhnlichen, von einem Steinmetz gefertigten Sonne-Mond-Spiegel eintauschte. Als die Prinzessin den Spiegel in die Hände nahm, um hineinzublicken und dabei Vater und Mutter im heimatlichen Changan zu sehen, konnte sie darin niemanden anders erblicken als sich selbst; und so hielt sie ihren kaiserlichen Vater für lieblos und gewissenlos, glaubte, er habe sie auf den Arm nehmen wollen. Daher warf sie nach einem kurzen Moment des Zögerns den vertauschten Sonne-Mond-Spiegel über den Paß nach Osten, in Richtung ihrer Heimat, und schlug fest entschlossen den weiten Weg nach Westen ein.[12] Seit jener Zeit benennen die Menschen dort den Paß in den Chiling-Bergen mit Sonne-Mond-Paß.

Prinzessin Jincheng heiratet Tride Tsugtsen[13]

Dem 37. Tsenpo des Tubo-Reiches, Tride Tsugtsen, brachte dessen Gemahlin, Königin Jangmo Tritsun, ein hübsches Kind mit breiter Stirn und gerader Nase zur Welt. Die königlichen Minister betrachteten es alle als einen Sohn des Himmelsgottes, weshalb es Jangtsa Lhawön genannt wurde: d. h. »Sohn des Himmelsgottes, der von Jangmo Tritsun geboren ist«. Als das Kind erwachsen wurde, wollten die Höflinge ein passendes Mädchen für ihn als Frau suchen. Die Minister meinten jedoch, daß die Mädchen in Tubo zu ungebildet seien. Der verstorbene Tsenpo Songtsen Gampo habe Prinzessin Wencheng aus dem chinesischen Kaiserhaus der Tang geheiratet, die sehr tugendhaft und begabt gewesen sei, und durch ihre Leistungen sei das Tubo-Reich immer stärker geworden. Jetzt gebe es im Tang-Reich viele gebildete und talentierte Prinzessinnen, und man sollte für den Prinzen um die Hand einer dieser Prinzessinnen anhalten. Nur eine Prinzessin vom Hofe des chinesischen Kaisers sei es wert, die Frau von Jangtsa Lhawön zu werden, die dann wieder hilfreich für Tubo sein könne. So sandte der König Tride Tsugtsen den Minster Nyatri Sang Yangtön als Brautwerber in die chinesische Hauptstadt Changan. Voller Freude nahm der Tang-Kaiser den Heiratsantrag an und schickte kurz darauf Prinzessin Jincheng nach Tibet.

Doch bevor Jincheng in Tibet ankam, war Jangtsa Lhawön, ihr Bräutigam, vom Pferd gestürzt und gestorben. Die Prinzessin fiel beinahe in Ohnmacht, als sie nach ihrer Ankunft diese Unglücksnachricht erfuhr. Da versuchten alle Minister, sie zu überreden, den alten König Tride Tsugtsen zu heiraten. Der Tsenpo aber hatte einen Vollbart, und Jincheng bekam schon bei seinem Anblick große Angst und war daher zunächst nicht einverstanden. Schließlich aber ließ sie sich von den eindringlichen Worten aller Anwesenden überzeugen und stimmte zu. So wurde sie eine Nebenfrau von Tride Tsugtsen. Der Tsenpo freute sich sehr über diese Heirat und ließ ihr einen eigenen Palast in der Nähe seiner Burg im unteren Yarlung-Tal errichten.

Zwei Jahre nach ihrer Ankunft in Tibet gebar Prinzessin Jincheng dem König Tride Tsugtsen ein Kind: den zukünftigen Tsenpo Trisong Detsen, der in der Geschichte Tibets eine große Rolle spielen sollte.[14] Nanang, die erste Gemahlin des tibetischen Königs Tride Tsugtsen, war dagegen kinderlos geblieben, weshalb sie befürchtete, daß Jincheng nach der Geburt des Sohnes zuviel Einfluß auf den Tsenpo und daher zu große Macht erlangen könnte. Daher entriß sie Jincheng gleich nach der Niederkunft deren Kind und ließ das Gerücht verbreiten, daß es ihr eigenes sei. Aufgebracht und empört wollte Jincheng mit ihrer Muttermilch beweisen, daß sie den Knaben geboren hatte, doch die schlaue Nanang strich sich eine Salbe auf ihre Brüste, die bewirkte, daß auch sie stillen konnte. Es war infolgedessen schwer zu sagen, wer die wirkliche Mutter war, und zunächst wußte keiner der Minister einen Rat.

Schließlich aber hatte einer der königlichen Ratgeber eine Idee: Man setzte das Kind ans Ende einer Wiese und ließ die beiden Frauen um die Wette laufen; welche als erste beim Kind anlangte, der sollte es gehören. Die noch sehr junge Jincheng war ganz erfüllt von dem Gedanken, ihr Kind in die Arme zu schließen, und rannte daher mit aller Kraft, schloß ihr Kind zärtlich in die Arme und küßte seine Wangen. Die sture Nanang konnte zwar nicht so schnell rennen, doch hatte sie noch Kraft genug zu versuchen, Jincheng das Kind zu entreißen. Aus Angst, daß dem Knaben bei dem Streit etwas geschehen könnte, ließ Jincheng los, und Nanang trug ihn davon.

Den Ministern war inzwischen sehr wohl klargeworden, daß das Kind rechtmäßig der Prinzessin Jincheng gehörte. Nanang jedoch entstammte einer machtvollen Familie des einheimischen Hochadels. Deshalb fürchteten sie alle das Unheil, das die Entdeckung der Wahrheit nach sich ziehen könnte.

Auch Tride Tsugtsen wußte, wer die leibliche Mutter seines Sohnes war. Als dieser ein Jahr alt wurde, veranstaltete der Tsenpo ein einfaches Bankett, zu dem er die Verwandten seiner beiden Frauen einlud. Beim Bankett saß der König in der Mitte, mit den beiden Frauen an seiner Seite. Die Vertreter des Tang-Hofes und die Mitglieder der Familie Nanangs saßen erhöht jeweils auf einer der beiden Seiten der Festhalle, die Minister saßen tiefer.

Nach der dritten Runde Schnaps ergriff Tride Tsugtsen eine goldene Schale und ließ sie füllen. Dann gab er sie dem kleinen Prinzen Trisong Detsen und sagte zu ihm: »Du hast zwei Mütter und daher auch zwei Onkel. Aber deine leibliche Mutter kann nur eine von den beiden sein. Heute ist dein Geburtstag. Bring diese gefüllte Schale deinem wahren Onkel!« Die Familie von Nanang versuchte, den Prinzen mit allerlei schöner Kleidung und Spielzeug zu locken, und rief ihm schmeichelnd zu: »Schätzchen, das ist alles für dich, bring dem Onkel schnell den Schnaps!«

Doch der Prinz ließ sich nicht betören. Er würdigte sie keines Blickes und erwiderte: »Meine leibliche Mutter ist die kaiserliche Prinzessin aus dem Tang-Haus. Der Schnaps gehört meinem Onkel, der von fern hierherge-kommen ist.« Und damit ging er geradewegs auf die Ver-wandten Jinchengs zu und ließ sich anschließend zu den Füßen seiner Mutter nieder.

König Trisong Detsen und Padmasambhava[15]

Der tibetische König Trisong Detsen war zwölfjährig auf den Thron von Tubo gekommen. Seine Begeisterung für die Lehre des Buddha war durch seine Mutter, die chinesi-sche Prinzessin Jincheng,[14] geweckt worden, wurde aber von Ministern, die dem Buddhismus feindlich gesonnen waren, bekämpft. Gleichwohl gab es am tibetischen Hof auch Förderer des Buddhismus, und mit ihrer Hilfe gelang es dem König, den Hauptgegner des Dharma, den Minister Majang, auszuschalten und den berühmten indischen Leh-rer Santirakshita als Missionar von Indien nach Tibet zu holen. Epidemien und Stürme, die als Ergebnisse seines Wirkens ausgelegt wurden, zwangen den indischen Weisen zur Rückkehr nach Indien. Auf seinen Vorschlag jedoch rief König Trisong Detsen den großen buddhistischen Tan-triker Padmasambhava ins Schneeland, da dessen magische und exorzistische Fähigkeiten am ehesten Erfolg gegen die Heimsuchungen und Anfeindungen beim Klosterbau in Samye versprachen.

König Trisong Detsen, der Padmasambhava in sein Land eingeladen hatte, war diesem bis zu einem Paß zehn Kilo-meter vor Lhasa entgegengekommen, um den großen Wei-sen würdig zu empfangen. Zu seiner Überraschung unter-ließ der Angekommene jegliche Höflichkeitsbezeugung und erklärte statt dessen, er sei ein zweiter Buddha und komme, um Tibet zu helfen: Der König habe folglich ihn zu begrüßen, nicht umgekehrt.

»Ich war nicht aus einem Mutterleib geboren, sondern durch Erscheinung. Der König ist nur ein aus dem Mutterleib Geborener, und so bin ich durch Geburt größer... Ich bin gelehrt in den Fünf Reichen der Erkenntnis; Buddha in einem Erdendasein, frei von Geburt und Tod... Früher verbeugte sich der König vor mir, soll ich seine Verbeugung erwidern oder nicht? Wenn ja, ist die Würde der Lehre geringgeachtet. Wenn nicht, wird er, da er der König ist, zornig sein. Allein, wie groß er auch sein mag, niederbeugen kann ich mich nicht!« sprach der große Meister Padmasambhava zum tibetischen König. »Und du, König des barbarischen Tibet, Herrscher des tugendlosen Landes, ungeschlachte Männer und Menschenfresser umgeben dich; du stützt dich auf Hungersklaven, und weder Freude noch Humor findet man bei dir. Was deine Königinnen betrifft, sie sind Dämoninnen in menschlicher Form, schöne purpurne Unholde umgeben sie, Sandelholz, Türkise und Gold schmücken sie, aber sie haben kein Herz und keinen Verstand. Du bist König, dein Brustkorb ist geschwollen. Groß ist deine Macht, deiner Leber geht es gut. Das Szepter in der Hand und stolz, so stehst du recht hoch. Aber ich, Herr, werde mich nicht vor dir verbeugen. Und doch stehe ich hier, der ich, meinem Gelübde folgend, in das Herz Tibets gekommen bin. Großer König, bezeuge, bin ich hier?« Sprach's also, drehte seine Hände, und ein wunderbares Licht sprang von dort auf des Königs Gewänder über.[16]

Um seinen Worten Nachdruck zu verleihen, wies er gen Himmel und ließ eine lange Flamme aus dem Finger hervorschießen. Da öffnete der Wolkendrache die Schleusen des Himmels, Blitze zuckten, und ein mächtiges Erdbeben ließ zu dem Regen Steine und Geröll herabstürzen. Voller Entsetzen schwang sich die Begleitung des Königs aufs

Pferd und floh. Der König aber fiel vor Padmasambhava auf die Knie und begrüßte ihn ehrerbietig durch Aneinanderlegen der Handflächen.

Sobald Padmasambhava den geistigen Boden Tibets für den Buddhismus geebnet hatte, kam Santirakshita nach Tibet zurück und war dreizehn Jahre lang als Abt des Samye-Klosters tätig. Er war es, der in diesem frühesten tibetisch-buddhistischen Kloster die ersten Tibeter zu Mönchen ordinierte und damit den Dharma im Schneeland heimisch machte.

Dämonen stören den Bau des ersten Klosters[17]

In jener Zeit also ward Tibets erstes Kloster, Samye, am nördlichen Tsangpo-Ufer, etwa sechzig Kilometer Luftlinie südöstlich von Lhasa gegründet; und dies von höchster staatlicher Instanz, die den Buddhismus zur Staatsreligion erklärte. Der Auftrag erging von König Trisong Detsen an den indischen Weisen und späteren Abt von Samye, Santirakshita.

Der Acarya Bodhisattva seinerseits untersuchte den Boden, nahm das Kloster Odantapuri als Vorbild und entwarf einen Plan in Gestalt des Sumeru-Berges, der zwölf Kontinente, von Sonne und Mond, und alles von einem Eisenwall umgeben. Im Weib-Feuer-Hasen-Jahr wurde das Fundament errichtet und zuerst der Tempel Avalokita gebaut, und Statuen wurden gefertigt, für welche die Tibeter als Modell dienten. Später hat man zwölf Tibeter berufen und stellte sie auf die Probe, ob sie Mönche werden konnten oder nicht.

Zu Beginn aber wurden die Bauarbeiten immer wieder durch nächtlich aktive Dämonen gestört. Was Männer und Frauen tagsüber errichteten, das rissen die dämonischen Geister in der Nacht wieder ein. Die örtlichen Wassergeister, Nagas, fühlten sich gestört und wehrten sich mit all ihren Kräften dagegen, daß ihr Wohnsitz dicht unter der Erde, in einem friedlichen Seitental des großen Tsangpo-Stromes, durch die Bauarbeiten für das Kloster entweiht wurde. Immer wieder ließen sie die neuerrichteten Mauern einstürzen. Die schadenbringenden Lha und Sri in ganz Tubo gerieten in Wut, sandten Blitze auf den Burgberg Marpori in Lhasa und schickten Epidemien und Krankheiten unter Mensch und Tier. Stürme suchten das Schneeland heim, und die Menschen legten es Santirakshita zur Last, daß er die Dämonen erzürnt habe, die solches hervorriefen. Daher sollte er in seine Heimat zurückkehren. Bevor er Tibet verließ, empfahl er dem König Trisong Detsen, den in tantrisch-magischen Fähigkeiten unübertrefflichen indischen Weisen Padmasambhava ins Schneeland einzuladen. »Der Menschenkönig und der Schlangenkönig müssen Freunde werden, das ist der einzige Weg«, antwortete Padmasambhava dem königlichen Bauherrn auf dessen Frage nach der Überwindung des Naga-Herrschers, dessen Reichtum allein die wegen Holzmangel ins Stocken geratenen Bauarbeiten wieder voranbringen konnte.

Mit Hilfe des Gurus Padmasambhava gelang es, den Widerstand der Nagas, Yakshas und anderer Dämonen zu überwinden, ja selbst sie durch Eid in den Dienst der buddhistischen Lehre zu zwingen und den Baugrund zu reinigen. Dies geschah folgendermaßen: Ein an sich nicht vorteilhafter Baugrund wurde bestimmt, um das Überwinden der alten Geister durch das Neue im Sinne der traditionellen kosmischen Vorstellungen zu demonstrieren. Um den Baugrund zu weihen und als sakralen Bereich gegen alles Äußere schutzbietend abzugrenzen, zog Padmasambhava mit farbigem Steinstaub den magischen Zirkel des Dorje Purpa. Nach siebentägigen Gebeten und Opfern erschienen ihm die fünf Emanationen des Urbuddha, die Buddhas der fünf Weltenparadiese. Daraufhin schaffte der Große Guru verschiedene Manifestationen seiner selbst, von denen einige das den Baugrundriß beschreibende Mandala betraten, andere aber gen Himmel aufstiegen. Padmasambhavas verschiedene Verkörperungen zwangen allesamt die alten Bön-Geister, die in einem unterirdischen See im sandigen Untergrund des Bauplatzes aufgescheuchten Mächte des Erdreiches und der Gewässer dazu, von den Bergen und Flüssen Steine und Holz herbeizuschaffen. Und so wurden die Fundamente des Klosters Samye gelegt, der »Lehrstätte zur Erlangung der Fülle unwandelbarer Meditation«. An der Vollendung des Klosters arbeiteten Tag für Tag die menschlichen Untertanen des Königs Trisong Detsen, des Nachts aber arbeiteten die von Padmasambhava unterworfenen Dämonen daran, so daß die große Aufgabe flott voranging. Allein jene kannibalistischen Dämonen, die sich dem Meister nicht unterordneten, wurden von ihm getötet und in tausend Stücke zerhackt. Überbleibsel ihrer Innereien sind bis heute als Blutegel vorhanden, so heißt es, und gewisse Halbedelsteine, die wertvollen Zi, werden als versteinerte Reste der in Stücke gehauenen Schlangendämonen angesehen. Diese Machtdemonstration des tantrischen Meisters verdoppelte die Anstrengungen der unterworfenen Dämonen, in Windeseile Baumaterial heranzuschaffen.

Als Trisong Detsen die großen Haufen Holz und Steine erblickte, war er verwundert und von Ehrfurcht ergriffen. Er bat den Großen Meister um eine Erklärung. Dieser beschrieb ihm ein Mandala der Fünf Tathagatas, der Buddhas der fünf Weltenparadiese, und nachdem er sieben Tage gebetet hatte, verwandelten sich die Fünf in fünf Arten von Garudavögeln, die dem König sichtbar wurden. Im selben Augenblick wurde Padmasambhava selbst unsichtbar, und an seiner Statt sah der König einen großen Garuda, der im Schnabel und in den Krallen eine Schlange festhielt. Nicht erkennend, daß dies der Meister war, brach Trisong Detsen vor Furcht in ein großes Geschrei aus. Die Erscheinung des Garuda erlosch, und Padmasambhava erschien wieder an der Seite des Königs. Am nächsten Tag

Samye, das erste Kloster Tibets.

tauchte aus dem im Süden Samyes gelegenen Lande der wilden Lalo-Stämme eine Gottheit in der Gestalt eines weißen Reiters auf einem Schimmel vor dem tibetischen König auf und sprach: »König! Sagt mir, wieviel Holz Ihr für den Bau des Klosters Samye benötigt, da ich Euch mit soviel versorgen will, wie Ihr wollt.« Obgleich eine unge-heure Menge Holz gebraucht ward, lieferte die Lalo-Gott-heit das Gewünschte innerhalb kürzester Zeit.

Der Bau des Klosters in Samye verschlang den gesamten Reichtum des Königs von Tibet. Daher machte sich Padmasambhava in dessen Begleitung und der seiner Minister zu den Ufern des Maldro-Sees auf. Mit den Ministern in einem kleinen Tal verborgen, beschrieb der Große Guru erneut ein Mandala der Fünf Tathagatas und betete und opferte wiederum sieben Tage lang. Auf diese Weise erschien der barmherzige Bodhisattva Avalokita Simhanada in jeder Himmelsrichtung, die von den vier Weltenherrschern beschützt und verwaltet werden, so daß die Nagas in der Tiefe ohne Macht waren und der Meister zu ihnen sprach: »Da der Reichtum meines Königs zur Neige gegangen ist, bin ich gekommen, von Euch neue Schätze zu verlangen.« Am nächsten Tag fand man die Ufer des Sees voll des glitzernden Goldes, das Padmasambhava den Ministern zum Palast fortzutragen auftrug. Aus diesem Grund wurden in Samye alle Götterstatuen aus massivem Gold geschaffen und sind von einer Feinheit, die in keinem Teil unseres südlichen Kontinents erreicht wird.

Die Tradition erzählt von einem Lied, welches der König anläßlich der Einweihung des Klosters improvisierte:[18]

> »Der höchste meiner verschiedenen Tempel,
> aus fünf kostbaren Stoffen gebaut,
> scheint nicht von Menschenhand errichtet.
> Plötzlich ist er emporgewachsen.
> Mein Tempel ist ein Wunder,
> allein sein Anblick macht mich glücklich,
> darum erfreut sich mein Herz.«

Die Ermordung des Königs Langdarma[19]

Unter den Trisong Detsen nachfolgenden Königen wurde die Macht Tibets immer größer, und besonders in der Herrschaftszeit des Königs Rälpachen gelangte der Buddhismus im Schneeland zu einer ersten außergewöhnlichen Blüte. Unter der Regierung dieses Königs wurden auch die Bewohner der Ostgegend untertan. In dem weit sich erstreckenden, einem weißen Vorhang gleichenden Kranz der Bergketten, dem Mittelpunkt der Erde, baten die erschöpften Chinesen fußfällig um Frieden. Gegen Süden wurden der Macht Tibets untertan von Indien die Gebiete Lho (am Südhang des Himalaya), Li (in Nordindien) und Zahora bis an das Bett des majestätischen Gangesstromes; gegen Westen die an die Perser grenzenden Lande Drushel und im Norden alle Mongolenreiche. Nachdem über zwei Drittel des südlichen Kontinents Jambudvipa erworben worden waren, wurden innerhalb der Grenzen von Ü an die hundert Tempel gebaut. Dies war die Periode der Ersten Ausbreitung der Doktrin.

Mit König Rälpachen jedoch war die Glanzzeit des großtibetischen Tubo-Reiches vorüber. Schon zu seinen Lebzeiten hatte die Bevorzugung der buddhistischen Klöster zu Widerständen geführt, die in der Ermordung des Königs gipfelten. Buddhistenfeindliche Minister hatten den einst von Prinzessin Wencheng nach Tibet gebrachten Jobo-Buddha wieder zurück nach China senden wollen, aber da dreihundert Mann sie nicht wegbewegen konnten, begruben sie die Figur im Sand und machten aus dem Tempel ein Schlachthaus.

Rälpachens Nachfolger Langdarma war ein Anhänger der alten Bön-Religion, und er betrachtete sich als Erzfeind alles Buddhistischen. So setzte unter ihm eine grausame Verfolgung der Buddhisten ein. Die Klöster wurden geschlossen oder in Viehställe verwandelt, Buddhastatuen in den Fluß geworfen und die Gläubigen gezwungen, zu jagen und zu schlachten. Die Mönche ließ er verfolgen und töten, oder aber sie wurden dazu gezwungen, wieder ins weltliche Leben zurückzukehren.

Langdarma gab sich mit der Verfolgung der Gläubigen nicht zufrieden, sondern er befahl unter lästerlichen Reden die Zerstörung von Kultstätten und geweihten Statuen. Es war ihm gesagt worden, daß die Bildnisse der Buddhas Sakyamuni und Maitreya sehr heilig seien, doch er war nur in Gelächter ausgebrochen. Als er sich aber anschickte, die allerheiligsten Tempel Lhasas, den Jokhang und den Ramoche, sowie Samye niederzureißen, warnte man ihn, denn die Schutzgottheiten jener Orte seien besonders mächtig und würden Seuchen und Verfall über ihn und sein Reich bringen, falls er nicht einhalte. Da es ihm ebensowenig gelang, die Jobo-Statue Wenchengs – wie schon andere es versucht hatten – wegzuschaffen, befiel ihn die Angst, er könne den Zorn der gefürchteten Geister auf sich ziehen, und so befahl Langdarma lediglich, sie zu verbergen. Er ließ sie im Sand vergraben, außerdem die Tore der Tempel schließen und mit Gips zumauern. Um sich bei ihm einzuschmeicheln, malten seine Minister und Günstlinge abscheuliche Bilder auf die einstigen Tempelwände, die weintrinkende Mönche darstellten, die sich mit Mädchen vergnügten.

Zu dieser Zeit hatte ein buddhistischer Mönch aus Lhalung namens Pälgyi Dorje, der in Tibet verblieben war, während alle anderen geflohen waren, in der östlich der Hauptstadt gelegenen Höhle Tra Yerpa Zuflucht genommen. Während er dort meditierte, hatte er eine Vision der Göttin Pälden Lhamo, die ihm sagte, es sei an der Zeit, Tibet von der dämonischen Inkarnation Langdarma zu befreien. Durch diese göttliche Aufforderung bestärkt, begann Pälgyi Dorje seine Vorbereitungen.

Zunächst nahm der Lama aus Lhalung ein Gewand, das außen schwarz und innen von weißer Farbe war. Nachdem er sein Pferd, einen Schimmel, mit Holzkohle eingeschwärzt hatte, legte er sein Gewand dergestalt an, daß vom Weiß der Innenseite nichts zu sehen war, und verbarg in den langen Falten der Ärmel einen Bogen und drei Pfeile. Wie ein wandernder Schwarzhut-Tänzer der Bön bekleidet, machte sich Pälgyi Dorje auf den Weg nach Lhasa, wo der König Bön-Zeremonien beiwohnte, bei denen auch Schwarzhuttänze aufgeführt wurden. Langdarma war von seinen Ministern und Günstlingen umgeben und daher schier unnahbar. Doch als Pälgyi Dorje Lhasa erreichte, gebärdete er sich wie ein besonders eifriger und wilder Tänzer, wodurch er eine große Menschenmenge anzog. Auch die Aufmerksamkeit des Königs konnte er auf sich ziehen, so daß dieser ihn näher kommen hieß.

Der heilige Mönch aus Lhalung trat vor Langdarma und warf sich wie zur Huldigung dreimal vor ihm nieder. Während des ersten Kniefalls legte er sich den Bogen und die Pfeile zurecht; beim zweiten spannte er den ersten Pfeil auf den Bogen und beim dritten endlich schoß er diesen auf den König ab, der tödlich getroffen zusammensank.[20]

Pälgyi Dorje machte sich die allgemeine Verwirrung zunutze, ebenso wie die Tatsache, daß niemand einen Schwarzhuttänzer eines solchen frevelhaften Attentats auf den Bön-gläubigen König verdächtigte, und wandte sich zur Flucht. Bis endlich erkannt wurde, daß einer der Tänzer der Attentäter war und man die Verfolgung aufnahm, hatte der flüchtige Mönch bereits das Innere seines schwarzen Gewandes nach außen gekehrt, so daß es in reinem Weiß erstrahlte, und ritt mit seinem Pferd durch einen Fluß. Mit dessen Wasser wusch er die Holzkohle von seinem Schimmel, und im Nu war das eingeschwärzte Roß wieder weiß. Damit hatte er seine Verfolger abgeschüttelt und erschien als weißer Reiter völlig unverdächtig – denn es wurde ja nach einem Schwarzhutzauberer gesucht, der einen Rappen ritt. Pälgyi Dorje kehrte in seine Höhle Tra Yerpa zurück, um von dort später, als die Hetze nach dem Mörder Langdarmas ein Ende hatte, weiter nach Amdo in den Nordosten des tibetischen Hochlandes zu flüchten. Dort begann er ein Leben, mit dem er für seine schwere Sünde – immerhin ein Mord – büßen wollte.

König Langdarma aber, der in seiner Todesstunde den in seinem Blute dampfenden Pfeil umklammerte und herauszog, wurde schwach in seinem einstmals so stolzen Herzen. Angst überfiel ihn, und er rief schmerzvoll aus: »Warum nur bin ich nicht drei Jahre eher getötet worden, auf daß ich nicht so viele Sünden auf mich geladen und nicht soviel Schaden im Lande angerichtet hätte; oder aber drei Jahre später, um es mir zu ermöglichen, die Wurzeln, die der Buddhismus inzwischen im Schneeland gefaßt hat, voll und ganz auszureißen!«

Und so schied der letzte Yarlung-König des Reiches Tubo dahin. Mit Langdarma endete die tibetische Monarchie, die von Nyatri Tsenpo begründet worden war, und fortan endete die universale Herrschaft seiner Nachfahren über das ganze Tibet. Die Sonne des Königtums war untergegangen, und im fahlen Reich des Schneelandes stieg das blasse Licht zahlreicher kleiner Fürsten auf.

Die Legendenbildung als Geschichtsbewältigung im Licht der religiösen und gesellschaftlichen Umwälzungen

Gemäß den tibetischen Königsannalen war der Mensch im südtibetischen Yarlung-Tal entstanden (vgl. »Der Affe und die Bergdämonin« im 1. Kapitel). An einem »Himmelsseil« stiegen später die mythischen Könige in jenes Tal hinab, und nach Ablauf ihrer Regentschaft kehrten sie wieder in die himmlischen Sphären zurück. Die Bön-Tradition berichtete solches vom Kailash, auf den der Religionsstifter Shenrab auf einer »Himmelsleiter« herabgestiegen sei. Ebenfalls dorthin zurück begaben sich nach

Ablauf ihrer Herrschaftszeit die ersten sieben der 27 legendären Könige. Von zentraler Bedeutung ist ihre himmlische Herkunft, die die Herrscher mit göttlicher Abstammung legitimierte. Im alten Bön-Tibet nämlich war der Himmel – wie in China und später in der Mongolei – die oberste Gottheit, und somit sind die am Himmelsseil herabgekommenen Könige als »Söhne des Himmels« zu verstehen.

Das Herrschaftsgebiet des ersten dieser Himmelskönige, Nyatri Tsenpo, hatte noch nicht im Yarlung-Tal gelegen, sondern weiter nordöstlich in der Landschaft Kongpo. Im 3./2. Jahrhundert v. Chr. regierte Tibets erster in den Annalen erwähnter König, dem der Bau der Burg Yumbulhakang im Yarlung-Tal zugeschrieben wird: Errichtet als seine Residenz, gilt sie als »das älteste Haus Tibets«. Interessant an der Legende (*Tibets erster König Nyatri Tsenpo*) ist, wie – im Gegensatz zur Herabkunft an einem »Himmelsseil« bzw. einer »Himmelsleiter« in den Königsannalen – fast ein wenig hämisch, mit Blick auf eine »primitive«, einfältige Urbevölkerung im Yarlung-Tal, von einer durchaus irdischen Herkunft Nyatri Tsenpos berichtet wird (aus dem Land Badsala, über den Ganges) und die himmlische Herabkunft eher einem Mißverständnis durch die einfältige Yarlung-Bevölkerung zugeschrieben wird. Ob der Verweis nach Indien wirklich, wie zuweilen behauptet, eine spätere Zufügung ist und nicht einfach eine verfälschte Richtungsangabe sein könnte, wäre noch zu prüfen: als Fingerzeig in Richtung des Tsangpo-abwärts gelegenen Kongpo, wo die Qiang (vgl. Kap. 3, S. 130) möglicherweise früher aufgetreten sind als im Yarlung-Tal.

In der Herrschaftszeit des Königs Drigum Tsenpo trat neben die Viehzucht der Nomadenstämme allmählich der Ackerbau, zumindest im Tal des Yarlung und Umgebung. Von seinem Minister Long-ngam, so berichtet die hier zitierte Überlieferung (*Der erste sterbliche König – König Drigum Tsenpo und seine Söhne*), habe sich Drigum

Tsenpo dazu verleiten lassen, das Himmelsseil zu zerschneiden und somit die Rückkehr auf den Götterberg zu verwirken. Er gilt daher als der erste sterbliche König. Kampf und Ermordung des Königs durch seinen eigenen Minister sieht Hermanns[21] als mythische Spiegelung der kriegerischen Auseinandersetzung zwischen der Kultur der Pferdezüchter und jener der Hornviehzüchter (Schaf, Ziege, Rind), welcher innerhalb der verschiedenen nomadischen Qiang-Völkerschaften ausgetragen wurde. Die Legende deutet zudem auf das Aufeinanderprallen der seit Jahrhunderten vom Nordosten nach Zentraltibet einwandernden nomadischen Qiang-Völker mit einer autochthonen Ackerbaubevölkerung in Südtibet hin. Die nomadischen Völker dürften einen überwiegenden Teil des ethnischen Substrats der Reiche Shangshung und Sumpa ausgemacht haben, mit denen sich Yarlung-Tibet auseinanderzusetzen hatte (»Namri Songtsen besiegt das Reich Sumpa«). Gelegentliche Beutezüge der Qiang mochten später allmählich zur Beherrschung geführt haben. Im Lauf der Auseinandersetzung um die Zeitenwende überlagerte eine aristokratische Führungsschicht der Qiang die autochthone Bauernschicht, wurde nach Abklingen der Machtkämpfe selbst seßhaft und ging – allerdings als feudale Grundherren – zum Ackerbau über: »Zeigen die ältesten Mythen die Epoche der Hornviehzüchter, deren Urkönige direkt vom Himmel auf die Erde herabsteigen und nach Erfüllung ihrer Mission zum Himmel zurückkehren, ohne den Tod zu schauen, so bringen spätere Mythen die Auseinandersetzung mit den einfachen Pferdehirten. In der Folgezeit führen Kulturheroen weitere Erfindungen ein, um die Mischkultur der herrschenden Viehzüchter mit unterworfenen Ackerbauern immer besser zu entfalten. Einer dieser Heroen wird Thing hen genannt, unter dem feste Häuser, ja sogar Steinhäuser gebaut, Bewässerungsanlagen angelegt, Metallarbeiten angefertigt wurden usw. Durch die Eingriffe in das Naturgefüge gerieten jedoch die Geister und

Dämonen der Luft, Erde und Unterwelt in Aufregung und rächten sich.« [Vgl. »Wie der König Thing die Natur und die Geister in Aufregung versetzte« im 1. Kapitel.] »So werden die Geburtswehen der neuen sich entwickelnden tibetischen Kultur geschildert.«[22]

Der Kampf zwischen Drigum Tsenpo und Long-ngam verweist darüber hinaus auf wichtige religiöse Momente, die beim sakralen Königtum zudem mit der göttlichen Legitimation (Himmel) zu tun haben. Die Art des Kampfes legt ja nicht nur die Listigkeit des Ministers offen, sondern auch die erste Mißachtung der religiös-weltanschaulichen Ordnung durch den König: nämlich wenn sich Drigum Tsenpo in seiner Selbstherrlichkeit dazu verleiten läßt, nicht nur seine Geisterwaffen an den Gegner abzugeben. Nein, er »vertrieb durch törichte Maßnahmen auch seine persönlichen Schutzgeister, die auf seinen Schultern weilten. Jenen auf seinem Haupte und die Kraft seines magischen Verwandlungsspiegels machte er durch eine schwarze Kopfbedeckung unwirksam, da Schwarz die Symbolfarbe des Bösen ist, im Gegensatz zum Weiß des Himmelsgottes und seiner guten Helfer. Doch das Verhängnisvollste war dies: Da er sein Schwert über seinem Haupte schwang, zerschnitt er das unzerreißbare dMu-Zauberseil, die Verbindung mit dem Himmel«, das »über dem Haupte Befindliche«. »Da der König nun sein Schwert über dem Haupte schwang, trotzte er dem Hochgott und erhob seine Waffe gegen ihn. Daraufhin zerriß die tiefbeleidigte Gottheit die Verbindung zwischen Himmel und Erde, und das Geisterseil wurde in die Höhe gezogen«, so Hermanns.[23] Nach diesem sozusagen »tibetischen Sündenfall« wurden die mythischen Könige sterblich und damit irdisch. Zwar geschwächt in ihrer persönlichen Position, sind es jedoch gerade sie, die den Menschen stärken, denn ihnen werden in erster Linie kulturelle Leistungen zugeschrieben: Verbesserung von Ackerbau und Viehzucht, stärkere Differenzierung der Gesellschaft und Ausbau der politischen und militärischen Organisation. Unter dem Eindruck der wachsenden Staatsmacht Yarlung-Tibets dürften sich mit der Zeit immer mehr Nachbarstämme freiwillig unterworfen haben, so daß sich bis zu Beginn des sechsten Jahrhunderts ein einiges Yarlung-Königreich mit dem Namen Tubo bzw. Thu-pod (»Das Mächtige«) in Südtibet als politisches Gegengewicht zum bis dahin noch bedeutenden Shangshung-Reich herausgebildet hatte. König Namri Songtsen, der als 32. Tsenpo von 602–629 n. Chr. regierte, unterwarf größere Gebiete im Süden, Westen und Norden – unser Legendenbeispiel handelt vom Sieg über Sumpa – und begründete damit in Tibet eine neue Macht, welche die Konfrontation nicht allein mit seinen nächsten Nachbarn suchte, sondern sogar mit dem gerade wieder neu erblühten chinesischen Kaiserreich der Tang-Dynastie (618–912).

Dem Begründer des Reiches Tubo folgte dessen Sohn Songtsen Gampo (regierte 629–650) auf dem Thron, mit dem Tibet ins Licht der Geschichte rückte: Unter seiner Herrschaft entstand die tibetische Schrift, und mit ihr begann die schriftliche Überlieferung. Der noch im Yarlung-Tal geborene Songtsen Gampo verlegte das politische Machtzentrum endgültig ins Tal des Kyichu, wo nach 641 mit dem Jokhang-Tempel – unter dem Einfluß seiner nepalesischen und chinesischen Gattinnen (Brautwerbung in den Legenden) – das bedeutendste buddhistische Heiligtum Tibets gegründet wurde. Die rasche Ausdehnung seines Königreiches Tubo hatte es zum unmittelbaren Nachbarn Chinas und Nepals gemacht, und die neuen Grenzen wurden durch die Knüpfung verwandtschaftlicher Bande gesichert. Die Prinzessinnen Bhrikuti und Wencheng aus Nepal bzw. Tang-China waren jedoch keineswegs die einzigen Gattinnen Songtsen Gampos, denn lokale tibetische Fürstentümer waren ebenfalls durch Hochzeiten an den tibetischen Großkönig gebunden worden – wie im Falle Shangshungs schon beschrieben (vgl. vorangehendes Kapitel). Eine solche Heiratspolitik war nichts Ungewöhnliches, sie wurde in China und anderen Nachbarreichen ebenso häufig betrieben, um mögliche Gegner oder unzuverlässige Verbündete im Zaum zu halten.

Songtsen Gampos Nachfolger festigten Tibets Position als größte Militärmacht Zentralasiens, die eineinhalb Jahrhunderte lang Nordindien, Kaschmir, Ostturkestan, die südliche Gobi und den Gansu-Korridor beherrschte. Unter König Trisong Detsen (regierte 755–797) wurde gar die chinesische Hauptstadt Chang'an (763) erobert und kurzzeitig besetzt. Gegen den Erzrivalen Shangshung setzte sich Tubo nun endgültig durch: Mit dessen Untergang gelangte das Reich der Yarlung-Großkönige zu seiner Blüte. Die große Bedeutung Trisong Detsens für die Verbreitung des Buddhismus in Tibet – durch die Einladung des indischen Tantrikers Padmasambhava ins Schneeland – kann allerdings nicht darüber hinwegtäuschen, daß mit der Konsolidierung der Macht nach außen Veränderungen im Inneren einhergingen, die gesellschaftliche Konflikte, vor allem religiöser und sozialpolitischer Natur, heraufbeschworen. Besonders deutlich wird dies in der Geschichte um die Gründung des ersten Klosters in Tibet, Samye, das im 8. Jahrhundert auf Trisong Detsens Veranlassung errichtet und mit Ländereien versehen wurde (*Dämonen stören den Bau des ersten Klosters*). Die Überlieferung berichtet uns davon, wie die Klosterbaustelle nächtens immer wieder von Dämonen heimgesucht wurde, die den Fortgang der Arbeiten behinderten und sabotierten. Der berühmte indische Tantriker Padmasambhava bannt die Dämonen und zwingt sie an der Fertigstellung des Klosters Samye mitzuwirken. Seither stehen sie im Dienst der buddhistischen Lehre, um deren Anhänger vor ihren Feinden zu schützen. Als Ressortgottheiten haben sie das lamaistische Pantheon ungemein bereichert und sind Zeugnisse der Geschichte der Auseinandersetzung zwischen Buddhismus und alteingesessener Bön-Religion. Die Legenden wiederum spiegeln gesessener Bön-Religion. Die Legenden wiederum spiegeln die daraus resultierenden gesellschaftlichen und politischen Konflikte wider. Auf der einen Seite nämlich hatten die Herrscher die neue Lehre aus Indien favorisiert, während andererseits die Bön-Priesterschaft massiven Widerstand leistete. Diese wußte die mit Sicherheit von ihr mobilisierte Bevölkerung hinter sich, denn für die Menschen gab es im Grunde keinen Anlaß, die alten Glaubensvorstellungen zu revidieren. Außerdem brachte die Übertragung von Landbesitz und grundherrschaftlichen Rechten an das Kloster den an es gebundenen Bauern eine neue und damit schwer abschätzbare gesellschaftliche Abhängigkeit ein – und der feudalen Oberschicht bescherte es eine unliebsame Konkurrenz um ihre Pfründe.

Nach dem Tode Trisong Detsens traten die aus der Durchsetzung des Buddhismus als Staatsreligion herrührenden innenpolitischen Spannungen in Tibet zutage. Gleichwohl förderten die drei nachfolgenden Könige weiterhin den Buddhismus, gründeten Klöster und übertrugen ihnen Privilegien, die früher ausschließlich dem Adel zugestanden hatten. Außenpolitische Erfolge – wie die Eroberung von Samarkand oder ein mit China geschlossener Friedensvertrag – konnten den Zerfall der Macht zwar bremsen, doch als König Rälpachen erbliche Regierungsposten der Aristokratie mit Mönchen besetzte, wurde er um 838 von unzufriedenen Adligen ermordet. Sein Nachfolger Langdarma hing dem alten Bön-Glauben an und veranlaßte die erste große Buddhistenverfolgung in Tibet, welche die fremde Religion im Schneeland fast völlig auslöschte. Wie in der *Ermordung des Königs Langdarma* beschrieben, fiel auch er einem Mordanschlag zum Opfer (842), und Nachfolgestreitigkeiten führten zu Anarchie und Zerfall. Damit waren die Macht des großtibetischen Königreiches gebrochen und der Untergang Tubos besiegelt. Der Buddhismus in Tibet sollte sich von diesem Rückschlag ein Jahrhundert lang nicht mehr erholen.

5. Von Mönchen und Heiligen
Die buddhistische Renaissance
und die Reformorden

Das »Kloster des Weißen Pferdes« und die Renaissance des Buddhismus in Tibet[1]

In der Zeit der großen Buddhistenverfolgung unter König Langdarma waren die drei tibetischen Mönche Mar Sakyamuni aus Tölung, Rabsal aus Tsang und Yo Gejung aus Potong in tiefer Meditation versunken. Als eines Tages der Mönch Chira Jepa zu ihnen nach Pälchubori gelangte, fragten sie ihn nach Neuigkeiten und mußten davon erfahren, daß der König die buddhistische Lehre verfolgt und im Schneelande entwurzelt hatte. Da gingen sie hin, luden die von ihnen stets bereitgehaltenen Vinaya-Texte auf ein weißes Pferd und flohen ins obere Ngari, von wo sie sich auf die gefahrvolle Wanderschaft nach Hor (Chinesisch-Turkestan) aufmachten. Ihre Absicht, den Menschen dort die Lehre Buddhas zu verkünden, mißlang jedoch; daher wandten sie sich nach Osten und gelangten, mit knapper Not den wilden Qarluk-Stämmen entkommend, schließlich ins südöstliche Amdo. Hier stießen sie unter den Hirtennomaden am Ma Chu auf einen Jüngling, der unverkennbar eine angeborene Hinneigung zum wahren Glauben (adhimukti, tibet. möpa) bezeugte und den sie daher Möpa nannten. Ihr Beispiel und ihre Worte spornten den Jungen zu noch größerem Eifer an.

In hohem Alter hatten sie so noch einen Schüler bekommen. Zunächst bat Möpa um die Weihen eines Laienjüngers, die ihm gewährt wurden, nachdem er die Vinaya-Schriften gelesen hatte. Die Namen seiner drei Lehrer machte er zu seinem Novizennamen: Shakya Gerabsal. Bald schon bat er um die Vollweihe zum Mönch. Gemäß den Vorschriften des Vinaya jedoch ist für diese Zeremonie die Anwesenheit von mindestens fünf Mönchen erforderlich: des Unterweisers, des Lehrers, des Meisters der esoterischen Geheimnisse und zweier Gehilfen. Da diese Mindestzahl nicht gegeben war, konnte Gerabsal keine rechtsgültige Ordination empfangen. Er wandte sich deshalb an Pälgyi Dorje, den Mörder des Langdarma. Dieser aber sprach zu ihm: »Ich habe den König getötet, und da eine solche Bluttat auf mir lastet, kann ich nicht an deiner Weihe teilnehmen. Doch ich werde dir helfen, nach anderen Mönchen zu suchen.« Tatsächlich gelang es Pälgyi Dorje, den Wunsch des Novizen zu erfüllen. Er fand die beiden chinesischen Mönche Hwashang Kewang und Gyiwang und sandte sie als die erforderlichen Gehilfen zu ihm, die zusammen mit den drei Meistern die für die Weihe vorgeschriebene Zahl ergaben. Der Jüngling Gerabsal wurde später unter seinem Mönchsnamen Gongpa Rabsal als der früheste Vertreter der Lehre in Osttibet berühmt.

Die drei Lehrmeister hatten Gerabsal den Auftrag gegeben, die buddhistische Lehre weiter zu verbreiten. Diesen letzten Wunsch seiner Lehrer konnte er fortführen und vollenden, indem er zehn neue Schüler aus Zentraltibet gewann. Es waren fünf junge Männer aus Ü und ebenso viele aus Tsang, denen die geschilderten Ereignisse zu Ohren gekommen waren. Sie hatten sich daher nach Osttibet aufgemacht und Rabsal aus Tsang um die vorschriftsmäßige Ordination gebeten, damit sie im Schneelande wirken könnten. Rabsal aber lehnte es wegen seines hohen Alters ab, noch einmal Schüler anzunehmen, und verwies sie auf Gongpa Rabsal. Doch auch dieser konnte ihre Bitte zunächst nicht erfüllen, weil die vorgeschriebenen fünf Jahre seit seiner eigenen Ordination noch nicht vergangen waren und er daher selbst noch niemanden in den Mönchsstand einsetzen durfte. In Anbetracht der besonderen Umstände genehmigte der alte Meister jedoch eine Ausnahme von der Regel. Und so wurden die fünf Jünglinge aus Ü zusammen mit den fünf aus Tsang ordnungsgemäß geweiht. Nach ihrer Ausbildung sandte Gongpa Rabsal sie in ihre Heimat zurück, wo sie erneut eine Mönchsgemeinde zusammenriefen. Nun wehten die Gebetsfahnen wieder im Winde auf dem Dach der Welt, und die Trommeln wurden erneut geschlagen. Wegen der erfolgreichen Wiederbelebung des Buddhismus in Tibet, die der einstige Hirtenjunge Möpa als einer der ersten ins Rollen gebracht hatte, wird er bis heute mit dem Namen Lachen Gewa Rabsal (»Höchster Mönchsgelehrter«) geehrt.

An seinem Lebensabend gelangte Gongpa Rabsal auf einer Wanderung durch das Haupttal in Tsongkha an eine gewaltige Felsklippe auf dessen Nordseite. Am Fuße dieser »Vajra-Felsen« genannten Klippe befanden sich einige kleinere Grotten, wo seine Lehrer dereinst, als sie vor Langdarma aus Zentraltibet geflohen waren, die Statue eines Maitreya-Buddha aus dem Fels gemeißelt hatten. Dort legte sich der alt gewordene Meister nieder und ging ins Nirvana ein. Später kamen die Gläubigen und errichteten zu seinem Andenken den »Vajra-Felsentempel«, der auch »Kloster des Weißen Pferdes« genannt wird, weil die Lehrer des Gongpa Rabsal auf der Flucht aus Zentraltibet die Heiligen Schriften auf dem Rücken eines weißen Pferdes bis nach Amdo transportiert hatten.

Der Mönchskönig Yeshe Ö[2]

»Der göttliche König, Lama Yeshe Ö,
bekannt als Inkarnation des Bodhisattvas der Weisheit,
hat – wie im großen Mula-Tantra geweissagt –
das unvergleichliche, wunderbare Kloster von Tholing
erbaut.
Vom Osten Indiens wurde ein gelehrter Mönch,

begabt mit dem Donner des Ruhms,
das erhabene Banner der Lehre,
allen erkennbar, genannt Dharmapala,
von Yeshe Ö nach Tibet geladen.
Er, der erfüllt war von der Sonne des Mitleids,
handelte als Upadhyaya,[3]
um die kostbare Lehre bekannt zu machen,
und verbreitete die Schule der Meditation.«

Nach der Ermordung des letzten Tubo-Königs Langdarma war die einstige tibetische Großmacht in mehrere Teilreiche zerfallen. Im äußersten Westen des Hochlandes entstand das Königreich Guge, das an der Wende vom 10. zum 11. Jahrhundert von Yeshe Ö regiert wurde. Unter seiner Herrschaft gelangte der Buddhismus im westlichen Tibet wieder zu seinem Recht, und der König selbst legte die Mönchsgelübde ab. Obwohl Yeshe Ö, das »Strahlende Licht der Weisheit«, Mönch geworden war, befehligte er weiterhin die Truppen seines Landes. Im Kampf gegen die Qarluk, frühe mohammedanische Eindringlinge aus Kaschmir, geriet er in Gefangenschaft. Für seine Freilassung forderten die Qarluk von ihm, seinen buddhistischen Glauben aufzugeben: »Wenn du darauf verzichtest, Zuflucht zu suchen in den ›Drei Kostbarkeiten‹ (d. h. in Buddha, der Lehre und der religiösen Gemeinde der gläubigen Buddhisten), dann entlassen wir dich aus dem Gefängnis. Ansonsten müßtest du uns Gold im Gewichte deines Körpers herbeischaffen, um freigelassen zu werden.«

Yeshe Ö blieb lange Zeit in Gefangenschaft, da er nicht bereit war, seine Gelübde zu brechen. Die Menge des verlangten Goldes aufzubringen, erforderte die Anstrengung aller bedeutenden Würdenträger seines Reiches. Diese trugen in Ngari alles verfügbare Gold zusammen und belegten darüber hinaus die Mönche in Ü und Tsang mit Steuern. Auf diese Weise sicherten sie den größten Teil des verlangten Schatzes. Gleichwohl fehlte ihnen noch das Gold für das Gewicht des Kopfes von Yeshe Ö. Das berichtete sein Neffe, als er ihn im Gebiet der Qarluk besuchte: »Wir haben nun Gold gleich dem Gewichte deines Körpers. Sobald wir das restliche Gold gleich dem Gewichte deines Kopfes beisammen haben, kommen wir, um dich heimzugeleiten.«

Da antwortete der König: »Ich bin nun alt geworden und nütze niemandem mehr. Verwendet das gesammelte Gold, um Panditas einzuladen und die Lehre zu festigen.«

Schweren Herzens befolgten die Würdenträger Guges den Wunsch ihres Königs. Sie beschlossen, den berühmtesten unter Indiens Gelehrten einzuladen: Atisha, dessen Ruhm bis Tibet gedrungen war, denn der Neffe des Königs dachte: »Obwohl bereits zahlreiche Mönche in Tibet zu finden sind, gibt es doch viele falsche Praktiken und Riten beim Studium der Tantras. Einige, welche die Riten ausgeübt haben, predigen, daß man die Erleuchtung durch die bloße Annahme der Relativität der Leere ohne Ausübung von verdienstvollen Werken erlangen kann... Deshalb haben wir den Wunsch, Gelehrte einzuladen, welche die moralischen Fehler ausmerzen können. Panditas, die in früheren Zeiten eingeladen wurden, leisteten ausgezeichnete Dienste in verschiedenen Teilen des Landes, ihre Werke kamen aber nicht ganz Tibet zugute. Wenn wir jedoch Atisha einladen könnten, wäre er fähig, die Ketzereien zu widerlegen, und dem Buddhismus würde großer Nutzen erwachsen.«

Nagcho, der königliche Neffe, wurde mit Gold ausgerüstet und zu dem großen Meister nach der buddhistischen Hochschule Vikramashila gesandt. Und so wurde der glorreiche indische Weise Atisha durch den großmütigen Verzicht Yeshe Ös auf seine Freiheit im Jahre 1042 nach Tibet berufen, wo er einen neuen Aufschwung der buddhistischen Lehre einleitete.

Milarepa[4]

Im südtibetischen Distrikt Gungthang wurde im 11. Jahrhundert der größte Dichter des Schneelandes geboren: Milarepa, »der in Baumwolle gekleidete« Yogi, dessen Gesänge zum Schönsten und Bedeutendsten gehören, was uns die Tibeter überliefert haben. Bei einem der großen Mystiker auf dem Dach der Welt verwundert es wenig, daß sein gesamtes Leben und Wirken von Legenden und Wundern umrankt ist. Bevor er als Milarepa bekannt wurde, hieß er Thöpa. Sein Vater, der durch Wollhandel zu Wohlstand gekommen war, verlor seinen ganzen Besitz im Spiel und starb früh. Seine junge Mutter, genannt Kargyan, »die mit dem Weißen Diadem«, sollte gezwungen werden, ihren Schwager zu heiraten. Sie weigerte sich jedoch, worauf ihr Schwager ihr allen Besitz raubte. In ihrer Armut sann Thöpas Mutter auf Rache und veranlaßte ihren Sohn, als er älter geworden, Schwarze Magie zu erlernen: »Wie konnte ein Sohn wie du dem Vater Schergyal geboren werden! Wie kannst du noch an Singen denken, inmitten all der Not, in welcher wir uns, Mutter und Sohn, befinden? Du mußt nach Ü und Tsang gehen, um von einem gewandten Zauberer die magische Kunst zu erlernen und mit ihr alle unsere Feinde zu vernichten!«

Thöpa gehorchte und zog von dannen. Im Yarlung-Tal ging er beim Zaubermeister Nyak in die Lehre. Schon nach einem Jahr wollte er in die wirksamsten Zauberregeln eingeweiht werden, daher sandte Nyak ihn nach Tsangrong zum Schwarzmagier Nubchung, der ihn die echte schwarze Magie lehren sollte. Bald schon fand sich ein Anlaß, um die erworbenen unheilsamen Kräfte gegen die Familie des Schwagers einzusetzen. Als nämlich der Sohn seines unehrlichen Onkels heiratete, ließ Thöpa das Haus über der Hochzeitsgesellschaft zusammenstürzen, so daß 35 Personen erschlagen wurden. Allein der böse Onkel und dessen Frau überlebten... Um auch sie zu vernichten, erzeugte Milarepa nach Aufforderung durch seine erzürnte Mutter einen Hagelsturm, der die Felder und Häuser seines Heimatortes zerstörte und fortschwemmte und weitere Menschenleben forderte. Wieder kamen der Onkel und seine Frau mit dem Leben davon. Schließlich überkam Milarepa die Furcht, daß er durch seine Schwarze Magie eine karmische Wiedergeburt in der Hölle zu erwarten hätte. Er bereute seine Untaten und widmete sich fortan dem Weg zur Erlösung. Seinem Lehrer Nubchung, zu dem er gleichwohl zurückkehrte, vermochte er seinen inneren Wandel nicht zu gestehen. Als eines Tages ein wohlhabender Gönner des Magiers starb, besann dieser sich jedoch selbst und sprach zu ihm: »Thöpa! Wir haben große Sünden angehäuft! Du solltest dich der wahren Religion hingeben und auch mich erlösen. Oder ich werde der Lehre folgen, und du wirst mich versorgen.«

Da Thöpa bereit war, die wahre buddhistische Religion anzunehmen und sie auszuüben, ließ er sich in Rong in der mystischen Dzokchen-Lehre unterweisen, vermochte aber nicht einmal genug Kräfte zur Meditation zu erlangen. Da sandte ihn sein neuer Lehrer Detön zu Marpa, jenem überragenden Schüler Naropas, der die Kagyüpa-Schule begründet hatte.

Im Übersetzer und Kagyüpa-Lehrer Marpa fand Thöpa im Alter von 38 Jahren den geeigneten Guru. Schon der Anblick des Meisters Marpa vermochte seinen Geist zu wandeln. Um Thöpas unheilsames Karma abzutragen, ließ Marpa ihn schwerste Arbeiten verrichten und stellte ihn sechs Jahre auf die Probe. Er trug ihm auf, Steine herbeizuschaffen und ein neunstöckiges Haus zu bauen. Kurz vor der Fertigstellung befahl er ihm, es wieder einzureißen. Dies wiederholte er mehrmals, um Thöpas Gehorsam auf die Probe zu stellen. Marpas andere Schüler hatten ihre Initiation bereits erhalten, allein Thöpa war körperlich zerschunden, spielte mit dem Gedanken an Selbstmord und war nach sechseinhalb Jahren noch immer ein Wartender.

Dies erregte das Mitleid von Marpas Frau Dagmema. Sie sandte Thöpa mit einem von ihr gefälschten, scheinbar von Marpa stammenden Brief zum Guru Naropa, dem einstigen Lehrer Marpas, mit der Bitte, Thöpa eine tantrische Einweisung zu geben.

Marpa geriet in Zorn, als er merkte, daß Thöpa von anderer Seite in die geheimen Lehren eingewiesen worden war, doch seine Wut legte sich wieder, und er veranstaltete ein Fest, bei dem er allen verzieh und Thöpa die Bodhisattva-Gelübde abnahm. Tags darauf erhielt Thöpa die volle Initiation und die Einweihung in höhere Lehren.

Die Folgezeit verbrachte Thöpa nur in ein Baumwolltuch gekleidet eingemauert in einer Höhle in Meditation. Das brachte ihm fortan den Namen Milarepa, »der in Baumwolle Gewandete«, ein. Da ein Traum ihm eingab, ein bestimmtes Tantra-Buch zu studieren, brach er seine Isolation ab. Sein Lehrer Marpa besaß das gesuchte Buch nicht, und deshalb brach der alte Guru selbst nach Indien auf, über den Himalaya, um die tantrische Schrift zu besorgen. Als Marpa ein Jahr später zurückkehrte, starb sein Sohn, worauf er seine vier Hauptschüler zusammenrief und ihnen individuelle Meditationsthemen zuwies. Um den Himalaya-Winter als Eremit überstehen zu können, stellte er Milarepa die Aufgabe, die Fähigkeit zur Erhöhung der Körpertemperatur zu entwickeln. Sodann verteilte er die wertvollen Bücher unter die vier Lobmas und sandte sie in alle vier Himmelsrichtungen, um die Lehren der Kagyüpa zu verbreiten. Milarepa fiel die Nordrichtung zu, doch Marpa bat ihn, vorerst zu bleiben und sich wieder in einsamer Meditation einzumauern.

Nach neun Jahren als Eremit verspürte Milarepa den Wunsch, Mutter und Schwester wiederzusehen. Zögerlich gab ihm Marpa, dessen Leben sich dem Ende zuneigte, die letzte Weihe. Eine versiegelte Schriftrolle überreichte er ihm mit der Ermahnung, das Siegel nur in allerhöchster Not aufzubrechen.

Als Milarepa heimwanderte, fand er sein Elternhaus verfallen vor, und das Skelett der verstorbenen Mutter lag unter Tüchern, da niemand gewagt hatte, das Haus eines Schwarzmagiers zu betreten. Für eine Nacht legte er sich darauf zum Schlafen nieder, betete für die Befreiung ihrer Seele, verbrannte ihre Überreste und zog sich in eine nahe gelegene Hütte zu Füßen eines Berges zurück, um dort sechs Monate in Meditation zu verbringen. Als seine Lebensmittel zur Neige gingen, begann er seinen Almosengang, wobei er an die neuen Wohnstätten des Onkels und der Tante geriet. Von ihnen erkannt und verprügelt, verließ er die Gegend. Nach einiger Zeit der Wanderschaft erreichte er eine abgelegene Höhle und gelobte, diese nicht zu verlassen, bis ihm übermenschliche Erkenntnis zuteil werde. Da Milarepa eine wohlklingende Stimme besaß, übte er sich im Singen selbstgedichteter Verse: die von seinen Schülern später aufgeschriebenen »Hunderttausend Lieder« (Gurbum).

Nach vielen Jahren war Milarepa die höchste Erkenntnis zuteil geworden, nach einem weiteren hatte er die Fähigkeit zur Steigerung der Körpertemperatur erlangt. Drei Jahre später zwangen ihn Hunger und extreme Abmagerung an einen Ort umzuziehen, an dem es eine Quelle, eßbare Nesseln und gelegentlich etwas Sonne gab. Das Siegel der von seinem Lehrer zum Abschied überreichten Schriftrolle mochte er dennoch nicht erbrechen, da er meinte, die Not könnte noch größer werden.

Weitere Jahre äußerster Askese folgten. Er erhielt Besuche von Jägergruppen, deren erste versuchte, von ihm die Herausgabe von Lebensmitteln zu erpressen. Die anderen gaben ihm etwas Fleisch ab, die dritten rasteten bei ihm, aßen Milas ungedickte, salzlose Nesselsuppe und lauschten seinen religiösen Unterweisungen, die mit gesungenen Versen endeten. Zurück in ihren Dörfern, berichteten sie vom gesangbegabten Asketen, den sie in der Bergeinöde getroffen hatten. Der Bericht kam auch seiner Schwester Peta zu

Ohren, die inzwischen zur Bettlerin geworden war. Mit erbettelten Vorräten machte sie sich zu ihrem Bruder in die Wildnis auf. Beim zweiten Besuch schloß sich Milarepas Jugendverlobte Tsesay ihr an, um Lebensmittel und Kleider zu bringen. Die ungewohnte Mahlzeit verursachte ihm Schmerzen, die seine geistigen Irritationen verdoppelten. So mußte er seine Meditation unterbrechen und entschloß sich zum Öffnen von Marpas Schriftrolle. Darin gab der Meister ihm die Anweisung, seinen Körper und Geist durch vernünftige Ernährung wieder zu Kräften zu bringen! Tatsächlich brachte das seinem Befinden Besserung, so daß er wieder meditieren und zu neuen transzendenten Erkenntnissen gelangen konnte. Er durchschaute die Einheit alles Seienden in der Leerheit und die wesenhafte Identität von Samsara – dem Wiedergeburtenkreislauf – und Nirvana. Durch weitere Meditation verwirklichte er paranormale Fähigkeiten wie: eine andere Gestalt anzunehmen, durch die Lüfte zu fliegen usw. Neugierige Besucher veranlaßten ihn, sich eine andere Höhle zu suchen. Sein Ruhm verbreitete sich, und die Leute rechneten es sich als Ehre an, ihn mit Speis und Trank zu versorgen. Sogar die böse Tante brachte ihm schließlich reumütig Spenden dar.

Ein Jahr verbrachte er in der Höhle »Sonnenschloß«, dann brach er zu einer Wanderung nach Nepal auf. Laienbekenner, auch solche von Rang, schlossen sich ihm an, nicht zuletzt, um seine schönen Gesänge zu hören. Unter den Lobmas war Rechungpa, sein späterer Biograph, den er von der Lepra heilte. In einer Höhle beim Dorf Nyalam erhielt er Besuch vom indischen Yogi Dharmabodhi, der ihm höchste Ehren erwies. Dies steigerte sein Ansehen bei der Bevölkerung ringsum, verschaffte ihm jedoch auch Neider unter den anderen religiösen Lehrern.

Der schlimmste dieser Neider war der Geshe Tsapuwa aus Drin. Bei einem Hochzeitsfest war Milarepa als Ehrengast eingeladen, weshalb Tsapuwa sich zurückgesetzt fühlte, zumal Milarepa in einem Lied dem Unwert der

Buchgelehrsamkeit den hohen Wert der direkten Erfahrung gegenüberstellte. Böses brütend, verließ Tsapuwa die Gesellschaft und veranlaßte bald darauf eine Frau, Milarepa vergiftete Sauermilch als Almosenspende zu bringen. Milarepa verweigerte die Annahme. Beim zweiten Versuch gestand sie Milarepa, da sie sich durchschaut wähnte, daß die Milch vergiftet sei. Da aber erklärte der Meister, er sei ohnehin am Ende seines Lebens angelangt, nahm das Almosen entgegen, versammelte seine einundzwanzig Schüler, seine Freunde und Anhänger um sich und legte ihnen noch einmal die Lehre dar. Tags darauf erkrankte Milarepa schwer, was sich in Windeseile herumsprach. Nun kam auch Geshe Tsapuwa zu Besuch, bereute seine Untat und erkannte die geistige Überlegenheit Milarepas an.

Um nicht in seiner Höhle, sondern an einem bewohnten Ort zu sterben, ließ der Meister der »Hunderttausend Gesänge« sich nach Chubar tragen und verteilte seinen geringen Besitz unter seinen treuen Schülern. Er ermahnte sie, weder nach Gütern noch nach Ruhm zu streben, bescheiden zu sein, die Bequemlichkeit zu meiden und sich in eine Fetzenkutte zu kleiden, ließ ein letztes Lied folgen, und mit den Worten »Beherzigt meine Lehren und folgt mir!« ging Milarepa im Alter von 83 Jahren in die Verwandlung ein.

Sakya Lama und Drukpa Künleg[5]

In der Zeit, als die reformierten Schulen des Buddhismus in Tibet miteinander im Wettstreit lagen, traf Drukpa Künleg auch einmal auf den Sakya Pandita, den Gelehrten-Patriarchen des Sakya-Reformordens in Südtibet. Der Klosterabt lud den Lama in sein Kloster ein und gab ihm ein Reitpferd. Unterwegs kamen sie an einigen Mädchen vorbei, die in den Feldern arbeiteten. Diese fingen an, die Mönche zu necken, und riefen: »Hat keiner von euch Lust auf uns?«

»Von uns will heute keiner vögeln«, rief der Drukpa-Lama Künleg, der an der Spitze ritt.

»Nimm solche Worte vor meinen Mönchen nicht in den Mund«, zischte der Sakya Pandita ärgerlich.

»Warum nicht?« fragte Künleg unschuldig. »Alle Mädchen wollen doch aufs Kreuz gelegt werden.«

Sakya Pandita gab seinem Pferd die Sporen und ritt verärgert voraus. Nachdem sie in Sakya angekommen waren, zeigte der Abt dem Lama Künleg ein magisches Buchstaben-Quadrat, dessen sechzehn Zeilen jeweils mit den Buchstaben *Nga* (»Ich«) begannen und die der Pandita als Lobeshymnen auf sich selbst verfaßt hatte.

»Laß uns sehen, ob du das auch kannst«, forderte ihn Sakya Pandita heraus.

»So einen angesehenen Sproß des Khön-Geschlechts kann ich doch nicht lächerlich machen, und auf die Kunst der Lobeshymnen verstehe ich mich nicht. Deshalb werde ich einfach ein *u* anhängen (*Ngu* = ›weinen‹). Anstelle von

Ich, Sakya Pandita aus Töd,
ich, Herrscher über die Ebenen Chinas,
ich, Herr der Täler des Schneelandes,
ich, die Krönung aller Lebewesen usw.

heißt es jetzt:

Sakya Pandita aus Töd weint,
der Herrscher über die Ebenen Chinas weint,
der Herr der Täler des Schneelandes weint,
die Krönung aller Lebewesen weint usw.«

Der Sakya Pandita lachte aus vollem Herzen über diesen Seitenhieb und schlug dann einen Wettstreit im Schreiben von Buchstaben vor. Er schrieb das Mantra Om mani peme hum in der Lantsha-Schrift und zeigte es Drukpa Künleg. Das beeindruckte den Lama nicht im geringsten. Er zeigte vielmehr etwas von seinem eigenen Können:

»Wenn ich meine Ellbogen anwinkle und meine Hände

in Schulterhöhe hebe, bilde ich den [tibetischen] Buchstaben *A*; lege ich meine Hände in der Meditationshaltung zusammen, bilde ich den Buchstaben *Cha*; wenn ich meinen linken Fuß bis zum rechten Knie hochziehe und nur auf einem Bein stehe, bilde ich den Buchstaben *Na*...« Auf diese Weise führte er das ganze tibetische Alphabet vor.

Als sie später beim Essen zusammensaßen, nahm Sakya Pandita einen Klumpen Teig, formte daraus einen Hirsch und zeigte diesen Künleg. »Mache auch ein solches Tier, wenn du mit den Händen geschickt bist«, verlangte er.

Ohne zu zögern, nahm der Lama etwas Teig, zog ihn in die Länge, und indem er ihn nur mit der Hand zusammendrückte, ließ er eine Schlange und einen Drachen entstehen. Seine Zuschauer waren beeindruckt.

»Er versteht sich auf magische Tricks«, dachte sich Sakya Pandita. »So jemanden sollte ich den Chinesen zeigen.« Zu Drukpa Künleg sagte er dann: »Damit in kommenden Zeiten unsere beiden Übertragungslinien eine glückverheißende Verbindung eingehen, sollten wir zusammen eine kurze Reise nach China unternehmen.«

Sie brachen sofort auf. Unterwegs vertrieb der Lama dem Sakya Pandita und seinen Dienern die Zeit mit Spielen und magischen Kunststücken. Bei ihrer Ankunft am Palast des chinesischen Kaisers gab sich Drukpa Künleg als Bote aus und setzte sich neben die Tür, auf den schlechtesten Platz unter dem Gefolge des Pandita. Als sie ihre Mahlzeit zu sich nahmen, bekam jeder von ihnen einen frisch gerösteten Hammel. Für Künleg aber blieben nur noch die knorpelbesetzten Knochen eines fleischlosen Tieres. Daraufhin sang er dieses Lied:

»Zwar bin ich ein Diener des Sakya Pandita aus Töd,
aber Fleisch wie die anderen bekomme ich nicht.
Für einige gibt es gutes Fleisch, für andere schlechtes.
Zwar kann man alle Schafe schlachten,

aber nicht jedes eignet sich zum Essen –
einige sind fett, andere sind dünn.
Wie kommt es, daß du nicht gefressen hast, o Schaf,
während deine Freunde grasten und tranken?
Nur vom Grasen wirst du fett –
zurück mit dir auf die Weiden, damit du fett wirst!«

Der Lama versetzte dem Kadaver einen Schlag, worauf
dieser aufstand, aus der Tür sprang und zurück in die
Berge lief.

»Wenn schon sein niedrigster Diener solche Kunststücke
beherrscht«, staunten die Chinesen, »was kann man dann
wohl von dem Meister erwarten?« Sakya Pandita war
schon dreimal in China gewesen, aber nie zuvor wurden
ihm soviel Verehrung und Opfergaben zuteil.

Tsongkhapa und Kumbum: Der »Mann aus dem Zwiebeltal« und die »Hunderttausend Bilder Buddhas«[6]

Vor vielen, vielen Jahren, als rings auf den Höhen um das
Kloster Kumbum noch dichte Wälder standen, als noch die
Ngolok in dieser Gegend wohnten, kam einmal ein from-
mer Mönch, der aus Lhasa stammte, ins Tsongkha, d. h.
»Zwiebeltal«. Da er der alten buddhistischen Schule Tibets, den Nyingmapa, angehörte, hatte er eine Frau genommen, ein Mädchen aus der Umgegend, und bewohnte
mit ihr ein schwarzes Yakhaarzelt im Talgrund. Eines Tages
träumte die Frau, ein goldener Donnerkeil falle vom Himmel und direkt in ihren Schoß hinein. Und als sie kurz
darauf Wasser holte und dabei in den Brunnen am Talboden blickte, sah sie nicht ihr Spiegelbild auf der Wasseroberfläche, sondern das Antlitz eines anmutigen Knaben.
Nach einigen Monaten gebar sie einen wundervollen Kna-

ben, der schon gleich nach der Geburt sprechen konnte. Er wurde Losang Tashi genannt und sollte später als Tsongkhapa bekannt werden, d. h. der »Mann aus dem Zwiebeltal«.

Bei seiner Geburt war das von der Mutter vergossene Blut in den Boden gesickert, und an jener Stelle sproß drei Jahre später ein Bodhi-Baum, der auf der Rinde des Stammes die heiligen Gebetsformeln des Bodhisattvas der Weisheit, Manjushri, und auf den Blättern »hunderttausend Bildnisse Buddhas« trug. Später, als der in Zentraltibet weilende Sohn von diesem Wunderbaum hörte, wies er die Mutter an, dort einen kleinen Chörten zu errichten.

Im Alter von drei Jahren nahm der berühmte Karmapa-Lama Rolpa Dorje dem Knaben Tsongkhapa die Laiengelübde ab und gab ihm den Namen Künga Nyingpo. Nachdem er mit sieben Jahren wundersamerweise vom Bodhisattva Vajrapani und dem drei Jahrhunderte früher nach Tibet gekommenen indischen Weisen Atisha besucht worden war, fand er Aufnahme im Kadampa-Kloster Jachung, das hoch über dem Fluß Ma Chu auf einem Berggrat gelegen ist. Da der Junge sich besonders klug in allem zeigte, sollte er ein Mönchsgelehrter werden und erhielt nach den Weihen den Namen Losang Dragpa.

Einst konnte er im Kloster seine Gebete nicht lesen, da gab ihm sein Lehrer Fußtritte und Prügel, worauf plötzlich sämtliche Holzstücke des Hauses davonflogen. Nur ein kleines Stück Holz fing Tsongkhapa auf, und dieses eine soll noch heute im Kloster Jachung zu sehen sein. Als das Haus in all seinen Einzelteilen davongeflogen war, strömte von allen Seiten eine Menge Blumen auf den Knaben zu, aber niemand verstand, woher sie kamen. Der Lehrer jedoch erkannte jetzt, daß der junge Novize eine Gottheit sein mußte, warf sich vor ihm nieder und ließ sich segnen.

Im Alter von sechzehn Jahren machte sich Tsongkhapa auf den Weg zum weiteren Studium in Zentraltibet. Auf der Reise dorthin hatte er allerlei Fährnisse zu bestehen, denn er reiste wie ein gewöhnlicher Student der lamaistischen Theologie zu Fuß und als Bettler. Auch unterwegs verrichtete er Wunder. So war er eines Tages sehr hungrig. Die Leute wollten ihm kaum etwas Mehl schenken, sondern höhnten vielmehr, er solle nur das Innere seines irdenen Eßnapfes nach außen kehren, wenn ihn so sehr hungere. Tsongkhapa krempelte daraufhin seinen irdenen Eßnapf um, woran die Leute merkten, daß er eine Gottheit war.

In den Provinzen Ü und Tsang hielt sich Tsongkhapa in Klöstern verschiedener Schulrichtungen auf und lernte bei einer großen Zahl bedeutender Lehrer, deren überragendster der Sakya-Lama Rendawa war. Als Tsongkhapa die Klostergelübde ablegte, bewies er ein unvorstellbares Erinnerungsvermögen, und während seiner Studien sollen ihm daher alle großen Lehrer der Frühzeit wie Nagarjuna und Butön ihre wundersame Aufwartung gemacht haben, wie auch Manjushri, der Bodhisattva der Weisheit. Sie alle und die verschiedenen Schutzgottheiten standen ihm bei der Pflege der Lehre und bei seinen Bemühungen, die moralische Disziplin und Reinheit unter den Mönchen aufrechtzuerhalten, zur Seite.

Drigung war das erste von ihm aufgesuchte Kloster in Zentraltibet, und dort studierte er die Lehren des Kagyüpa-Ordens und Medizin. Weiter zog er nach Nethang, dem Grabkloster Atishas, zum Nyingma-Kloster Samye, nach Shalu und Sakya. Mit seinem wichtigsten Lehrer Rendawa, den er im Kloster Tsechen bei Gyantse getroffen hatte, lebte er zudem eine Weile in Reting, das dem Kadampa-Orden angehörte und Tsongkhapas Gedankenwelt wesentlich prägte. Dort war es letztlich, daß ihn eine Vision von Atisha zu seinem Hauptwerk inspirierte. Viele Jahre widmete er dem Studium der buddhistischen Philosophie und der tantrischen Lehren, und zwar bei Vertretern aller wichtigen tibetischen Schulrichtungen, um ihre Tradition zu verbinden. Schließlich zog er sich nach Traditionen zu verbinden. Schließlich zog er sich nach

*Tsongkhapa, der Begründer des Reformordens der Gelugpa
(»Gelbmützen«).*

Olka am nördlichen Tsangpo-Ufer, flußabwärts von Samye, zurück und verbrachte vier Jahre als Eremit in tiefer
Versenkung.

Nach all den Jahren des Studiums im Schneeland kam
Tsongkhapa, siebenunddreißigjährig, der Gedanke, Indien

zu besuchen, um zur Geburtsstätte des Buddha Sakyamuni zu pilgern. Um zu einem Entschluß zu kommen, rief der Meister Manjushri um Rat an, und der Bodhisattva der Weisheit erschien persönlich vor ihm, um folgendes zu sagen: »Wenn du in Tibet bleibst und durch Yoga und Meditation Buddhas und Bodhisattvas anrufst, dann wird den lebenden Wesen viel Gutes erwachsen. Falls du aber zum gleichen Zweck, den du sehr wohl auch im Schneelande bleibend erreichen kannst, nach Indien reist, dann wird dein Leben verkürzt, und du wirst der Welt folglich weniger nützlich sein. Daher ermahne ich dich, den Lehrtheorien des Nagarjuna und Chandrakirti, der meditativen Praxis Atishas und in religiösen Pflichten und Ritualen dem Upali zu folgen. Oh, heiliger Tsongkhapa: laß deinen Orden sich über den ganzen südlichen Kontinent verbreiten und laß die Menschheit an seinen Lehren festhalten!« Als Tsongkhapa dies vernommen hatte, gab er den Gedanken an eine Reise nach Indien auf und setzte seine Lehrtätigkeit in Zentraltibet fort.

Endlich kam der »Mann aus dem Zwiebeltal« in der heiligen Stadt Lhasa an, wo er sich besonders tüchtig im Predigen und Auslegen der heiligen Schriften erwies. Er bekämpfte die von Magie erfüllten Lehren der alten Nyingma-Schule, denn diese mißfielen ihm als zu weltlich. Zu Beginn aber fand Tsongkhapa nur wenige Anhänger. Statt dessen wurde er häufig verhöhnt, und allgemein nannte man ihn in Lhasa den Amdo-nawoje, den »Mann aus Amdo mit der langen Nase«. Einmal warfen sogar einige Leute aus Lhasa Steine auf ihn, da rief er den Berg Amnye Machen an, und aus diesem trat eine Menge steinerner Männer heraus.

Selbst zwei Schüler, die Tsongkhapa gewonnen hatte, lebten anfangs lange Zeit in der Furcht, sie könnten vom Himmel bestraft werden, weil sie vom Glauben der Alten abgefallen waren. Als er mit diesen beiden durch ihr Land reiste, sandte der Donnergott einen Blitz. Tsongkhapa wußte jedoch davon und hielt daher seine Hände schützend über die beiden, so daß ihnen kein Leid geschah.

Nach weiteren Jahren der Einsamkeit, die der Meister meditierend und schreibend in der nördlich von Lhasa gelegenen Klause Chöding – oberhalb des späteren Klosters Sera – verbrachte, rief er das berühmte Mönlam-Chenmo ins Leben, das »Große Gebetsfest«, welches seither alljährlich in der tibetischen Hauptstadt abgehalten wurde. Am Ende des Gebetsfestes kam Tsongkhapa zu dem Entschluß, fortan nicht mehr wie ein Wandermönch von einem Kloster zum nächsten zu wandern, sondern sein eigenes zu gründen. Als Ort schien ihm der Berg Drotri im Osten Lhasas geeignet, wo er eine ähnliche Lage vorfand, wie sie das Kloster Jachung in Amdo auszeichnete – dem Ort, wo er als Kind seine Mönchslaufbahn begonnen hatte. In Anlehnung an das Reine Land Tushita (tibet. Ganden), dem der zukünftige Buddha Maitreya vorsteht, gab Tsongkhapa seinem Kloster den Namen Ganden Nampar Gyalwa Ling: »Der Kontinent der völlig siegreichen Glückseligkeit«.

Schon zu Lebzeiten ist die von Tsongkhapa begründete Schule der »Tugendhaften«, Gelugpa, so berühmt geworden, daß der chinesische Yongle-Kaiser ihn zu sich nach Peking einlud. Tsongkhapa selbst aber folgte der Einladung nicht, sondern sandte seinen ersten Jünger Kädrub Jamchen Chöje. Der erhielt den Auftrag, mit seinen Begleitern für den Kaiser die Gebete zu lesen – und dazu hatten sie wie die kaiserlichen Leibdiener in Kleidung und Hut die gelbe Farbe des Kaisers zu benutzen. Seither tragen die Gelugpa-Mönche die gelbe Farbe und werden oft vereinfachend die »Gelbmützen« genannt – im Gegensatz zu allen anderen lamaistischen Schulrichtungen mit ihren roten Mützen.

Als Kädrubje nach einigen Jahren von Peking heimkehrte, zog er sich in das Kloster Honghua in Amdo zurück. Bei seiner Abreise erhielt er vom Kaiser eine Menge

Geschenke, und dessen Gemahlin gab dem Scheidenden einhundertacht mächtige Kisten voller heiliger Schriften mit, die nicht mit Tusche, sondern mit Gold geschrieben waren. Im Kloster Honghua hatte auf kaiserlichen Befehl immer ein hoher chinesischer Mandarin zu wohnen, der nach Kädrubjes Befinden zu sehen hatte. Dieser Mandarin erkundigte sich dreimal am Tage nach dem Wohlergehen seines Schutzbefohlenen. Eines Tages aber fand er Kädrubje ohnmächtig in seinen Räumlichkeiten vor. Dieser nämlich hatte davon gehört, daß sein Lehrer Tsongkhapa sterben wolle, und begab sich deshalb, seinen Körper in Honghua lassend, mit seiner Seele nach Lhasa, um seinen Herrn in Ganden noch einmal zu sehen. Ihm und Tsongkhapas Neffen Gedündrub offenbarte der Meister vor seinem Verlöschen, daß sie nach ihrem Tode zum Wohle aller Wesen wiederkehrten und sich immer wieder aufs neue in neugeborenen Kindern inkarnierten, aus denen bedeutende Lamas würden. Aus Gedündrub ging die Linie der im Kloster Drepung und später im Potala zu Lhasa residierenden Dalai Lamas hervor, während Kädrubje in den Panchen Lamas wiederkehrt, die dem großen Kloster Tashilhünpo in Shigatse vorstehen.

Tsongkhapa ist in Lhasa in dem von ihm gegründeten Kloster Ganden geblieben und dort gestorben. Da er als junger Bettelmönch auf seiner Reise nach Zentraltibet die Worte seines klösterlichen Lehrers in Jachung vergessen hatte und nicht zurücksah, als er unterwegs beim Gebetehersagen an die Stelle »Scher-me-yung, scher-me-do« kam, konnte er nie mehr in seine Heimat Amdo zurückkehren. Er starb im Alter von 62 Jahren und ist seither nicht mehr wiedergeboren worden.

Als die von Tsongkhapa begründete Schule der »Tugendhaften« die alten »roten« Schulen allmählich überflügelte, wurde – lange nach seinem Verlöschen – von der dritten Wiedergeburt seines Neffen, Sonam Gyatso, und anderen heiligen Männern ein Kloster an der Stelle errichtet, wo die

Mutter Tsongkhapas ihr Blut vergossen und drei Jahre später jener Wunderbaum entsprossen war, der auf seinen Blättern hunderttausend Bilder Buddhas zeigte: Daher wird dieser Ort Kumbum Jampa Ling genannt, das »Kloster der hunderttausend Bilder des Buddha [Maitreya]«.

Wie das Samye-Orakel nach Nechung kam[7]

Unter den furchtbaren Dämonen des Schneelandes, die Padmasambhava bezwang, befand sich auch der Dämonenkönig Pehar, der »Wächter über die Taten«, wie er später genannt wurde. Pehar wurde, so berichtet die tibetische Überlieferung, Schutzgeist Samyes, des ersten und ältesten tibetischen Klosters. Treulich wachte er über die heiligen Schriften, ohne sich jedoch der Lehre Buddhas zu verbinden. Von Zeit zu Zeit wurde ein Zauberlama, aus dessen Munde er den Lebenden prophetische Weisheiten verkündete, von ihm besessen, und bald war Samye das bedeutendste Orakelkloster der alten Zeit. Zahlreiche, mit magischen Kräften begabte Priester zogen von hier aus, und Pehars Prophezeiungen erfüllten das Schneeland von einem Ende zum anderen. Bald schwebte Pehars Geist wie ehedem über allen Bergen des Schneelandes; selbst in der fernen Mongolei tauchte er auf, um aus den verrückten Reden heiliger Lamas die Wahrheit zu sprechen und kommende Dinge vorauszusagen.

Noch gab es keine Dalai Lamas, da inkarnierte er sich im Kyichu-Tal dicht bei Lhasa und weissagte dem König, worauf die Lamas Klage führten, daß ein nichtswürdiger, dem Kloster Samye entlaufener Zauberpriester den König und das Volk verwirre. Auf allseitigen Wunsch der Priesterschaft erklärte sich der König bereit, den Zauberpriester zu verbannen, doch drang der Geist Pehars augenblicklich in einen gewöhnlichen Bauern ein. Hierauf beschloß man im Staatsrat, den besessenen Bauern zu fesseln und ihn in einer hölzernen Kiste in den Fluten des Kyichu zu ertränken. Der Abt des Drepung-Klosters aber hatte nicht nur alle Ereignisse, die sich am Königshof zugetragen hatten, im Zustand geistiger Verinnerlichung gesehen, sondern Pehar selbst war ihm erschienen. So faßte er den Entschluß, den großen Geist für sein Kloster zu gewinnen und ihm in Drepung eine bleibende Heimstatt zu gewähren. Daher befahl er einem Lama, am Ufer des Kyichu nach einer treibenden Kiste Ausschau zu halten und sie ungeöffnet zum Kloster zu bringen. Der Lama tat, wie der Abt ihm befohlen, setzte sich am Flußufer nieder und fischte die geheimnisvolle Kiste aus der Strömung. Bei dem Versuch jedoch, die Last zum Kloster hinaufzutragen, übermannte ihn die Neugier, und er erlag der Versuchung, den Deckel zu öffnen. Da schlug ihm eine violette Flamme entgegen, die blitzartig in eine riesige Pappel fuhr, ohne jedoch das zarte Blattwerk zu verletzen. Gleichzeitig flog eine perlgraue Turteltaube aus der geöffneten Kiste, kreiste einige Male in der Runde und ließ sich ebenfalls auf einer Pappel nieder, ohne daß es dem Lama möglich gewesen wäre, den Vogel wieder einzufangen. In großer Bestürzung eilte der Lama mit der leeren Kiste zu seinem Abt, gestand seine Sünde und warf sich reumütig zu Boden. Der würdige Abt aber sagte: »Zwar hast du schwere Schuld auf dich geladen, nun aber, da die Flamme entwichen und der Vogel entflogen ist, wollen wir hoffen, daß die Taube bei uns nistet und der erhabene Geist in der Nähe unseres Klosters seine Ruhestatt findet. So wollen wir an dieser Stelle einen Tempel bauen und den Ort Nechung nennen oder ›das kleine Haus‹.«

Der Geist des Dämonenkönigs aber, der sich selbst in einen Blitz und sein Medium in eine Taube verwandelt hatte, ließ sich im Stamm der mächtigen Pappel häuslich nieder, wo er im Glauben des Volkes noch heute in unmittelbarer Nachbarschaft des kleinen Klosters sein verborgenes Wesen treibt. Und wenn Turteltauben sommers leise gurren, webt der geheimnisvolle Pehar durchs Gezweig.

Drukpa Künleg besucht das Kloster Drepung[8]

Eines Tages besuchte Drukpa Künleg, der »tantrische Meister der verrückten Weisheit«, das Kloster Drepung. Als er mit den Mönchen zusammensaß, kam ihm der Gedanke, dem Wächter der Disziplin einen Streich zu spielen.

»Ist es möglich, daß ich ins Kloster eintrete?« fragte er.

»Wo kommst du her?« erwiderte der Wächter der Disziplin.

»Ich bin ein Drukpa«, sagte er.

»Haben die Drukpas eine gute Stimme?«

»Ich selbst habe keine so gute Stimme«, sagte er unschuldig, »aber ich habe einen Freund, der ausgezeichnet singen kann.«

»Bringe deinen Freund morgen mit!« sagte man ihm.

Als sich die Mönche am nächsten Tag versammelt hatten, kam der Lama und zog einen Esel am Ohr hinter sich her, dem er eine rote Robe übergehängt hatte; er ließ ihn in der letzten Reihe der Mönche Platz nehmen.

»Was ist denn das!« rief der Wächter der Disziplin zornig aus.

»Das ist mein Freund mit der guten Stimme«, entgegnete Künleg, und er verpaßte dem Esel einen Tritt, so daß dieser laut schrie. Der Wächter jagte ihn daraufhin mit seinem Stock fort, aber der Lama rief ihm über die Schulter zu: »Ihr kümmert euch mehr um das Singen der Sutras als um die Meditation!« Auf dem Rückweg nach Lhasa holten ihn zwei Mönche aus der Versammlung ein und fragten ihn nach seinem Ziel.

»Drukpa Künleg hat weder einen Ort, wo er wohnt, noch einen, wo er hingeht«, gab er zur Antwort. »Drepung ist nicht der Ort, wo ich wohne, und die Hölle ist nicht der Ort, wo ich hingehe.«

»Welches Verbrechen hast du begangen, daß du weder eine Bleibe noch ein Ziel hast?« fragten sie lachend.

»In dieser Menschenwelt«, sagte der Lama, »habe ich immer getan, was mir gerade einfiel; weil sich dies aber nicht mit den Begierden der anderen vereinbaren ließ, beschloß ich, einige Tage in der Hölle zu verbringen. Der Weg dorthin war aber mit Mönchen aus dem Kloster Sera verstopft. Als ich zurückkehrte und beschloß, Mönch in Drepung zu werden, war das Kloster voll Neid, Begierde und Haß, und es gab keinen Platz für mich.« Nachdem er dies gesagt hatte, kehrte er nach Lhasa zurück.

In Pälsang Butris Haus genoß er vom Morgen bis zum Mittag das Essen und trank starken Chang; vom Mittag bis zum Einbruch der Nacht spielte er entweder Laute oder Flöte und sang dazu; von Sonnenuntergang bis Mitternacht machte er Liebe mit Pälsang Butri; und von Mitternacht bis zum Morgen saß er und übte die Sicht der Mahamudra.

Jamyang Lama und das Kloster Labrang[9]

Im Jahre 1648 wurde in der Ortschaft Gangya-Tan im unteren Amdo einer armen Familie des Wade-Stammes ein Junge geboren, dem es beschieden sein sollte, nicht nur das Kloster Labrang Tashi Chil zu gründen, sondern auch einer der größten Gelehrten und Denker des tibetischen Buddhismus zu werden: der Kunchen Jamyang Shepa, Ngawang Tsondrü (1648–1722) mit Namen. Die ersten Einführungen in die Lehre erhielt der Knabe durch einen tangutischen Mönch. Dann zog er mit einem Packen, der seine für den Alltag notwendigen Dinge enthielt, nach Lhasa, um dort seinen Wissensdurst an einer der großen Lehrfakultäten zu stillen. In Lhasa angekommen, trat der eifrige Adept in die philosophische Schule Gomang Dratsang des Drepung-Klosters ein. Seine ungewöhnliche Begabung fesselte die Aufmerksamkeit des Dalai-Lama, der unter dem Namen »der Große Fünfte« in die Geschichte eingegangen ist. Der Dalai Lama protegierte den Jüngling, der nun sein weiteres Leben in den Mauern dieses Klosters verbrachte. Hier schrieb er neue Lehrbücher, durch die er die alten Lehren des früheren Abtes ersetzte.

Als Dreiundfünfzigjähriger wurde Ngawang Tsondrü auf Grund seiner ungewöhnlichen wissenschaftlichen Leistungen zum Vorsteher der philosophischen Schule gewählt, die unter seiner Leitung den höchsten Ruf erlangte. Von seinen Kollegen konnte ihm bezüglich der Gelehrsamkeit keiner das Wasser reichen. Einmal soll er eine Prüfungsfrage so klug beantwortet haben, daß eine Statue Manjushris, des Bodhisattvas der Weisheit, ob der Freude über die weise Antwort zu lächeln anfing. Deshalb war der Titel der reinkarnierten Äbte fortan Kunchen Jamyang Shepa, d. h. »Allwissender, der den Bodhisattva Manjushri zum Lächeln bringt«.

Zweiundsechzigjährig kehrte Ngawang Tsondrü in seine Heimat in Amdo zurück, um hier – auf Einladung des mongolischen Prinzen Chagan Danjin des südlichen Mongolischen Banners – ein Kloster zu gründen. Zunächst bezog er in einem kleinen Bergkloster eine Hütte, in der er als Einsiedler in stiller Naturbetrachtung die letzten Jahre seines Lebens zu verbringen gedachte. In herrlicher Landschaft und inmitten einer nomadischen Hirtengesellschaft hat der große Gelehrte, »der Manjushri zum Lächeln bringt«, seine Lebensweisheit und seine religiösen Anschauungen systematisch gegliedert und zu einer Lehre ausgebaut. Teile seines Schriftwerks sind so bedeutend, daß sie als Grundlagentexte zum Studium in vielen tibetischen und mongolischen Klöstern benutzt werden. Der mongolische Prinz des Ölötenstammes regte ihn jedoch 1709 an, »den« Labrang zu gründen, seine Tempelresidenz, die später grundsteinlegend und namengebend für das größte Kloster außerhalb Zentraltibets werden sollte.

Ein Jahr später stellte der Chagan Danjin Land und eine größere Geldsumme zur Verfügung, um Tempelhallen zu errichten und auszustatten. Der Klostergründer wurde zum Abt eingesetzt, ein Amt, das er noch weitere zwölf Jahre bis zu seinem Tod im Alter von 74 Jahren innehatte.

Der Gründer hatte mit großem Eifer dafür Sorge getragen, daß die Mönche seines Klosters sich von denen anderer Klöster durch strenge religiöse Disziplin und musterhafte Lebensführung vorteilhaft auszeichneten. Die vollendete moralische Reinlichkeit und die überaus bescheidene Lebensweise dieser Mönche erregte sehr bald weit und breit das größte Aufsehen, und aus allen Teilen Amdos strömten unausgesetzt fromme Pilgerscharen hierher. Der Klostergründer aber wirkt mit seiner Weisheit bis heute, da er sich jeweils wieder als Abt inkarniert, der Jamyang Shepa, »der Manjushri zum Lächeln bringt«, genannt wird.

Legenden als historische Lehrstücke und als Sozialkritik an den Urständen der Mönchsgesellschaft

Mit Beginn des zweiten Jahrtausends nimmt die Zahl der schriftlichen tibetischen Quellen zu, und es wird immer schwieriger, von mythischen, legendären oder sagenhaften Vorlagen zu sprechen. Gleichwohl weist der Charakter der erzählten Geschichten und die Einbindung in bestimmte politische bzw. religiöse Zusammenhänge auf eine gewisse Zweckgerichtetheit hin, welche eine Manipulation der Inhalte nahelegt – nicht allein, um mit der inhaltlichen Deutung politische Ziele zu verfolgen, sondern vor allem (gewissermaßen als historische Lehrstücke), um die Überlegenheit der sich durchsetzenden religiösen Weltanschauung des Buddhismus zu demonstrieren. Trotz aller widrigen Umstände – Buddhistenverfolgung durch Langdarma oder

Gefangennahme des Mönchskönigs Yeshe Ö durch räuberische Eindringlinge – kommt es im 10./11. Jahrhundert zur buddhistischen Renaissance. Während der Verfolgungen unter König Langdarma waren nämlich zahlreiche buddhistische Mönche in die Randgebiete ihres untergehenden Königreiches geflohen, wie Amdo und Westtibet. Ö-Sung, ein Sohn Langdarmas, hatte in Westtibet im oberen Sutlej-Tal ein Reich mit dem Namen Guge errichtet. Dort wurde der Buddhismus durch Kontakte nach Indien neu belebt. Der Moslemsturm auf der Seidenstraße spielte bei der buddhistischen Erneuerung in Tibet gleichfalls eine Rolle, da Mönche aus Khotan, einem der wichtigsten Zentren des Mahayana-Buddhismus im Tarimbecken, zur Flucht aufs Hochland gezwungen waren und auf diese Weise nach Guge gelangten.

Die Legende des »Klosters des Weißen Pferdes« berichtet dagegen, wie durch eine von Osttibet ausgehende buddhistische Renaissance Zentraltibet wieder für den Glauben gewonnen wurde. Die in der Legende genannten Personen sind der Historiographie nicht unbekannt, können aber wegen ungewisser Datierung (zyklische Jahreszählung im 60-Jahre-Zyklus) zeitlich nicht exakt eingeordnet werden. Der Meister Lachen Gewa Rabsal, dessen Lebensdaten man mit 832–915 annimmt, könnte daher genausogut im Jahre 975 oder 1035 verschieden sein. Sicher ist jedoch, daß einer seiner Schüler, Drün Yeshe Gyaltsen, ein Zeitgenosse des Tang-Kaisers Zhao Xuandi (reg. 905–907) war. Daher scheint es nachgewiesen, daß das Wiederaufleben des Buddhismus das zentrale Tibet von Kham oder Amdo ausgehend erreichte. Die wesentliche Aussage der Überlieferung ist jedenfalls, daß es in den Ostprovinzen Tibets günstige Voraussetzungen für die Renaissance des Buddhismus gab, weil in Kham und Amdo genug Mönche für die Ordination aufzutreiben waren,[10] und daß er erst danach von Westtibet mit Atisha zum zweiten Mal erneut nach Zentraltibet gelangte.[11]

In Westtibet hatte nämlich ein Nachfolger von Ö-Sung, König Korde mit dem buddhistischen Namen Yeshe-Ö, um 970 den jungen und begabten Mönch Rinchen Sangpo (958–1055) zum Studium nach Indien gesandt, wo dieser sich fast zwei Jahrzehnte lang aufhielt. Die Festigung der buddhistischen Lehre in Guge und ihre erneute Ausbreitung von dort nach Osten haben wir vor allem seinem Wirken zu verdanken – als Übersetzer und als Baumeister. Die Legende berichtet jedoch hauptsächlich vom Verdienst des von einer Turk-Armee gefangengenommenen Königs Yeshe-Ö, der von seinem Großneffen Shangshub Ö verlangte, das für ihn eingeforderte Lösegeld nicht für seine Befreiung aufzuwenden, sondern damit den berühmtesten indischen Weisen der damaligen Zeit, Atisha (um 980–1054), nach Tibet einzuladen. Als Atisha im Jahre 1042 der Einladung nach Guge folgte, traf er in Toling mit Rinchen Sangpo zusammen. In der Begegnung dieser beiden großen Geister können wir einen weiteren Markstein der buddhistischen Renaissance in Tibet sehen.

Mit der geistigen Erneuerung in Tibet ließ die Unterdrückung der Lehre in Ü und Tsang allmählich nach, und es begann eine Zeit der Reformation: Marpa (1012–96) gründete die Schule der Kagyüpa (»Überlieferte Lehre«), und einer seiner Schüler sollte später zum berühmtesten tibetischen Dichter und Mystiker werden: Milarepa (1040–1123), dessen Leben wir als exemplarisch für den Werdegang eines mystischen buddhistischen »Heiligen« nehmen können. Aus seiner hier wiedergegebenen Lebensgeschichte lassen sich wichtige Elemente (wie z. B. die Leviratsehe) der gesellschaftlichen Ordnung der Tibeter herauslesen. Ihm wird die endgültige Niederwerfung der Bön unter die buddhistische Lehre zugeschrieben: eine Erzählung, die im Zusammenhang mit dem Berg Kailash zu erwähnen sein wird.*

* Die Erzählung wird in einem weiteren Band mit dem Titel »Die heiligen Orte Tibets« erscheinen.

Während der drei Jahre, in denen der indische Gelehrte Atisha in Westtibet lehrte, gelangte der Ruf seines Wirkens bis Zentraltibet, wohin er ebenfalls eingeladen wurde. Auch dort übte seine Lehrtätigkeit großen Einfluß aus, zumal sein Hauptschüler Dromtön (1003–64) den Kadampa-Orden (»der mündlichen Lehre Buddhas Folgende«) gründete, den ältesten Reformorden Tibets. Die Entstehung der nächsten bedeutenden reformierten Schulrichtung hat ebenfalls mit Atisha zu tun, denn auf dem Weg durch Zentraltibet hatte er in einem großen gelblichen Fleck an einem Berghang in Tsang eine Vision des Bodhisattva Manjushri. Darauf Bezug nehmend, gründete dort im Jahre 1073 ein Gelehrter aus der lokalen Khön-Dynastie, Könchog Gyalpo (1034–1102), den Orden von Sakya (»Fahle Erde«). Von Atishas Lehren beeinflußt, wandte er sich von der auf Padmasambhava zurückgehenden Nyingma-Schule ab und errichtete am Tsangpo-Nebenfluß Drong Chu das Kloster Sakya, dessen Abt seither als eine Verkörperung des Bodhisattvas Manjushri betrachtet wird. Da den Sakya-Mönchen zu heiraten erlaubt ist, fiel es nicht schwer, das Amt des Klosterabtes und Sektenoberhauptes in der Familie weiterzuvererben.

Als in Zentral- und Ostasien der Mongolensturm einsetzte, boten die Tibeter in weiser Voraussicht ihre freiwillige Unterwerfung an. Das Ordensoberhaupt Sakya Pandita (1182–1251) reiste persönlich zu den Mongolen, um mit ihnen zu verhandeln, und wurde von Göden Khan zum Statthalter in Tibet ernannt. Nachfolger wurde sein Neffe Pagpa (1235–1280), der am Hofe Kublai Khans soviel Einfluß gewann, daß er von ihm 1260 als geistiges und weltliches Oberhaupt Tibets anerkannt und gefördert wurde. Die besondere Protektion der sich immer deutlicher zum Buddhismus bekennenden mongolischen Führungsschicht begründete somit erstmals die tibetische Theokratie, indem sie Sakya zum Zentrum eines Klosterstaates machte, der die politische Führung in Tibet übernahm.

Daß damit eine Verweltlichung des Klosterlebens einherging, stieß schon früh auf Kritik, die sich in manchen volkstümlichen Erzählungen niederschlug. Die vorliegende Geschichte des mit einer heiligen Verrücktheit attribuierten Weisen Drukpa Künleg schreibt es mehr oder weniger dem Drukpa-Lama zu, den mongolisch-chinesischen Kaiserhof mit der tibetisch-buddhistischen Lehre – eher mit ihrer Zauberkraft – beeindruckt zu haben. In gewisser Weise spiegelt das die Rivalitäten wider, die nicht allein auf geistiger, sondern durchaus auf politischer Ebene unter den verschiedenen Schulrichtungen und Klöstern herrschten. Gerade die Drukpa, als deren bekanntester Vertreter Künleg als »Der heilige Narr« Eingang in die Erzählliteratur gefunden hat (ähnlich dem weniger heiligen, dafür oft noch derberen Onkel Tömpa), waren ja im Laufe von gewalttätigen Auseinandersetzungen fast vollständig aus Zentraltibet vertrieben worden. Sie fanden ihre Zuflucht in Bhutan, während andere unterdrückte Lehrrichtungen im fernen, von den späteren Gelbmützen nicht oder erst sehr spät beherrschten Osttibet ihr Dasein fristen konnten.

Die mit dem Ende der mongolischen Yuan-Dynastie zerfallende Zentralgewalt Sakyas hatte zu einer starken Verweltlichung des klösterlichen Lebens geführt. Nicht die Politik diente der Aufrechterhaltung der monastischen Ordnung, sondern die politische Vormachtstellung wurde mit Hilfe der lamaistischen Hierarchie bewahrt. Daß Mönche gegen die Regeln des klösterlichen Lebens verstießen und die Ordensdisziplin mißachteten, war weniger eine Ausnahme, sondern eine alltägliche Erscheinung geworden. Manche Riten dienten gar als Vorwand, um ein für buddhistische Verhältnisse besonders lasterhaftes Leben zu führen. Beispielsweise gab es bestimmte, in ihren Bemühungen ernsthafte tantrische Praktiken, die versuchten, das Ziel der Ureinheit mit dem Absoluten durch rituelle Ausübung der sexuellen Vereinigung – als Sinnbild für die Aufhebung aller Polaritäten, das in der Kunst in der sogenannten Yab-Yum-Haltung seinen Ausdruck fand – zu erlangen. Die ursprünglich nur von wenigen Tantrikern praktizierten Übungen verkamen im tibetischen Mittelalter mancherorts zu vergnüglichen Orgien – und auch das hat sich in den Drukpa-Künleg-Geschichten niedergeschlagen (vgl. Dowman). Die Schwächen und Unvollkommenheiten des Menschen, die ihn zu profanen Irrungen und zu Exzessen neigen lassen, haben an der Wende des 14. zum 15. Jahrhundert die Gründung des letzten Reformordens in Tibet heraufbeschworen, der sich schließlich zum politisch bedeutsamsten entwickeln sollte: jenem der oft als »Gelbmützen« bezeichneten Gelugpa.

Der Mann, der den tibetischen Buddhismus auf eine völlig neue Basis stellte, war 1357 in Lusar, einem kleinen Ort in Amdo, geboren worden – im sogenannten »Zwiebel-Tal« (Tsongkha), weshalb er später weniger unter seinem persönlichen Namen Losang Dragpa denn als der »*Mann aus dem Zwiebel-Tal*«, Tsongkhapa, bekannt wurde. Seine legendäre Lebensgeschichte und damit verbunden jene der Gründung des »Klosters der Hunderttausend Bilder Buddhas«, Kumbum Jampa Ling, darf daher hier nicht fehlen. Tsongkhapas Eintreten für eine geläuterte, auf Reichtum und Macht verzichtende buddhistische Kirche übte auf Laien und Mönche gleichermaßen Anziehungskraft aus. Rasch entwickelten sich aus der ursprünglich sehr kleinen Schar seiner Anhänger größere Mönchsgemeinden. Wegen ihrer strikten Ordensdiziplin wurden sie Gelugpa, d. h. »die Tugendhaften«, genannt.

Aber selbst Tsongkhapa gelang es nicht, die noch immer im Volksglauben vorhandenen Elemente der frühen animistischen Anschauungen auszumerzen. Die von Padmasambhava einst als »Beschützer der Lehre« (Dharmapala) ins buddhistische Pantheon eingegliederten alten Bön-Götter waren aus dem Lamaismus nicht mehr wegzudenken. Auf philosophischer Ebene wurde ihre Existenz als subjektiv erscheinende Initiationsgottheiten (Yidam) ohne objektive Wahrheit erklärt; ihre magische Wirkung in der breiten Volksmasse war jedoch problematischer. Daß trotz Tsongkhapas Bemühungen gegen den nach wie vor starken Magieglauben dieser selbst im lamaistischen System der Gelugpa integriert werden mußte, zeigt die »Wanderung« des Nechung-Orakels von Samye in die Nähe des politischen Zentrums Lhasa. Die Notwendigkeit hierfür hatte sich allerdings aus politischen Gründen ergeben, denn der Vorgang fand statt, als der Gelugpa-Reformorden seine Macht zu konsolidieren begann. Ein weiteres Zeichen der Ausdehnung seiner Macht waren die Gründung und das schnelle Wachstum des Großklosters Labrang, das in Tibets Nordosten zur Drehscheibe des geistigen und kulturellen Austausches zwischen Tibet, China und der Mongolei wurde. Im wesentlichen durch die hohe Weisheit des Klostergründers (»Jamyang Lama und das Kloster Labrang«) gerechtfertigt, nutzte Labrang seine Stellung bald politisch aus – ganz im Sinne der in Lhasa herrschenden Dalai Lamas –, indem es nämlich versuchte, Rotmützenklöster, welche in Osttibet ein Refugium gefunden hatten, unter Zwang zu bekehren. Ein mißlungener Versuch, wie der fehlgeschlagene militärische Feldzug gegen die Rotmützenklöster in Nordkham um 1870 gezeigt hatte, doch war damit das erneute Abgleiten der hohen Geistlichkeit ins Weltlich-Politische nur zu deutlich demonstriert. Thematisiert wird dies wiederum in einer Geschichte von Drukpa Künleg (»... besucht das Kloster Drepung«), die hier natürlich nur stellvertretend für eine ganze Anzahl kritischer Äußerungen an der monastischen Ordnung im alten Tibet stehen kann. Dabei beschränkte sich die Kritik keineswegs auf den mächtigsten lamaistischen Orden, wie der hier zum Abschluß wiedergegebene Gesang des Drukpa Künleg zeigt:

»Ich, ein umherwandernder Näljorpa,[12] besuchte ein Kagyü-Kloster. In diesem Kagyü-Kloster hatte jeder

Mönch einen Becher voll Chang in der Hand. Da ich fürchtete, ein trunkener Zecher zu werden, blieb ich für mich.

Ich, ein umherwandernder Näljorpa, besuchte ein Sakya-Kloster. In diesem Sakya-Kloster spalteten die Mönche aufs feinste die Haare der Lehre. Da ich mich fürchtete, den wahren Weg des Dharma zu verlassen, blieb ich für mich.

Ich, ein umherwandernder Näljorpa, besuchte das Kloster Ganden. Im Kloster Ganden suchte jeder Mönch nach einem Freund. Da ich fürchtete, meinen Samen zu verlieren, blieb ich für mich.

Ich, ein umherwandernder Näljorpa, besuchte eine Schule von Gomchen.[13] In diesen Einsiedeleien sehnte sich jeder Gomchen nach einer Geliebten. Da ich fürchtete, Vater und Haushaltsvorstand zu werden, blieb ich für mich.

Ich, ein umherwandernder Näljorpa, besuchte ein Nyingma-Kloster. In diesem Nyingma-Kloster wollte jeder Mönch den Maskentanz aufführen. Da ich fürchtete, ein berufsmäßiger Tänzer zu werden, blieb ich für mich.

Ich, ein umherwandernder Näljorpa, besuchte Bergeinsiedeleien. In diesen Einsiedeleien horteten die Mönche weltlichen Besitz. Da ich fürchtete, die Gelübde meinem Lama gegenüber zu brechen, blieb ich für mich.

Ich, ein umherwandernder Näljorpa, besuchte einen Friedhof und abgelegene Gegenden. An diesen verlassenen Orten sannen die Geisterbeschwörer nur über ihren Ruhm nach. Da ich fürchtete, mich an die Götter oder Dämonen zu fesseln, blieb ich für mich.

Ich, ein umherwandernder Näljorpa, besuchte eine Gruppe von Pilgern. Doch die Pilger wollten alles kaufen, worauf ihr Auge fiel. Da ich fürchtete, ein profitgieriger Händler zu werden, blieb ich für mich.

Ich, ein umherwandernder Näljorpa, besuchte einen Ort der Zurückziehung zur Meditation. Dort wärmten die Übenden sich in der Sonne. Da ich fürchtete, in der Sicherheit einer kleinen Hütte zu verweichlichen, blieb ich für mich.

Ich, ein umherwandernder Näljorpa, saß zu Füßen eines inkarnierten Lamas. Dessen einzige Sorge war sein Schatz an Opfergaben. Da ich fürchtete, ein Sammler oder Geizhals zu werden, blieb ich für mich.

Ich, ein umherwandernder Näljorpa, hielt mich beim Gefolge des Lamas auf. Sie hatten den Lama als ihren Steuereintreiber eingesetzt. Da ich fürchtete, ein Diener der Schüler zu werden, blieb ich für mich.

Ich, ein umherwandernder Näljorpa, besuchte das Haus eines reichen Mannes. Die Sklaven des Reichtums beklagten sich dort, als seien sie Höllenbewohner. Da ich fürchtete, als Herrin der hungrigen Geister wiedergeboren zu werden, blieb ich für mich.

Ich, ein umherwandernder Näljorpa, besuchte das Haus von armen, einfachen Leuten. Sie hatten ihr Vermögen und ihren Besitz verpfändet. Da ich fürchtete, die Schande meiner Familie zu werden, blieb ich für mich.

Ich, ein umherwandernder Näljorpa, besuchte das religiöse Zentrum Lhasa. Dort hofften die Wirtinnen auf die Geschenke und die Gunst ihrer Gäste. Da ich fürchtete, ein Schmeichler zu werden, blieb ich für mich.

Ich, ein umherwandernder Näljorpa, der durch das ganze Land zieht, fand nur von Selbstsucht Gequälte, wohin ich auch sah. Da ich fürchtete, nur an mich zu denken, blieb ich für mich.«[14]

Anhang

Kleines ikonographisches Skizzenbuch

Im Gegensatz zu den gängigen Ikonographien will sich die vorliegende »Raritätensammlung« auf solche Götter bzw. Wesenheiten beschränken, die einen unmittelbaren Bezug zu den Mythen und Legenden des Bandes haben, und zwar unabhängig davon, ob sie der alten Bön-Religion, dem Buddhismus oder – in wenigen Fällen – dem Hinduismus zugehören. Zwar kommen in den vorliegenden Texten auch die zentralen Figuren wie Buddha oder die Bodhisattvas Avalokiteshvara (Chenresi), Manjushri (Jampeyang), Tara (Dölma) oder Vajrapani (Chana Dorje) zur Erwähnung, da sie jedoch ausführlich in den gängigen Ikonographien behandelt und dem »vorbelasteten« Leser bereits geläufig sein dürften, wurden sie hier nicht noch einmal aufgenommen. Als »Raritätensammlung« liegt der Schwerpunkt beispielsweise auf jenen Göttern, die man in genannten Werken vergeblich suchen oder nur mit einiger Mühe finden wird – wie verschiedene Berggottheiten oder vor allem Bön-Götter. Vollständigkeit kann dabei leider nicht im geringsten geboten werden, vor allem wegen der dürftigen Erforschung des Bön-Pantheons.

Gottheiten
(B) der Bön-Religion, (TB) des Tibetischen Buddhismus, (H) des Hinduismus.

Amnye Chung-ngön (TB), der »Blaue Garuda«, ist die Berggottheit Chungngön Jungpo Durechen (*Khyung*

215

sngon 'byung po 'dur ed can), die als spezielle Schutzgottheit des Rakya-Klosters im Gebiet der Ngolok-Nomaden
in Amdo fungiert. Sie wird dargestellt als Garuda – als
mythischer Urvogel Chung (*Khyung*) des alten Bön – mit
einem himmelblauen Körper. Seine Hörner, sein Schnabel
und die Klauen bestehen aus meteoritischem Eisen, seine
drei Augen sind glühend wie die Sonne. Begleitet wird er
von fünf Naga-unterwerfenden Garudas: einem weißen,
roten, blauen, gelben und grünen. Die Hörner des Garudas hier sind charakteristisch für die »gehörnten Chung der
Bön« – d. h. für die mythischen Chung-Vögel des vorbuddhistischen Pantheons.[1] Am elften Tag des vierten Monats wird dem Blauen Garuda zu Ehren ein Fest am Rakya-
Kloster abgehalten, dessen Mönche auf den Gipfel des hinter dem Kloster gelegenen Felsenberges (ca. 3570 m)
Chung-ngön steigen und der Berggottheit Opfer darbrin-
gen.

Amnye Machen (TB) (B) ist ein Berg in Amdo und Sitz der
buddhistischen Berggottheit → Machen Pomra bzw. der
Bön-Berggottheit → Manyen Pomra.

Bodhisattva heißt »Erleuchtungswesen« und bezeichnet
eine Wesenheit, welche die letzte Stufe zur Erleuchtung
bereits erlangt hat, auf den Eintritt ins Nirvana aber verzichtet, um allen nicht-erlösten Wesen auf dem schwierigen Weg zu ihrer Erlösung beistehen zu können. Auf dem
Weg zur Bodhisattvaschaft werden zehn Stufen unterschieden, wobei es einem Bodhisattva ab der sechsten Stufe
möglich wäre, über den Tod ins Nirvana einzugehen, also
aus dem Geburtenkreislauf (Samsara) auszuscheiden und
in den Zustand der Erlöstheit einzugehen. Darauf verzichtet er jedoch, da der zentrale Teil seines Gelübdes darin
besteht, wiederzukehren und helfend einzugreifen, solange
es unerlöste Wesen gibt. Auf der siebten Stufe wird er zum
»Transzendenten Bodhisattva«, was bedeutet, daß er die

Naturgesetze überwunden hat: symbolisch dargestellt durch die fünfzackige Krone, die er trägt. Er kann daher beliebige Formen annehmen und überall und zu jeder Zeit erscheinen, um unerleuchteten Wesen beizustehen. Auf der achten Stufe erlangt er die Fähigkeit, sein eigenes karmisches Verdienst auf andere zu übertragen. Verstärkte Bemühungen um die Erlösung anderer kennzeichnen die neunte Stufe – wie Avalokiteshvara (Chenresi) –, und auf der zehnten Stufe hat er alles Wissen verwirklicht und wird zukünftig zu einem → Buddha (wie Maitreya). Ursprünglich dem Buddhismus eigen, hat der Begriff Bodhisattva durch die jahrhundertelange Auseinandersetzung auch Eingang in die Bön-Religion gefunden.

Buddha ist der »Erleuchtete«, und der Begriff geht zurück auf den Beinamen des indischen Prinzen Siddharta Gautama aus dem Geschlecht der Sakya (Sakyamuni), der als Begründer der buddhistischen Lehre gilt. Buddha werden zudem alle früheren (z. B. Dipankara) oder späteren Verkörperungen (z. B. Maitreya) des historischen Buddhas genannt, denen göttliche Verehrung zuteil wird. Darüber hinaus sind die Dhyani-Buddhas oder Transzendenten Buddhas von überragender Bedeutung, die den Naturgesetzen enthoben, zeitlos und stets präsent sind und daher auch Jinas, »Sieger«, und Tathagatas, »Vollendete«, genannt werden. Dhyani-, also »Meditations«-Buddhas heißen sie, weil sie dem tantrischen Yogin in der Meditation (dhyana) sichtbar werden. Jedem der Transzendenten Buddhas ist eine der fünf Himmelsrichtungen (inkl. der Mitte) unterstellt, einige sind außerdem Hüter und Herrscher von sogenannten »Zwischenparadiesen«: Akshobhya (Osten), Ratnasambhava (Süden), Amitabha (Westen, Sukhavati-»Paradies«), Amoghasiddhi (Norden) und Vairocana (Mitte). Letzterem fiel im Laufe der geschichtlichen Entwicklung des Buddhismus die Rolle des Adi- oder Urbuddha zu, d. h. er ist die Personifizierung des Absoluten, der Erlöstheit, die jenseits jeder Beschreibung liegt und allenfalls durch Symbole – oder eben den Urbuddha – ausgedrückt werden kann. Der Begriff Buddha hat durch die jahrhundertelange Auseinandersetzung der verschiedenen religiösen Weltanschauungen auf dem Dach der Welt auch Eingang in die dogmatisierte Bön-Lehre gefunden.

Chomolangma (TB), tibetischer Name des Mt. Everest (nepales. Sagarmatha), der als Residenz für die Göttin Chomo → Miyolangsangma dient.

Chomolhari (TB). Der auf der Grenze von Tibet zu Bhutan liegende Berg Chomolhari gilt als einer der Sitze der Berggöttin Tashi → Tseringma. In ihrer Erscheinungsform als Chomolhari (*Jo-mo lha-ri*) bzw. Dorje Gyamakyong (*rDo-rje g'ya'-ma skyong*) reitet sie auf einem Wildesel (Kiang) und wird von den Seidengewändern, die sie trägt, umweht. Von grünlich-blauer Farbe und mit friedlichem Gesichtsausdruck wirkt sie verspielt und feenhaft. In der linken Hand hält sie eine Fangschlinge, in der rechten einen Dolch oder eine Shanglang-Glocke.[2]

Dakini und **Yogini (TB)**. Dakinis sind weibliche Gottheiten, die zeitweilig in furchterregender, »hexenähnlicher« Gestalt auftreten, zu anderen Zeiten als verführerische Partnerinnen, die dann Yoginis genannt werden. Sie sind »Himmelswandlerinnen« und stellen als Boten die Verbindung des Heilssuchers mit der Sphäre der Erlösung her. Wahrscheinlich stammt die Idee des Himmelsboten aus dem in Zentralasien beheimateten Schamanismus. Dort sendet der in Trance versunkene Schamane seine Seele auf die Jenseitsreise, um von den Geistern esoterische Kenntnisse und Aufklärung über die Zukunft einzuholen. Der Buddhismus, der die Existenz einer Seele bestreitet, setzte für die Himmelsreise die Dakinis ein.

Als Mittlergöttinnen, die das heilswichtige Wissen von den Transzendenten Buddhas erfragen, um es dem Heilssucher (Yogin) zu übermitteln, werden die Dakinis manchmal als »Initiationsgöttinnen« bezeichnet. Diese Bezeichnung verdienen sie in der Tat, denn sie erklären dem Yogin die »Geheimsprache« der tantrischen Bücher, zeigen ihm die Höhlen, wo frühere Meister ihre für spätere Zeiten verfaßten Schriften versteckt haben, belehren ihn, wie paranormale Fähigkeiten (siddhi) zu erlangen sind, und inspirieren ihn zu mystischer Einsicht. Zum Ausdruck ihres Auf-dem-Wege-Seins werden sie in der Kunst in Posen dargestellt, die im indischen Tanz das Fliegen andeuten. Infolge der mahayanischen Überzeugung, daß die überall lauernden, der Religion feindlich gesinnten Dämonen eher dämonischen als freundlichen Wesen weichen, reisen die Dakinis zumeist in »Hexengestalt« als reife oder alte Frauen mit grimmigen Gesichtern und dem Dritten Auge auf der Stirn. Oft legen sie sich die Köpfe oder Masken gefährlicher Tiere bei.

Der Kontakt, der sich zwischen dem Yogin und der ihm dienenden Dakini ergibt, nimmt häufig erotische Formen an: Vor ihm erscheint sie als Yogini, nämlich als verführerische junge Frau, deren spärliche Bekleidung keinen Reiz verbirgt. Indem sie die sexuelle Phantasie des Yogin auf sich zieht, macht die Yogini die gespannte Kraft seiner Libido der Erlösung dienlich.[3]

Dangchung und **Dangre (B)**, Seegottheiten um → Targo und Dangre.

Demchok (Samvara) (TB) ist die Kurzform von Päl Khorlo Demchok *(dPal »Khor lo bde mchog)*, in Sanskrit Chakrasamvara, d. h. »Der das Rad (der Wiedergeburt) anhält«. Er ist die Personifizierung eines der wichtigsten tantrischen Systeme (eines sogenannten »Muttertantras«), des Srichakrasamvara-Tantras, aus dem 8. Jh. Das Tantra selbst wurde selten gelesen, sondern von seiner verselbständigten Hypostase, dem Sadhita Demchok oder (Chakra-)Samsara

(»Höchste Glückseligkeit«) – in der Funktion als ideierter Schutzgottheit, besonders bei den Schulen der Sakyapa, Kagyüpa und Gelugpa – an Bedeutung übertroffen.

Demchok wird in der Regel vierköpfig und zwölfarmig dargestellt. Er trägt die Schädelkrone und ist mit einem Tigerschurz bekleidet. Über den Rücken hängt ihm eine Elefantenhaut, als Schmuck dient ihm eine Girlande von Köpfen. Er steht im Seitenschritt nach links auf zwei vierarmigen Wesen, die mit den Attributen Sanduhrtrommel und Schwert sowie Schädelschale und magischer Stab ausgestattet sind. Demchok wird stets in sexueller Vereinigung mit der Yogini → Dorje Pagmo (Vajravarahi) abgebildet, die ihn mit den Schenkeln und einem Arm umklammert; mit dem freien Arm hält sie das Hackmesser hoch. In seinen linken Händen hält der Sadhita eine Elefantenhaut, Schädelschale, Wurfschlinge, Brahmakopf, einen magischen Stab, in den rechten Elefantenhaut, Sanduhrtrommel, Axt, Hackmesser, Kurzlanze und in den überkreuzten Händen Glocke und Vajra. Die Kreuzungsgeste bringt zum Ausdruck, daß Demchok die Quintessenz des Chakrasamvara-Tantra und damit das Absolute darstellt: Die Geste transportiert den männlichen Vajra auf die (weibliche) linke, die weibliche Glocke auf die (männliche) rechte Seite und versinnbildlicht so die Aufhebung der Polarität. Gleiches will seine Vereinigung mit der Yogini bedeuten: Sie symbolisiert das Ende aller Spannungen im All-Einheitserlebnis (unio mystica). Als Hypostase des im genannten Tantra beschriebenen Absoluten ist Demchok manchmal die Zentralfigur eines Mandalas – wie beispielsweise jenes »natürlichen« Demchok-Mandala des Kailash –, welches den tantrischen Heilsweg darstellt: Nach der Überwindung des äußeren Ringwalles steht der Erlösungssucher vor dem quadratischen »Palast« mit den Glückskrügen. Durch eines der vier Tore gelangt er sodann ins Sanktum, wo er sich mit Demchok erlebnishaft identifiziert. Indem dessen Erlösungswissen (des Chakrasam-

vara-Tantras) auf ihn überfließt, verwirklicht der Heilssucher die Erlösung.[4]

Dorjelutru (TB), wahrscheinlich Verballhornung von
Dorje Lodrö (*rDo-rje bLo-gros*), ist ein vorbuddhistischer
Donnergott, der seinen Sitz auf dem Gipfel des Minya
Konka hat. Wie viele Berggottheiten wird Dorjelutru wie
ein Krieger auf einer feurigen Stute reitend dargestellt, mit
einer Art Zepter und Standarte in Händen sowie einem
kronenähnlichen Kopfschmuck.[5]

Dorje Pagmo (Vajravarahi) (TB) gilt in Tibet als eine der
bedeutendsten Dakinis und ist besonders in ihrer Inkarnation als Äbtissin des Klosters Samding am Yamdrok Tso
berühmt geworden. Vielen Anhängern gilt Dorje Pagmo
(*rDo-rje Phag-mo*) als eine Erscheinungsform der Schutz-
göttin → Marici, von deren drei Köpfen oder Gesichtern
eines das eines Schweins ist. Ein ebensolcher kleiner
Schweinskopf erscheint nämlich im flammengleich aufge-
richteten Haar der Dakini Dorje Pagmo, welche die Attribute Hackmesser und blutgefüllte Schädelkalotte in Händen hält – gleich einer Sarvabuddha-Dakini, d. h. »Dakini,
die bei allen Buddhas willkommen ist«. Als Yogini ist sie
die Partnerin des Sadhita → Demchok (Samvara).[6]

Dükhor (*Dus-'khor*) **(TB)**, tibetischer Name von → Kalachakra.

Ekajati(Ral-grig-ma) **(TB)**, die »blaue Tara«, gilt als eine
Erscheinungsform des Dhyani-Buddhas Akshobhya und
gehört zusammen mit Pälden Lhamo zu den furchterre-
gendsten Gottheiten des tantrischen Buddhismus. Allein
das Anhören des ihr zugehörigen Mantras soll Glück bringen, religiöse Verzückung beim Gläubigen hervorrufen
und alle Hindernisse aus dem Weg räumen – weshalb sie
gerade auf dem schwierigen Weg nach Shambhala angerufen wird. In der besonders beeindruckenden Form als

Demchok (Samvara).

Mamo Ekajati Dedün (*Ma-mo Eka-dza-tri sde-bdun*)
schwingt die jähzornige, dunkelbraune Göttin einen Spieß
mit einem Feindeskörper in der rechten und ein Feindes-
herz in der linken Hand. Ihr Gesicht besitzt nur ein rötlich
funkelndes Auge mitten auf der Stirn, aus dem offenen
Mund lugt ein einziger Fangzahn hervor, und ihr dunkel-
blondes Haar fällt bis auf eine einzelne gesträubte Strähne
in der Mitte nach unten. Auf dem Kopf trägt sie eine
Krone aus getrockneten Schädeln, während eine Schädel-
kette um ihren Körper baumelt. Ihre Bekleidung besteht
aus Menschenhaut und Regenbogenwolken, einem Tiger-
fellrock und fünf Schmucksiegeln. Gleichwohl hängt ihre
einzige Brust an der Mitte des Oberkörpers über die Kleidung. Im Ausfallschritt nach rechts wirkt sie tänzerisch
und fürchterlich zugleich.[7]

Kalachakra (Dükhor).

Garuda (TB) →Amnye Chung-ngön.

Gaurisankar (TB) (H). Berg im tibetisch-nepalesischen Grenzraum, im Solu-Khumbu-Gebiet der tibetstämmigen Sherpas, auf dem die Göttin Tashi → Tseringma residiert.

Gesar (B) (TB) ist der tibetische Heldenkrieger schlechthin und Hauptfigur des wichtigsten zentralasiatischen Epos. Ein besonderer Titel des Helden ist Dralha (*dgra-lha*), d. h. »Schutzgeist gegen Feinde«, was bedeutet, daß seine Kraft nicht nur für den Einzelmenschen, sondern auch für ein ganzes Volk oder Land wirksam ist. In typischer Dralha-Darstellung, als »Kriegsgott«, ist Gesar zu Pferd in vollem Waffenschmuck von seinen acht berühmten Paladinen umgeben, die ähnlich wie er selbst ausgerüstet sind.

Gesar trägt einen Küraß, der auch die Arme schützt und dessen unterer Teil eine Dämonenfratze zeigt (hier ist ein Schutzgeist lokalisiert), mit dem tigerfellbezogenen Köcher an der linken Seite. Der Lederpanzer reicht bis über die Oberschenkel, die mit weiten Reiterhosen bekleidet sind. Gesars mit einem Schwanzbusch geschmückter Helm wird von einem Dreizack überragt. Eine knotige Keule in der rechten, die Zügel in der linken Hand, das Schwert quer über dem Sattel im Leibgurt, darunter einen Bogen mit Köcher (der Pfeilköcher ist jedoch nicht sichtbar, da er auf der anderen Seite hängt), reitet der Held auf seinem berühmten Pferd und wird von zwei Hunden begleitet: hinten der schwarze an der Leine, der weiße vorneweg frei herumlaufend.

Im unteren Teil eines bei Hermanns wiedergegebenen Bildes von Gesar kommen Szenen aus dem Leben des Heldenkönigs zur Darstellung: Geburt rechts unten, Frauenszene, erstes Säugen, Butteropfer der Karthigmo, des Knaben Triumph über den ihm nachstellenden Onkel, Siegergeste nach erfolgreicher Brautwerbung usw. (siehe die entsprechenden Kapitel). Der jugendliche Held besiegt seine Feinde mit magischen Kräften, wodurch er als Herrscher seines Volkes anerkannt wird. Als solcher wird er im Zentrum des Bildes auf dem Pferd reitend dargestellt. Nachdem er die Herrschaft über sein Volk erlangt hat, muß er fortan die äußeren Feinde in den vier Himmelsrichtungen unterwerfen. In dieser magischen Schreckensgestalt als Feindunterdrücker (*dGra 'dul*) kann Gesar in der oberen Bildmitte wie ein Dharmapala mit der Schädelkrone dargestellt werden.[8]

Guru Rinpoche (TB) ist der tibetische Ehrenname des großen buddhistischen Tantrikers → Padmasambhava.

Jambhala (*Dsam-bha-la*) **(TB)** ist die Schutzgottheitform des Dharmapalas bzw. des Reichtumsgottes → Kubera.

Verschiedene Arten der Darstellung zeigen ihn als auf einem Drachen reitenden Bodhisattva mit einem Kopf und zwei Armen, meistens mit fettem Unterleib, untersetzt und reichlich geschmückt. In der rechten Hand trägt er das perlenspeiende Mungo, in der linken einen Dreizack, manchmal auch eine Zitrone. In der Gestalt eines schädelbekrönten Dharmapalas hält die schwarze oder weiße dreiköpfige Gestalt Jambhalas einen Elefantenstachel (ankusa), ein Juwel und das Mungo in den drei rechten sowie eine Fangschlinge, Schädelschale und eine weiteres perlenspeiendes Mungo in den drei linken Händen.[9]

Jomo... → Chomo...

Kalachakra (TB), tibetisch Dükhor (*Dus-'khor*), ist die Personifizierung des gleichnamigen Tantras und eine ideierte Schutzgottheit. Das Kalachakra-Tantra ist im 10./11. Jh. entstanden und bereichert den tantrischen Buddhismus um einen Heilsweg, der die Astrologie mit einbezieht. Von besonderer Bedeutung ist es für den Mythos des Reiches Shambhala. Der Ausdruck Kalachakra, »Rad der Zeit«, bezeichnet den Kreis der Tierzeichen im Jahresablauf.

Der Sadhita Kalachakra ist viergesichtig, zwölf- oder vierundzwanzigarmig und steht im Seitenschritt nach links auf besiegten Dharmafeinden. Er wird stets in Vereinigung mit seiner acht- oder zwölfarmigen Yogini abgebildet. Unter den Attributen, die er in seinen zahlreichen Händen hält, finden sich neben Bogen und Pfeilen vor allem der Dreizack, Schmiedehammer, eine Axt, ein Schwert, magischer Stab, Schädelkalotte, Fangschlinge, Brahmakopf und natürlich Vajra und Glocke in Kreuzungsgeste. Das gekreuzte Händepaar ist das Erkennungszeichen des Adibuddha und drückt somit aus, daß der Sadhita wie der Urbuddha das Absolute verkörpert.[10]

Kangchenjönga (TB) ist ein im Länderdreieck Nepal, Sikkim und Tibet gelegenes Bergmassiv und Sitz des gleichnamigen Berggottes, der als Erscheinungsform von → Vaisravana/ Kubera gilt. Eine Bronze der Sammlung Schulemann[11] vermutet in einer männlichen, friedvollen und jugendlichen Gottheit das Abbild Vaisravanas als Kangchenjönga. Mit hochgestecktem Haarschopf, in dem quadratische Wimpel stecken, und lang über die Schultern fallendem Haar, steht der Berggott im Ausfallschritt nach rechts. Außer dem Juwelenschmuck trägt er zwar noch eine Schädelkrone, dennoch ist er nicht zornvoll, sondern lächelnd dargestellt. Um seinen Hals hängt eine Kette aus Menschenköpfen. Das Gesicht besitzt nach Dharmapalamanier drei Augen. Die vier Arme halten rechts ein Schwert und eine Schädelschale und links einen Spiegel, bzw. eine Hand führt die Geste der Opferdarbringung aus.

Kang Rinpoche (TB) (B) ist der tibetische Ehrenname des Kailash. Vor seiner Vereinnahmung durch die Buddhisten, in deren Augen → Demchok dort residiert, war der Berg Sitz der Tsen-Gottheit → Tise Lhatsen.

Kangwa Sangpo (TB), auch Nöjin Kangwa Sangpo (*gNod-sbyin Gang-ba bzang-po*), ist der göttliche Herrscher des zwischen dem Yamdrok-See und Gyantse gelegenen Berges Nöjinkangsang – des westlichen der vier »klassischen« (zentral-)tibetischen Berggötter. Er wird in gelber Körperfarbe dargestellt. In der rechten Hand hält er eine mit Edelsteinen gefüllte Schüssel hoch, in der linken – wie Vaisravana – ein perlenspeiendes Mungo. Er ist der im Süden stehende der »Acht Herren der Pferde«, wie die reich bekleideten, in Rüstung daherreitenden Begleitgötter der Vaisravana-Form Namre Serchen (*rNam-sras ser-chen*), d. h. »Großer (gold-)gelber Vaisravana«, genannt werden. In einer anderen Form erscheint Kangwa Sangpo als blaue Gottheit, die ein Schwert und ein schwarzes Banner trägt.[12]

Kubera (TB), tibetisch Lü-ngan (*Lus ngan*) ist nicht nur als »Dharmapala-Aspekt« (→ Jambhala) des Lokapalas der nördlichen Weltgegend, → Vaisravana, zu verstehen, sondern seine Funktion liegt vielmehr darin, als oberster Herr über den Reichtum die Schätze zu verwalten und zu verteilen. In dieser Form Vaisravanas ist offensichtlich die alte tibetische Reichtumsgottheit Norlha aufgegangen.[13] Meist dargestellt als eine korpulente rote Gottheit mit roter Lanze und Siegesbanner, sitzt Kubera auf einem Schneelöwen, der auf den Gipfeln von Bergen spielt.[14]

Kula Kangri (TB). Genyen Kulahari (*dGe-bsnyen Ku-la-ha-ri*), Pulahari (*Phula-ha-ri*) und Kula Kangri (*sKu-la mKha'-ri*) sind die verschiedenen geläufigen Namen des südlichen der vier »klassischen« (zentral-)tibetischen Berggötter. Er ist die Personifizierung des in Lhoka auf der Grenze zu Bhutan gelegenen Berges Kula Kangri und gilt als eine Erscheinungsform des Heldenkönigs Gesar. Als weiße Gestalt, die einen Helm und einen aus Kristall gefertigten Harnisch trägt, teilweise von einem Seidenmantel überdeckt, thront Kula Kangri in einem aus Edelsteinen und Kristallen erbauten Palast. In seiner rechten Hand hält er einen Speer, an dem ein Seidenbanner befestigt ist, und in seiner linken ruht ein Wolfsschädel. Sein Reittier ist ein weißes Pferd, dessen Augen wie Zi-Steine sind und das imstande ist zu fliegen. Um ihn herum hat er eine Gefolgschaft von hunderttausend Riesen, die ihre Schilde und Waffen hochhalten. Seine Shakti – d. h. weibliche Partnerin – ist die auf einem türkisfarbenen Hirsch reitende Chammo Shelsan (*lCam mo shel bza'*). Mit Juwelen geschmückt, führt sie ein weißes Dzo an der Leine.[15]

Kuntu Sangpo (*Kun-tu bzang-po*) **(B)** ist der »All-Gott«, der »alles-umfassende Weltgott« der Bön-Lehre und die »Essenz aller Buddhas« (*rgyal-kun ngo-bo*), sozusagen der »Bön-Urbuddha«. Daher wird er nackt und ohne Attribute dargestellt. Von weißer Körperfarbe und mit dem langen Haar eines Asketen sitzt er auf einem rosafarbenen Lotosthron, aus dem eine rotschimmernde Aureole zu seinem grünen Nimbus aufsteigt.[16]

Machen Pomra (TB), mit vollem Namen Amnye Magyal Chenpo Pomra (*Amnye rMa-rgyal chhen-po spom-ra*), d. h. »Der Große Urahn Ma-König Pomra«, ist eine der bedeutendsten Berg- und der großen Schutzgottheiten auf dem tibetischen Hochland und der heiligste Berg der Amnye-Machen-Kette. Machen Pomra gilt als Sadag bzw. Herr über alle Sadag im Lande des Ma Chu (Gelber Fluß) sowie als Herr über die Gebirgskette, in deren Gipfel er residiert. Er ist die Schutzgottheit der lokalen Stämme, insbesondere der Ngolok, die westlich und südlich des Ma Chu leben. Als Magyal Pomra wird er auch als einer der vier großen Nyen angesehen.

In goldener Generalsrüstung mit Helm und weißem Umhang und geschmückt mit zahlreichen Juwelen reitet Machen Pomra auf seinem weißen Pferd namens Droshur (*Grozhur*), das die Geschwindigkeit des Windes besitzt. Er ist von weißer oder goldener Körperfarbe, aber mit einem rosa Gesicht. Nach Nebesky-Wojkowitz hält er eine mit einem Wimpel versehene Lanze und eine edelsteingefüllte Schale in der linken Hand. In der linken Armbeuge hält Machen Pomra einen Sack aus dem Leder eines Mungos.

Nach anderen Quellen wird er mit Lanze, Pfeil und Bogen sowie einer Schlinge dargestellt, eventuell begleitet von einem gehörnten Garuda, der ein Schwert in der Hand hält. Dahinter sind Schneegipfel abgebildet, auf denen er residiert und die seine treue Gefolgschaft bilden: die Gefolgschaft der 360 Ma-Brüder, die auf Tigern, Leoparden, Pferden, Schakalen und Bergwild reiten und dabei Pfeile, Lanzen, Schlachtäxte und Hämmer schwingen. Linkerhand stehen eine Sonne und ein Regenbogen über den Gipfeln, rechts ein Mond. Unter dem Pferd finden wir die

Machen Pomra.

»Göttin der Quellen« mit Schlangen im Haar abgebildet, und einen Drachen. Seine Frau Gungmen Lhari, mit Pfeil und Spiegel in der rechten, einer Juwelenschüssel in der linken Hand, reitet versetzt hinter ihm auf einer Hirschkuh, darunter befindet sich die Schutzgottheit des Amnye Machen auf einem Rind. Linkerhand, von oben nach unten, bilden manche Darstellungen zwei Lamas (Mahasiddhas) ab, darunter eine Berggottheit, der auf einem Drachen reitende Gott Tanglha, auf einem Tiger oder Garuda der Gott Döntram, und ganz unten eine Tsen-Gottheit. Die unteren vier werden als die großen Nyen, die die vier Weltgegenden bewachen und schützen, angesehen: Dongthrom (auf einem Garuda), Rabdegyar (auf einem Tiger), Drichen Dong-ngul Garshog (*hBri-chhen lDong-dngul gar-gshog*) (auf einem wilden Yak) und Thang-lha (auf einem türkisen Drachen).[17]

Kuntu Sangpo.

Manjushrikirti (TB), tibet. Jampel Dragpa (*'Jam-dpal grags-pa*), ist der erste der Kulika-Könige im mythischen Reich Shambhala, auf dessen Thron er um 200 v. Chr. als achter König gelangt sein soll. Im lockeren Spielsitz mit dem linken Bein angewinkelt, wird Manjushrikirti mit der Bodhisattvakrone dargestellt. Seine Transzendenz wird in der Meinung unterstrichen, daß sich einer der Panchen Lamas in ihm inkarnierte. In seiner linken Hand liegt ein tibetisches Buch, in der rechten hält er den Stengel einer Lotosblüte, in der das flammende Schwert der Erkenntnis steht – beides Symbole des Bodhisattvas der Weisheit, Manjushri. Gleichwohl wird er nicht als dessen Emanation, sondern als eine Erscheinungsform Avalokiteshvaras, des Bodhisattvas des Mitleids, angesehen.[18]

Manyen Pomra (B). Als Schutzgottheit der Bönpos wird die Gottheit des Amnye-Machen-Gebirges Manyen Pomra (*rMa-gnyan sPom-ra*) oder Magyal Pomra genannt. Der »Beschützer der Bön-Lehren« wird dargestellt als weißer, lanzenschwingender Mann, der entweder auf einem Löwen oder einem Pferd mit türkisblauer Mähne reitet.[19] Eine Wandmalerei im Bön-Kloster Yungdrung Ling[20] zeigt die Berggottheit mit einer Bodhisattvakrone, die einen turbanähnlichen weißen Aufsatz trägt. Über ihm schwebt die weiße Schirmstandarte. Auf einem Schneelöwen sitzend, hält der in ein prächtiges rotes Gewand und einen weißen, bordierten Mantel gekleidete Manyen Pomra eine Lanze in der rechten und einen runden, braunen Gegenstand in der linken Hand. Hinter dem Löwenkopf ragen die Pfeile aus seinem Köcher hervor. Über einer wolkigen Berglandschaft werden die Gottheit und ihr Reittier von einer tiefblauen Regenbogenaureole umrahmt.

Marici (H/TB), »die Leuchtende«, auf tibetisch Öser Tsenma (*'Od-zer can-ma*) ist in ihrer Bedeutung nicht völlig erschlossen. Häufig wird sie der Gruppe der Transzendenten Bodhisattvas zugerechnet, gehört aber in die Kategorie der Götter, da sie dem Gläubigen keine Erlösungshilfe zu gewähren vermag und nur weltliche Wünsche erfüllt – wie Beistand bei der Überquerung des mythischen Kakari-Schneegebirges auf dem Weg nach Shambhala. Sie hat sich aus der vedischen Göttin Usas, »Morgendämmerung«, entwickelt, woraus sich der Umstand erklärt, daß sie frühmorgens verehrt wird. Sie gilt als Schützerin gegen Krankheiten und Diebe und soll Reisende vor Räubern und Wegelagerern bewahren.

Die Gestalt der Marici ist von orangegelber Farbe und besitzt drei Augen und sechs Arme, welche die Attribute Vajra, Nadel, Pfeil, Schlinge, Ashokazweig und Bogen halten. Von ihren drei Gesichtern sind zwei menschlich – eines davon zornvoll –, und eines ist ein schwarzer

Schweinskopf. Daher wird die Göttin auch »die Schweinsköpfige« genannt. Auf einem Lotosthron sitzend, der von einem Schwein getragen, oder einem Wagen, der von sieben Schweinen gezogen wird, sieht man sie außerdem als Göttin des Jahresablaufs an, die ähnlich dem hinduistischen Sonnengott Surya durch die Welt reist.[21]

Meru (H) (TB). Der »Weltenberg« Sumeru oder Meru steht gemäß der altindischen kosmologischen Vorstellung im Zentrum des Universums und gilt als Wohnort der Götter.*

Milarepa (TB). Die Biographie des großen tibetischen Dichters und Mystikers (1040–1123) ist weithin bekannt, und die im vorliegenden Band abgedruckten Legenden zu seiner Person geben einen Eindruck von seinem Leben und Wirken. Daher soll hier nur knapp seine Ikonographie beschrieben werden.

Auf Darstellungen ist Milarepa leicht zu identifizieren, denn er hält die rechte Hand muschelförmig ans Ohr, um die Musik der Sphären und die Stimme der Lehre zu hören. Von seiner Schulter zum Knie spannt sich der Meditationsgurt, der es dem Yogin ermöglicht, die vielen Stunden der Versenkung sitzend zu überstehen und nicht umzufallen. Milas Gesichtsausdruck ist oft grimmig und drückt die geistige Anspannung aus.

Häufig sind Abbildungen Milarepas in seiner Höhle. Er hält wie üblich die rechte Hand am Ohr, die linke im Schoß und zeigt meist ein gütiges Lächeln, das andeutet, daß er den Zustand jenseits der Anstrengung verwirklicht hat. Er sitzt entspannt in halbgeschlossener Pose, der Meditationsgurt hängt locker von der Schulter herab. Vor ihm kniet, in Bedeutungsperspektive kleiner dargestellt, ein Jäger, der

---

* Das darauf aufbauende buddhistische kosmologische System wird im Band über Tibets heilige Orte behandelt.

Milarepa.

seine Waffen, Schwert, Bogen und Köcher, abgelegt hat.
Auch die scheuen Wildtiere sind in der Nähe des gütigen
Heiligen zutraulich geworden, der sie vor ihrem Schicksal
als Jagdbeute bewahrt hat – eine Szenerie, die in bhutanesi-
schen Maskentänzen dargestellt wird (z. B. beim Paro-
Fest). In der Höhle sind Milarepas spärliche Besitztümer zu

sehen. Links oben hängt die ihm von Marpa mitgegebene Schriftrolle, rechts ein Beutel mit Gerstenmehl. Links im Hintergrund ist der Tontopf erkennbar, von dem der grüne, von der Nesselsuppe stammende Belag abgefallen ist.[22]

Minya Konka (TB), größter Berg in Osttibet, ist Sitz der Donnergottheit → Dorjelutru.

Miyolangsangma (TB) oder Chomo Miyo Langsangma (*Jo-mo Mi-gyo glangbzang-ma*), bedeutet soviel wie »die unverrückbare Göttin und Beschützerin der Bullen (Yaks)«. Der Sanskrit-Name Sumati heißt »die Wohlgesonnene«. Sie ist die dritte der »Fünf Schwestern des Langen Lebens« im tibetisch-nepalesischen Himalaya, deren bedeutendste Tashi → Tseringma ist. Sie residiert als »Herrin (Chomo) Langsangma«, kurz Chomolangma, auf dem höchsten Berg der Welt, der uns als Mt. Everest geläufig ist. Abbildungen in den Klöstern Rongbuk (auf der tibetischen Nordseite) und Tengboche (Südseite, im nepalesischen Khumbu) stellen sie als eine goldene Göttin dar, die auf einem Tiger reitet und eine Schale gerösteten Gerstenmehls in der Hand hält sowie einen perlenspeienden Mungo. Ihre Attribute zeigen an, daß sie all jenen, die ihr Verehrung entgegenbringen, Reichtum und reiche Nahrung gewähren will, während ihr Reittier, der Tiger, ihre übernatürlichen Kräfte symbolisiert.[23]

Mt. Everest = Chomolangma, Sitz der Göttin → Miyolangsangma.

Nampar Gyalpo bzw. **Nampar Gyawa (B)**, Erscheinungsform des → Tönpa Shenrab bzw. Shenrab Nampar Gyalpo (*gShen-rab rNam-par rgyal-po*).

Namtso (*gNam-mtsho*) wird als Schutzgottheit mit dem Namen Namtso Chugmo (*gNam-mtsho phyug-mo*) oder

234

Dorje Kündragma (*rDo-rje kun-gragsma*) angerufen. Als eine friedliche Göttin von tiefblauer Körperfarbe, mit schimmerndem blauschwarzem Haar, das schlangenartig hochgewickelt und mit Rubinen geschmückt ist, reitet sie auf einem Drachen durch die Lüfte. In der linken Hand trägt sie dabei einen Spiegel, während die rechte das Makara-Siegeszeichen hält.[24] Das Makara-Fabelwesen (*chusrin*) ist der Sohn von Schnecke und Krokodil, wobei das Schneckengehäuse in der Darstellung mit einem mähnentragenden Kopf von der Form her nur entfernt an ein Krokodil erinnert. Es ist eines der Symbole des Sieges im Kampf gegen die Disharmonie.[25]

Nöjinkangsang (TB) ist ein mächtiges Bergmassiv in Südtibet, in dem der Berggott → Kangwa Sangpo residiert.

Nyenchen Thanglha (TB) mit weiteren Namen wie Thanglha Yashur (*Thang-lha yar/yab-shur*) oder Yashur Nyengyilha (*Yar-shur gnyan-gyi-lha*), auch Dorje Barwatsel (*rDo-rje bar-ba-rtsal*) bzw. Dorje Chorabtsel (*rDo-rje mchog-rab-rtsal*) ist einer der wichtigsten Berggötter des tibetischen Hochlandes. Er wird als einer der »Achtzehn Herren des Hagels« (*Ser-bdag bco-brgyad*), wenn nicht gar als ihr Anführer angesehen. Außerdem betrachtet man ihn als eine Erscheinungsform des Bodhisattvas Vajrapani.

Üblicherweise wird der nördliche der vier »klassischen« (zentral-)tibetischen Berggötter beschrieben als ein stattlicher, in weiße Seide und Baumwolle gekleideter Ritter auf einem Schimmel bzw. einem Pferd mit weißen Hinterläufen. In seiner rechten Hand ruht ein Rohrstock, während er mit der linken die Perlen eines kristallnen Rosenkranzes abzählt und in meditierender Pose verharrt. Um seine himmlische Residenz, die selbst im Winter noch frühlingshaftes Grün aufweist, schweben türkisgrüne Adler einher. Damit dem Dharma kein Schaden zugefügt

Nampar Gyawa (Shenrab).

werde, ist er ständig auf »Inspektionsreise«, begleitet von
einer Gefolgschaft von 360 weniger bedeutenden Göttern –
den Herren der angeblich 360 Gipfel der Nyenchen-
thanglha-Bergkette, die als seine Emanationen angesehen
werden. Als eine der alten autochthonen Berggottheiten
hatte sich auch Nyenchen Thanglha der buddhistischen
Mission Padmasambhavas in Tibet entgegengestellt, bevor
er von diesem in den Dienst der neuen Lehre aus Indien
gezwungen wurde.

Es gibt mindestens drei weitere Erscheinungsformen
von Nyenchen Tanglha, deren eine zornvoll ist: finster,
aber geheiligt, mit einem Umhang aus schwarzem Bären-
fell über einer Rüstung aus Karneolen, die mit Jade einge-
legt ist, einem Karneol-Helm und einem ehernen Schwert
sowie Pfeil und Bogen ist er mit den für die Pawo – einer

bestimmten Art tibetischer Medien[26] – typischen Merkmalen versehen: u. a. die sogenannte kleine oder Schädeltommel (*rnga'u chung*) und die flache, breite *gshang*-Glocke.[27] Als Dharmapala trägt er einen Helm und Küraß aus Kristall und schwingt eine ebenfalls aus Kristall gefertigte Lanze. Als Sripe Lhachen Nyengyitso (*Srid-pa'i lha-chen gnyan-gyi-gtso*) erscheint er als weiße Gestalt in einem weißen Kleid und ebenso weißen Turban, der auf einem Schimmel reitet. In der Rechten hält er eine Reitpeitsche, in der Linken ein Rundbanner.[28]

Padmasambhava – Guru Rinpoche (TB). Über keinen Acharya, d. h. gelehrten Mönch aus Indien, gibt es mehr Legenden als über Padmasambhava, den »aus dem Lotos Geborenen«. Als Zeitgenosse des tibetischen Königs Trisong Detsen (8. Jh.) ist Padmasambhava, der in Tibet und den Himalaya-Ländern unter dem Namen Guru Rinpoche, »Kostbarer Lehrer«, verehrt wird, einer der ersten historisch faßbaren Begründer des tibetischen Buddhismus. Seine Bedeutung und die legendäre Ausschmückung seines Lebens und Wirkens stellen ihn in den Mittelpunkt sowohl historischer und religiöser Erörterungen als auch von volkstümlichen Legenden in Tibet insgesamt, dessen einzelnen Regionen und im angrenzenden Himalaya.

Der Legende nach im Lande Uddiyana geboren, wurde er als kleiner Junge von dessen König Indrabhuti als Pflegesohn aufgenommen und erzogen. Später übergab er ihm gar die Herrschaft über das Land, doch konnten Ehe und Macht den jungen Padmasambhava nicht auf Dauer ans Haus binden. Eines Tages verließ er den Palast, ließ sich zum Mönch ordinieren und studierte, in Indien umherwandernd, alle Formen des Buddhismus. Bald meisterte er alle zu seiner Zeit existierenden Wissenschaften, insbesondere die Lehren der Tantras. Um das Jahr 786 wurde Padmasambhava von König Trisong Detsen eingeladen, ins Schneeland zu kommen und dort die Dämonen (der alten

Bön-Religion) zu bekämpfen. Mit der Annahme dieser Herausforderung und seiner Ankunft in Tibet sind wir in seiner Lebensgeschichte dort angelangt, wo die im vorliegenden Band enthaltenen Legenden einsetzen (vgl. viertes Kapitel). Wie lange sich Padmasambhava in Tibet aufhielt, ist nicht geklärt. Nach einer Quelle waren es nur 18 Monate, nach historischen Indizien zwölf Jahre, nach einer kaum glaubhaften Überlieferung 50 Jahre. Spektakulär wird sein Abschied aus dem Schneeland geschildert: Prinz Mutig Tsenpo begleitete ihn über die Gebirgspässe bis an die nepalesische Grenze, wo der große indische Tantriker das blaue Flügelroß Valaha bestieg und nach Südwesten davonflog, um das Land der Raksasa-Dämonen für die Buddhalehre zu gewinnen. Der bhutanesischen Überlieferung nach setzte Padmasambhava im oberen Paro-Tal das erste Mal wieder seinen Fuß auf die Erde, und zwar an jener Stelle, wo spektakulär in der Felswand, Hunderte von Metern über dem Talboden, das Taktsang-Kloster – das »Tigernest« – seine Meditationshöhle umschließt.

Es mag wenig verwundern, daß eine solch bedeutende Persönlichkeit ikonographisch sehr vielfältig dargestellt wird. Am häufigsten wird Padmasambhava in der Kleidung des Königs von Soar abgebildet, in dessen Königreich er dessen Tochter Mandarava als seine Yogini gewann, nachdem er alle mystischen Initiationen durchlaufen hatte. Als hohe Ehrung soll der König ihm diese Kleidung übergeben haben. Dazu trägt Padmasambhava die Mitra, eine Spitzmütze aus Brokat, deren Seitenlappen gekürzt und hochgeschlagen sind. Diese Mützenform ist nur den höchsten Würdenträgern der sich auf Padmasambhava berufenden Schule der Nyingmapa (»die Alten«) erlaubt. Über dem Sonne-Mond-Symbol – einem Hinweis auf des Trägers geistige Wachheit bei Tag und Nacht – auf der Mützen-Vorderseite ragt aus Zierschleifen eine Klinge hervor, die als Sinnbild der Gedankenschärfe und der Zerstörung der Unwissenheit aufgefaßt wird. Auffällig an der Darstellung

Padmasambhava (Guru Rinpoche).

sind außer dem bei mongoliden Völkern typischen schütteren Bärtchen die starken senkrechten Stirnfalten. Sie gelten bei tibetischen Mönchen als Zeichen profunden Nachdenkens.

Grundsätzlich wird Padmasambhava sitzend dargestellt mit der blutgefüllten Schädelkalotte in der linken und dem Vajra (Donnerkeilzepter) in der rechten Hand. Links von ihm bzw. in seiner linken Armbeuge steht der Magische

Stab, meist mit flammender Dreizackspitze, an dem mitunter lockere Eisenringe angebracht sind, die ihn auch als Rasselstab brauchbar machen.

Auf den Namen Padmasambhava, »der im Lotos Geborene«, spielen die Darstellungen an, die den Acharya auf einer Seerose sitzend zeigen. Der Legende nach wurde das Kind einst von König Indrabhuti auf einer Lotosblüte im See von Dhanakosa in Uddiyana entdeckt und daher Padmasambhava getauft. Der Lotos symbolisiert die Reinheit, denn infolge der Wachsschicht auf seinen Blättern wächst er sauber und makellos aus dem Schlamm empor. Padmasambhava sitzt in halbgeschlossener Pose. Der ausgestreckte rechte Arm ist abgestützt auf dem rechten Knie, die Hand ist leicht abgewinkelt und hält den Vajra: eine Handhaltung, die die Unterwerfung feindlicher Dämonen darstellen soll.[29]

Rudra Chakrin (TB) ist der kommende, 25. Kulika-König des mythischen Reiches Shambhala. Sein Name bedeutet der »Zornige mit dem Rad« (tibet. *Drag-po 'khor-lo-chen*), der von dem Eisenrad herrührt, das ihm vor der letzten Schlacht Shambhalas um die Welt vom Himmel zufällt und mit dem er seine Feinde niedermähen wird. Dieses Symbol seiner weltlichen und spirituellen Macht trägt er in seiner Linken, während die andere Hand einen Speer hält. Sein Kopfschmuck entspricht dem eines Bodhisattvas, und Aureole wie Nimbus verdecken einen Teil der unüberwindlichen Berglandschaft, die den geistig Unreifen den Zutritt in sein Reich Shambhala verwehrt.[30]

Samvara (TB), Sanskritname von → Demchok.

Sangpo Bumtri (B) ist eine der wichtigsten Bön-Gottheiten. »Das beste der wirkenden Mittel (upaya), der Weltgott Sangpo Bumtri, gleicht an Farbe des Silbers Essenz. Sein Schmuck, seine Kleidung, sein Himmelspalast, alles ist sil-

Sangpo Bumtri.

bern geschmückt, weil sehr schön durch silbernes Licht. In
der Hand hält er das kostbare Banner. Er weilt auf dem
Thron zweier segensreicher Garuda-Vögel (*Khyung*), welche juwelengleich glänzen. Durch zauberisches Schaffen
wirkt er das Heil der Wesen. Dem erhabenen Sangpo
Bumtri Verehrung!« Dargestellt mit der Bodhisattvakrone

bzw. Krone der Transzendenten Buddhas, die rechte Hand in Argumentationsgeste (Vitarkamudra), die linke in der Mußegeste (Avakasamudra), ist Sangpo Bumtri als Begleittier der mythische Urvogel Chung (*Khyung*) zugeordnet – in der Form, die in buddhistischen Darstellungen als der altbekannte Typus des Garuda mit der Schlange im Schnabel geläufig ist.[31]

Im Vierersystem der »Vier Obersten Glückseligen« (*bder-gshegs gtso-bzhi*), welche Wesen aus den Reichen der Form wie der Formlosigkeit befreien, ist Sangpo Bumtri dem Westen zugeordnet und von weißer Farbe. Mit einem Banner in der Hand sitzt er auf seinem Lotosthron, der von einem Chung getragen wird. Sangpo Bumtri, der als »Herr der sichtbaren Welt« wie diese als Sripa (*Srid-pa*) angerufen wird, ist wie Shenlha Ökar und Tönpa Shenrab einer der drei »Weltgötter«, welche die Bön mit *lha-srid gshen-gsum* – »Der Gott, der Weltgott, der Shen – Dreiheit« – anrufen.[32]

Satri Ersang (*Sa-trig er-sangs*) **(B)** ist im Vierersystem der »Vier Obersten Glückseligen« (*bder-gshegs gtso-bzhi*), die Wesen aus den Reichen der Form wie des Formlosen befreien, dem Osten zugeordnet und von gelber Körperfarbe. In anderen Texten als »Liebende Mutter« Jamma (*Byams-ma*) verehrt, hält die auf einem Löwen reitende Gottheit den Stengel einer Lotosblüte mit den Silben A, Om, Ram, Hum und Dza in der einen und einen Spiegel in der anderen Hand.[32]

Shenlha Ökar (*gShen-lha 'od-kar*) **(B)** ist der »Shen-Gott Weißes Licht«, nach Hoffmann Weisheitsgott und einer der drei »Weltgötter«, die die Bönpos mit *lha-srid gshen-gsum* – »Der Gott, der Weltgott, der Shen – Dreiheit« – anrufen. In einem Vierersystem der »Vier Obersten Glückseligen« (*bder-gshegs gtso-bzhi*), die Wesen aus den Reichen der Form und der Formlosigkeit erlösen, nimmt der weißgestaltige Shenlha Ökar, mit einem Haken als Attribut, die Nordrichtung ein, während Sangpo Bumtri im Westen, Tönpa Shenrab im Süden und Satri Ersang im Osten stehen.[32]

Shenrab (*gShen-rab*) **(B)**. Der Begründer der (systematisierten) Bön-Religion wird in den Illustrationen der ersten Kapitel der *gZer-myig*-Handschrift als fürstlicher Bodhisattva mit Bodhisattva-Krone gezeigt. In der rechten Hand hält er ein mit einem Swastika geschmücktes Zepter, die linke Hand verharrt in der Mußegeste (Avakasamudra): »Der an Weisheit vollkommenste Lehrer Shenrab Mibo glänzt in seiner Farbe wie ein Juwel. Sein Schmuck, seine Kleidung, sein Himmelspalast ist juwelenhaft und geschmückt, weil sehr schön durch Juwelenlicht. In der Hand hält er das goldene Zepter. Er weilt auf dem neunstufigen Thron mit dem Rad, das juwelengleich glänzt. Durch Entsenden von Lichtstrahlen wirkt er das Heil der Wesen. Dem erhabenen Shenrab Mibo sei Verehrung!« Nach seiner Weltentsagung erscheint er als erleuchteter »Buddha« im Mönchsgewand, das die eine Schulter frei läßt, und mit einer Art von Antilopenhorn in der Hand.[33] Diese Form der Darstellung Shenrabs zeigt ihn mit kurzgelocktem Haar mit der Erleuchtungserhöhung (Usnisa) im Lotossitz. Die linke Hand in der Konzentrationsgeste, die rechte mit der Erdberührungsgeste wird seine Verwechslung mit dem buddhistischen Buddha Sakyamuni lediglich durch den Swastika auf der Brust vermieden. Eine weitere Erscheinungsform ist die des → Tönpa Shenrab.

Shiva (H) bedeutet im Sanskrit wörtlich »der Gütige, der Freundliche«. Er ist die dritte Gottheit in der hinduistischen Trinität Brahma, Vishnu und Shiva, in welcher er für Auflösung und Zerstörung zuständig ist. In seiner Eigenschaft als Zerstörer der Nicht-Erkenntnis (Avidya) wird er als eine segensvolle Gottheit angesehen. Wird er als »Erwähltes Ideal« (Ishta-Deva) – d. h. als das personifizierte Ideal, auf das der Yogin seine Aufmerksamkeit konzentrieren kann – angebetet, dann verkörpert Shiva die ganze Gottheit, die Höchste Wirklichkeit. In Beziehung zu seinen dynamischen Kräften, die als seine »Gattin« Shakti, Parvati, Kali oder Durga bekannt sind, ist er das transzendente Absolute. Mit Verkörperungen seiner »weiblichen« Kräfte wird Shiva oft in sexueller Vereinigung visualisiert. Daher ist sein Symbol der Linga (Phallussymbol), das seiner Gemahlin die Yoni (»Schoß, Ursprung, Quelle«). In der Erscheinungsform als Nataraja (»der König des Tanzes«), der die kosmischen Schritte von der Schöpfung zur Zerstörung abmißt, ist der »tanzende Shiva« bei uns im Westen berühmt geworden. Der kosmische Tanz stellt seine fünf Aktivitäten dar: Schöpfung, Erhaltung, Zerstörung, Verkörperung und Befreiung. Shiva reitet auf Nandi, dem Stier des Dharma, und wird als Guru aller Gurus angebetet, als Zerstörer aller Weltlichkeit, der Weisheit gewährt und die Verkörperung von Entsagung und Mitleid ist.[34] Er residiert auf dem Götterberg Kailash.

Suchandra (TB), der »Schöne Mond« – tibet. Dawa Sangpo (*zla-ba bzang-po*), ist der Name des ersten religiösen Herrschers des Königreichs Shambhala. Nachdem er von Buddha die Kalachakra-Lehren übermittelt bekam, errichtete er in seiner Hauptstadt Kalapa ein großes juwelengeschmücktes Kalachakra-Mandala und legte den Lehrtext des Tantras schriftlich nieder. In Suchandra wird eine Emanation des Bodhisattvas der Macht und der Meisterung der esoterischen Lehren, Vajrapani, gesehen. Daher steht ein Vajra in der Lotosblüte, dessen Stengel Suchandra in der rechten Hand hält. Mit der Linken läutet er die Glocke, die ein Sinnbild für die höhere Erfahrung und für das Mittel zur Erleuchtung ist. In gelassener Sitzhaltung trägt der von Blüten umrankte Suchandra die Krone der Transzendenten Bodhisattvas.[35]

Targo und **Dangre (B)** bezeichnen eigentlich jeweils eine ganze Gruppe von Gottheiten, die auf bzw. im Berge Targo Kangri respektive im See Dangre Yu Tso residieren. An erster Stelle unter den Targo-Gottheiten steht nach Berglie[36] Targo Gegan Chorpo (*Targo dGe-rgan mchor-po* bzw. *Targo dGergan chos-rgyal*). Eine andere Gottheit, Targo Ngomar Tselmig (*Targo Ngo-mar mtshal-mig*), wird als »Minister« des ersteren beschrieben – mit einem roten Gesicht, aus dem zinnoberrote Augen hervorquellen. Entsprechend rot leuchtet die furchterregende, fahnengeschmückte und dreiäugige Maske Targos.[37] Diese Gottheit ist eine der wichtigsten Gottheiten beim Pawo-Schamanismus im Himalaya, da sie häufig Besitz vom Medium ergreift. Die führende Göttin aus der Dangre-Gruppe heißt Dangra Letsen (Lekyi) Wangmo (*Dangra las-btsan* bzw. *Dangra las-kyi dbang-mo*). Eine blaue Tanzmaske[38] der Göttin Dangre stellt sie mit einer Bodhisattvakrone dar, dreiäugig und eher friedvoll als jähzornig. Ihre Tochter, die Göttin Dangchung Yuyi Surpu (*Dang-chung g.yu-yi zurphud*), lebt im gleichnamigen See nördlich des Dangre Yu Tso. Außerdem gehören zu diesem Götterkreis noch mystische Tiere, die imstande sind, Krankheiten zu heilen – wie der »rote Kupferwolf« Targo Sangjang Marpo (*Targo Zangs-spyang dmar-po*), der »schwarze Bär mit weißen Schultern« Targo Drenag Sokar (*Targo dred-nag sog-dkar*) und die »saugende und helfende Eule mit dem langen Schnabel« Jirog Uggu Churing (*Jibs-rogs 'Ug-gu mchuring*). Darüber hinaus existieren zahlreiche dämonische Wesenheiten wie z. B. die »sieben Schlächterbrüder« Targo Shenpa Pündün (*Targo Shan-pa spun-bdun*).

Tise Lhatsen (B) ist die der Bön-Religion zuzuordnende Tsen-Gottheit, die ihren Sitz auf dem Yungdrung Gutse (Kailash) in Westtibet hat. Eine Wandmalerei im Bön-Kloster Yungdrung Ling[20] zeigt die Berggottheit in weißer Generalsrüstung und – ähnlich dem Heldenkönig Gesar – mit einem fahnengeschmückten Helm, dessen Spitze ein Siegesbanner krönt. Mit der rechten Hand schwingt er eine Lanze, die zudem am unteren Ende in einer Pfeilspitze endet, während die linke ein blaues Wunschjuwel trägt. Während er auf einem Schneelöwen reitet, trägt er rechts einen Pfeilköcher, und sein Schwert hängt zu seiner Linken. Die Tise Lhatsen umrahmende Regenbogenaureole beinhaltet die acht Glückssymbole, also (von rechts gegen den Uhrzeigersinn) den Endlos-Knoten (als Zeichen unerschöpflichen Reichtums), das Paar Fische (für Fruchtbarkeit), die segenspendende Muschel, den Schirm, der gegen die Hitze der Leidenschaft schützt, das Lebenswassergefäß mit dem Schatz der Wünsche (langes Leben), das Rundbanner (markiert das Zentrum des Universums auf dem heiligen Berg Meru), das Rad des Gesetzes und, unter dem Löwen, die Lotosblüte, welche für Reinheit steht.

Tönpa Shenrab (*sTon-pa gShen-rab*) (**B**). Im Vierersystem der »Vier Obersten Glückseligen« (*bder-gshegs gtso-bzhi*) ist Tönpa → Shenrab dem Süden zugeordnet und von blauer Farbe. Mit einem Zepter in der Hand sitzt er auf einem Lotosthron, der vom Rad des Gesetzes gestützt wird. Tönpa Shenrab gehört zu der Dreiheit, welche die Bön mit *lha-srid gshen-gsum*, »Der Gott, der Weltgott, der Shen – Dreiheit«, angerufen werden.[39]

Als Kultfigur in heutigen Bön-Tempeln wird Shenrab häufig in der Form des Nampar Gyalpo (*gShen-rab rNampar rgyal-po*) dargestellt. Von jugendlichem Aussehen und friedlicher Ausstrahlung trägt er eine Krone, über die sich der hochgesteckte Haarschopf erhebt. Im Lotossitz halten die in der Meditationsgeste ineinander ruhenden Handflächen die Stengel zweier Lotosblüten, die auf der rechten Schulter einen Swastika und der linken eine Schatzvase tragen. Häufiger sind rechter Arm und rechte Hand mit zurückgelegter Handfläche erhoben, während die linke Hand die Geste der Erdberührung andeutet. Nampar Gyalpo

Die Berggöttin Tseringma.

trägt einen einfachen Seidenrock, eine Seidenschärpe sowie ein Meditationsband und ist nach Art der Bodhisattvas prächtig geschmückt: Krone, Ohrgehänge, Halskette, lange Kette, Arm- und Beinbänder und Juwelenschurz. Manche Figuren haben in den Handflächen eine Lotosblüte eingraviert, manchmal auch den tibetischen Buchstaben A auf der Brust.[40]

Tseringma (TB) und ihre Schwestergöttinnen. Die Fünf Glücksschwestern, die als Gipfelfeen dem Gaurisankar-Massiv und anderen Himalaya-Riesen der Umgebung zugeordnet werden, sind tibetischen und nicht indischen Ursprungs. Sie gelten als Schutzgöttinnen der in Berghöhlen meditierenden Frommen; und wer die Hochregion des Himalaya bereist, tut gut daran, sich mit den Fünf Schwestern, mit Tseringma und ihren Schwestergöttinnen, gut zu stellen.

Dorje Kunsangma (oder *rDo-rje mi-gyur dpal-gyi-yum*), »Mutter des immerguten Dorje« ist Beiname der Tashi Tseringma (*bKra-shis tshe-ring-ma*); sie wird auch Tseyi Wangchukma (*Tshe-yi dbang-phyug-ma*) und im Sanskrit Mangala Dirghayusi (»Glücksgöttin des Langen Lebens«) genannt. Sie hat ein schmales weißes wie der Mond leuchtendes Gesicht, drei Augen und blauschwarz schimmerndes Haar, das schlangenartig hochgewickelt und mit einem Rubin geschmückt ist. An ihren Ohren hängen hübsche Ohrringe, und in ihrer linken Hand hält sie eine Amrita-Vase vor dem Herzen, in der rechten schwingt sie einen goldenen Vajra (Dorje) mit Schmuckstücken. Sie sitzt auf einem weißen Löwen bzw. einem tibetischen Schneelöwen, der in den Wolken die Berge überspringt. Je nachdem, ob der Reisende ihr Wohlwollen gewinnt, kann sie ihn als böse Fee durch Blitz, Unwetter und Kälte in Gefahr bringen oder ihm als gute Fee Überleben und eine glückliche Weiterreise ermöglichen. Auf Bildnissen befindet sich vor Dorje Kunsangma die Göttin Thinggi Shelsangma (*mThing-gi zhal-bzang-ma*), im Sanskrit Sumukhi genannt, »die mit dem freundlichen Gesicht«. Sie ist von hellblauer Farbe, reitet auf einem Wildesel (Kiang) mit saphirblauer Mähne und einer weißen Schnauze. Sie hält einen magischen Spiegel und einen Stock mit Wimpeln in Händen. Zu ihrer Rechten steht die Göttin Miyo Losangma (*Mi-gyo blo-bzang-ma*, auch → Miyolangsangma), deren Farbe gelb ist. Diese hält eine Schüssel mit Speisen in ihrer Rechten, während sie mit der Linken zu schenken scheint. Manchmal hält sie darin auch ein perlenspeiendes Mungo. Sie reitet auf einem Tiger mit goldener Mähne. Dahinter ist die rote Göttin Chöpen Drinsangma (*Cod-pan mgrin-bzang-ma*, Sanskrit Sukanthi, »die Schönhalsige«) zu sehen, die einen Rubin in der linken und eine Truhe mit verschiedenen Edelsteinen in der rech-

ten Hand hält. Ihr Reittier ist eine Hirschkuh mit korallen-
rotem Haar. An der linken Seite residiert die türkisgrüne
Göttin Tekar Drosangma (*gTad-dkar 'gro-bzang-ma*,
Sanskrit Sugati, »Glück«). Sie hält ein Büschel Durva-Gras
oder eine Ähre und eine Schlangen-Schlinge fest und reitet
auf einem türkisfarbenen Drachen – dem Tier der Wasser
und Regenwolken. Mit ihren Symbolen für Wasser und
Regenwolken (Schlange, Drache) und Fruchtbarkeit
(Pflanze/Ähre) dürfte sie vor allem für die Ackerbau trei-
bende Bevölkerung von Bedeutung sein.[41]

Vaisravana (TB), tibetischer Name Namtöse (*gNam-thos-
sras*), ist als Lokapala (Schützer der Weltenrichtungen) der
Hüter des Nordens. Als Dharmapala (tibetisch *Chos
kyong*) wird er Jambhala bzw. Kubera genannt. Er gilt als
Reichtumsgott, Führer über die Heerscharen der Yakshas
(Nöjin) und Schutzgottheit des Bergriesen Kangchenjönga. Als Namtöse erscheint die zornvolle rote Gottheit
mit lodernden, gelblich-roten Augenbrauen und Oberlip-
penbart sowie offenen, gebleckten Fangzähnen. Über seinen Seidengewändern hat Namtöse einen Panzer aus ver-
goldetem, lackiertem Leder angelegt, mit goldenem Gürtel
und mit einem spitz zulaufenden und schwanzbuschver-
zierten Helm. Die rechte Hand schwingt eine rote Lanze,
während er in der linken ein perlenspeiendes Mungo trägt.
Das Pferd, das er reitet, ist von dunkelblauer Farbe und
trägt den Berggott auf goldenem Sattel.

Vajravarahi (TB), Sanskritname von → Dorje Phagmo.

Yarlha Shampo (TB). Als der östliche der vier »klassischen« (zentral-)tibetischen Berggötter ist Yarlha Shampo
vor allem wegen der auf seinen Berg herabgestiegenen tibetischen Gründergestalt Nyatri Tsenpo von großer Bedeutung, daher wird er auch als »Lha (Lebensseele) der Herren
von Bö (Tibet)« angesehen. Als Beherrscher aller Yül-Lha-

Eine Yogini (Vajra-Yogini).

und Sadag-Geister im historischen Yarlung-Tal war Yarlha
Shampo eine der autochthonen tibetischen Gottheiten, die
sich dem indischen Guru Padmasambhava in den Weg gestellt hatten, dann aber von diesem zu einem »Beschützer
der (buddhistischen) Lehre« bekehrt wurden. Als solcher
wird er dargestellt als ein Gott mit menschlichem Antlitz,
weiß wie eine Muschelschale und bedeckt mit einem weißen Gewand. Seine wichtigsten Attribute sind ein Speer
mit einem daran befestigten weißen Seidenbanner und ein
kristallnes Schwert. Er reitet auf einem Lhagye (*lha-gyag*),
»Groß wie eine Bergflanke«, genannten Wesen, aus dessen
Schnauze und Nüstern ein Schneesturm herausbläst. Die
Myriaden der Kriegsbataillone der Lha unterstehen seinem
Befehl. In manchen Texten wird Yarlha Shampo mit dem
auf dem Nöjinkangsang residierenden → Kangwa Sangpo

in Zusammenhang gebracht, und zwar in einer Weise, die wohl den einen als eine Erscheinungsform des anderen betrachtet.[42]

Yogini, verführerische Erscheinungsform einer → Dakini, die vor dem Yogin als bezaubernde junge Frau erscheint, deren spärliche Kleidung keinen Reiz verbirgt. So will sie die sexuelle Phantasie des Yogin auf sich ziehen, um die gespannte Kraft seiner Libido der Erlösung dienlich zu machen.

Anmerkungen

EINLEITUNG

1 Tafel 1914, Band I, S. 202.
2 Ma Lihua 1991, S. 36.
3 Die Eindeutigkeit der Transliteration ist letzten Endes auch nicht gegeben, da sich in tibetischen Schriften hin und wieder eine unterschiedliche Orthographie bis hin zu Schreibfehlern überliefert hat.

1. KAPITEL

1 Zit. aus M. Hermanns 1955, S. 21–27.
2 Gemeint ist die magische Keimsilbe »Ti«. Magische Keimsilben gelten als kraftgeladene »Mittel, die den Geist schützen«, ihr Laut ist der Träger kosmischer Energie, deren Wirkung in einer Art »Wortmagie« beschworen wird. »Worte sind lautliche Äquivalente einer inneren Erfahrung, eines Erlebens«, und ein aus mehreren Keimsilben zusammengesetztes »Mantra ist nichts anderes als solch ein laut gewordenes Denkbild« (H. Ellinger). Entsprechendes gilt für die nachfolgend genannten Silben der anderen Daseinsbereiche.
3 Die Verteilung der Menschen erfolgt in zahlreichen Versionen, so auch in der von M. Hermanns übersetzten, nach buddhistischen Gesichtspunkten. Ich habe hier jedoch die Einteilung eines alttibetischen Manuskripts vorgezogen. (Vgl. Hermanns 1946–49, S. 285, n. 35)
4 Dies sind, zum Teil gekürzt, die ersten 34 Strophen des von Hermanns übersetzten Schöpfungsliedes. Es folgen weitere 35 Strophen, die sich mit dem Motiv der Welt stützenden Schildkröte und deren geomantischer Bedeutung auseinandersetzen.
5 Zit. aus Hoffmann 1985, S. 5–9.
6 Öde Gunggyal (*Od-de gung-rgyal*) ist einer der heiligen Berge des alten Bö-Tibet, dessen genaue Lage dem Autor nicht bekannt ist. Er gilt u. a. als »Vater« des heiligen Berges Yarlha Shampo.
7 Dondrup Wanghum, »The Clan of Deities of Snow Mountains and Grasslands – On Tibetan Deities«, in: *Tibetological Studies*, 1987. Zit. aus Ma Lihua 1991, S. 328f. Vgl. auch die Ausführungen in Tucci 1970, S. 237ff.
8 Nach Bleichsteiner 1937, S. 234, und Hermanns 1946–49, S. 833f.

9 Nach Chodag 1991, S. 7f.

10 Tucci 1949, zit. aus Olschak 1987, S. 33 (Verlag Im Waldgut).

11 Nach Hermanns 1955, S. 49f.

12 Schiefner 1880, S. 28f., zit. aus Hermanns (1946–49), S. 297f.

13 Zit. aus H. Hoffmann 1985, S. 9–13.

14 Huc und Gabet 1855, S. 227; zit. aus M. Hermanns, 1946–49, S. 839f.

15 Hermanns 1946–49, S. 832.

16 Hoffmann 1985, S. 231.

17 Hermanns 1965, S. 404.

18 Zit. aus Hermanns 1946–49, S. 841.

19 P. Mandala o. J., S. 117–120 sowie Satya Ho Publications, 1985, S. 1f.

20 Gruschke 1993, S. 87f. und 97.

21 Hermanns 1946–49, S. 845ff.

22 Filchner 1933, S. 379, nach Hermanns 1946–49, S. 841.

23 Kozlow 1925, S. 144, nach Hermanns 1946–49, S. 840.

24 H. Pörzgen, zit. aus Hermanns 1965, S. 246.

2. KAPITEL

1 Zit. aus Hermanns 1946–49, S. 839.

2 Quellen: Francke 1902/1968, S. (2)-(6); Paul 1989, S. 246f.

3 Zit. aus Hoffmann 1985, S. 23–27, bzw. nach Francke 1902/1968, S. 6ff.

4 Quellen: Francke 1902/1968, S.(13)-(15); Olschak 1960, S. 46ff.

5 Quellen: Francke 1902/1968, S.(15)-(18); Olschak 1960, S. 47f.

6 Quelle: Olschak 1960, S. 49–51.

7 Zit. aus Hoffmann 1985 S. 27–32, ergänzt durch Hermanns 1965, S. 436, 443.

8 In der Amdo-Fassung (Hermanns 1965, S. 435ff.) lautet ihr Name nicht Dzemo, sondern Yeza (*Ye-bza*). Aus Gründen der Schlüssigkeit habe ich hier den Namen jenem des Hoffmann-Textes angeglichen.

9 Zit. aus Francke 1902/1968, S. 46–49.

10 Quellen: Francke 1902/1968, S. 49–63; Olschak 1960, S. 53–56.

11 Zit. aus Olschak 1960, S. 56–58; vgl.auch Paul 1989, S. 255ff.

12 Zit. aus Olschak 1960, S. 58–61.

13 Zur »Heldenerweckung« siehe Heissig 1986, S. 81–115.

14 Nach Ma Lihua 1991, S. 26ff.; vgl. auch Herrmann 1991, S. 25 unten 2.

15 Quellen: David-Néel 1931, S. 331–336; Olschak 1960, S. 67f.

16 Hermanns 1965, S. 371.

17 Herrmann 1991, S. 3.

18 Ebenda, S. 16–19.
19 Hermanns 1965, S. 370.
20 Schmidt 1839, S. X.
21 Stein 1959, S. 8.
22 Hermanns 1965, S. 368.
23 Ebenda, S. 369.
24 Hermanns 1946–49, S. 846.
25 Paul 1982, S. 262.
26 Hermanns 1965, S. 899, Anm. 52.
27 Ebenda, S. 268.
28 Ebenda, S. 284f.
29 Ebenda, S. 285.
30 Ebenda, S. 402.
31 Herrmann 1991, S. 12.
32 Paul 1982, S. 316 n. 1.
33 Schmidt 1839, S. IX.
34 Herrmann 1991, S. 9.
35 Ebenda, S. 14.
36 Roerich 1942, S. 302.
37 Lexikon der östlichen Weisheitslehren 1986, S. 121.
38 Paul 1982, S. 254.
39 Vgl. Hermanns 1965, S. 371.
40 Hoffmann 1985, S. 234.
41 Fuhrmann 1925.
42 Hoffmann 1965, S. 235.
43 Vgl. dazu Hermanns 1965, S. 375ff. (Zusammenfassung).
44 Hermanns 1965, S. 373.
45 Mehrere Autoren, vgl. Stein 1959, S. 7.
46 Hermanns 1965, S. 119f., und Stein 1959, S. 7.
47 Stein 1959, S. 241.
48 Ebenda, S. 279f.
49 Hermanns 1965, S. 347 Anm. 20.
50 Ebenda, S. 24, S. 286, S. 348, S. 898 Anm. 38, S. 902 Anm. 7.
51 Ebenda, S. 24.
52 Ebenda, S. 902 Anm. 7.
53 Ebenda, S. 348, vgl. auch S. 24f.
54 Ebenda, S. 349 Anm. 20.
55 Ebenda, S. 402.

3. KAPITEL

 1 Wahrscheinlicher Ta(g)zig (*sTag zig*). Die tibetisch-chinesische Textvorlage ist in der Transkription fehlerhaft, konnte jedoch hier nicht korrigiert werden.

2 sKal-bzang bstan-pyi rgyal-mtshan, *vdzam gling yul bshad (An Outline of World Geography)*, nach Tshe-ring-thar 1989, S. 91.

3 Tucci 1970, S. 240.

4 Henss 1981, S. 26.

5 *Zhang-zhung snyan-rgyud (Oral traditions of Shang-shung)*, nach D. Snellgrove u. H. Richardson 1986, S. 99 f.

6 Nach Tucci (1960, S. 262) war im alten Tibet der traditionelle Platz der Zauberpriester zur Rechten des Königs; zur Linken saßen die Minister.

7 Wie Anm. 5, S. 101 f.

8 Henss 1981, S. 26.

9 Ma Lihua 1991, S. 58; Henss 1981, S. 26; Gruschke 1993, S. 64.

10 Quellen: Ma Lihua 1991, S. 321 f.; Francke 1924 ff.; Hoffmann 1950 und 1956, S. 77–90; Olschak, 1960, S. 77 f.

11 Hoffmann 1956, S. 77 f.; Ma S. 322.

12 Nach Hoffmann 1956, S. 78, verweist dieser Geschlechtsname auf die gleichnamigen Himmelsgeister des alten Bön, von denen auch die tibetischen Könige abstammen sollen.

13 Ebenda, S. 78 f.

14 Ma Lihua 1991, S. 322.

15 Diese Episode entstammt nicht dem *gZer-myig*, sondern dem »Bericht von den Ministern« aus der von Hoffmann (1956, S. 79) als padmaistisch geprägten Literatur.

16 Quellen: Ma Lihua 1991, S. 321 f.; Francke 1924 ff.; Hoffmann 1950 und 1956, S. 77–90; Olschak, 1960, S. 77 f.

17 Hoffmann 1956, S. 80.

18 Ebenda, S. 80 f. Vgl. den buddhistischen »Bericht von den Königinnen« in B. Laufer 1911, Kapitel 5–16.

19 Hoffmann 1956, S. 81 f.

20 Schilderung des Menschenopfers zur Genesung eines todkranken Prinzen im *gZer-myig*, nach H. Hoffmann 1950, S. 181, bzw. 1956, S. 10 f.

21 Hoffmann 1956, S. 81 ff.

22 Nach Hoffmann 1956, S. 83, eine mythologische Spiegelung jener »historischen Ereignisse, welche zu einer Missionierung (Bö-)Tibets durch Priester der systematisierten Bön-Religion aus Shangshung geführt hatten. Sie gestaltet sich kaum anders als der Weg des Padmasambhava durch Tibet, auf welchem der große Tantriker die Dämonen des Schneelandes kraft seiner Magie unterwarf und dem Buddhismus dienstbar machte.«

23 gZer-myig II 71a 6 ff., zitiert nach Hoffmann 1956, S. 83 f.

24 Die Geschichte von der Reise Shenrabs nach China erinnert an den Kriegszug des Heldenkönigs Gesar ebenfalls nach China.

25 Die hier angedeutete Verbreitung der Bön-Lehren nach China sollte aus zwei Gründen nicht von der Hand gewiesen werden. Zum einen ist die nahe Verwandtschaft der Glaubensvorstellungen im alten Tibet mit jenen des alten China (vgl. Gruschke 1993, S. 97, 197 Anm. 24), insbesondere des »Volks-Daoismus«, augenfällig. Zum anderen deuten gerade die religiösen Vorstellungen der den Osttibetern benachbarten Völker, insbesondere der Naxi (die Nakhi J. F. ROCKs) und Moso, darauf hin, daß die dogmatisierte Bön-Religion nicht nur im Zentraltibet des 10. Jh. missionierte, sondern auch über die Grenzen des Hochlandes nach Osten hin – eben großräumig nach China – vordrang. Vgl. Hoffmann 1956, S. 89, und J. F. Rock 1959.

26 Quellen: Francke 1924 ff.; Hoffmann 1950 u. 1956, S. 85–90; Olschak 1960, S. 77 f.

27 gZer-myig II 212a1 ff., zit. nach Hoffmann 1956, S. 85.

28 Die bildliche Darstellung der Totenverbrennung des Shenrab gleicht völlig jener des Buddha Sakyamuni (Hoffmann 1956, S. 88).

29 Dies ist sozusagen der »offizielle Bericht« über die Entstehung des Bön-Kanons und überhaupt der heiligen Literatur der Bönpos (Hoffmann 1956, S. 88).

30 Was die Abhängigkeit des Buddhismus von der Bön-Religion dokumentieren soll (Hoffmann 1956, S. 89).

31 Wie Anmerkung 26.

32 Quelle: Ma Lihua 1991, S. 60.

33 Ebenda, S. 58.

34 Tsering Thar (*Tshe-ring-thar* 1989, S. 90).

35 *Legs-bshad rin-chen-mdzod*, nach Tshe-ring-thar 1989, S. 94.

36 Hoffmann 1956, S. 76.

37 Tshe-ring-thar 1989, S. 94.

38 Ebenda, S. 94 f.

39 Ye Shen (*Ye gShen*), d. h. absolutes, vollkommenes, göttliches Shen oder auch Sanggye (*Sangs rgyas*).

40 Arhat, Shenre (*gShen sras*), d. h. Shen-Sohn bzw. Drachompa (*dgra-bcom-pa*).

41 Hoffmann 1956, S. 77.

42 Tshe-ring-thar, S. 97.

43 Hermanns 1965, S. 115 ff.

44 Ebenda, S. 118 f.

45 Ebenda, S. 130 ff.

46 Hoffmann 1956, S. 77.

47 Ebenda, S. 89.

48 H. Hoffmann 1950, S. 234.

49 Vgl. Gruschke 1993, S. 88/97.

4. KAPITEL

1 Zitiert und erzählt nach Chodag 1991, S. 13 f., Hermanns, 1946–49, S. 821 f. und 828, und Paul 1989, S. 263–298.

2 Nach Chodag 1991, S. 13, im Jahr 237 vor unserer Zeitrechnung.

3 Quellen: Chodag 1991, S. 13 f., Hermanns 1946–49, S. 821 f., 828; Hoffmann 1985, S. 13 ff., Paul 1989, S. 263–298.

4 Quellen: Olschak 1960, S. 39 f., und 1987, S. 68 f; Tucci 1970, S. 13, 246.

5 Quelle: Chodag 1991, S. 84–89.

6 Zit. aus Olschak 1960, S. 70–73, und 1987, S. 70–73.

7 Das vorliegende Zitat ist bei Olschak 1960, S. 70, eigentlich die Beschreibung der chinesischen Prinzessin Wencheng. Da im tibetischen Buddhismus jedoch gemeinhin die nepalesische Prinzessin als Erscheinungsform der Grünen Tara, die chinesische dagegen als jene der Weißen Tara gedeutet wird, habe ich sie in der vorliegenden Beschreibung aus Gründen der Stimmigkeit anders zugeordnet.

8 Quellen: Bielmeier/Herrmann 1982, S. 129–131; Bräutigam 1981, S. 7–13; Chodag 1991, S. 94; Wei 1986, S. 67.

9 Nach Chodag (1991, S. 94) entspann sich zwischen den Tibetern und den im Nordosten des tibetischen Hochlandes lebenden Tuyuhun (Tuguhun) ein Streit, da deren König ebenfalls um die Hand der Prinzessin angehalten habe (Becker 1976, S. 153 f.). Aus dem Streit sollen sich kriegerische Auseinandersetzungen entwickelt haben, die mit der Niederlage der Tuyuhun und der Eingliederung ihrer Gebiete ins tibetische Tubo-Reich endeten. Im Siegesrausch, der nach den Tuyuhun-Feldzügen von Songtsen Gampo Besitz ergriffen habe, wandte dieser sich weiter gegen China, das seine Heere nach anfänglichen Erfolgen zurückschlug – aber auch die Bedeutung der tibetischen Macht und Bedrohung an der Westgrenze wahrnahm.

10 Zit. aus Bräutigam 1981, S. 7–13.

11 Quellen: Chodag 1991, S. 95 ff.; Riyue Shan-Legende in: Hainan Zangzu zizhizhou gaikuang, Xining 1984, S. 172, Ye 1987, S. 151, Zhu 1988, S. 60 ff.

12 Nach einer anderen Fassung der Legende (Ye 1987, S. 151) hatte Wencheng den Wunderspiegel schon von zu Hause mitbekommen. Als sie jedoch auf dem China und Tibet voneinander trennenden Paß ankam und im Spiegel Heimat und Eltern erblickte, wurde sie sich der großen Aufgabe bewußt, die sie durch ihre Heirat mit dem tibetischen König übernahm, und warf daher den Wunderspiegel fort, um sich ohne die Last schmerzlicher Erinnerungen ihrer Verantwortung zu stellen.

13 Chodag 1991, S. 100–103.

14 Unter Historikern ist umstritten, wer die Mutter von Trisong Detsen war. Chodag (1991, S. 102) stützt sich auf ein Manuskript »Ba-she« von Bal Salnang.

15 Quellen: Chodag 1991, S. 28 f.; Henss 1981, S. 120; Padma bKa'i Thang, nach Henss 1981; Paul 1989, S. 152 ff.; Schumann 1986, S. 242, 255, 333; Schäfer 1988, S. 80.

16 Padma bKa'i Thang, nach Henss 1981, S. 120.

17 Quellen: Chodag 1991, S. 28 f.; Haarh 1969, S. 319; Henss 1981, S. 117–120; Paul 1989, S. 152 ff.; Schumann 1986, S. 242, 255, 333; Waddell 1985, S. 266 f; Schäfer 1988, S. 80.

18 Zit. nach Olschak 1960, S. 75.

19 Quellen: Chodag 1991, S. 38; S. C. Das (1881)-1984, S. 48 ff.; Henss 1981, S. 70; Olschak 1960, S. 81–92; Paul 1989, S. 286 ff.; Waddell 1985, S. 34 f.

20 Paul (1989, S. 288) beschreibt noch weitere Versionen des Ablaufs, die sowohl den Ort des Geschehens als auch die Zahl der abgefeuerten Pfeile variieren.

21 Hermanns 1965, S. 113 f.

22 Ebenda, S. 268.

23 Ebenda, S. 38.

5. KAPITEL

1 Quellen: Tucci 1970, S. 31 f.; Xie/Gesangben/He 1986, S. 4 f., und Obermiller 1932/1986, S. 201 ff.

2 Zit. aus Olschak 1987, S. 111–114.

3 Ein Upadhyaya (Sanskrit) ist ein buddhistischer Lehrer, der für die Einhaltung der Riten, Regeln und der Disziplin (vinaya) innerhalb der Mönchsgemeinde (sangha) zuständig ist.

4 Quellen: Chodag 1991, S. 168 ff.; Olschak 1987, S. 111–138; Schumann 1986, S. 354–357.

5 Zit. aus Dowman 1982, S. 77–80.

6 Quellen: Batchelor 1988, S. 191–194, 221; S. C. Das (1882)-1984, S. 142–148; Filchner 1906; Kozlow 1925, S. 117 ff.; Tafel 1914, S. 213 f., 230–233.

7 Quellen: Henss 1981, S. 181–187; Nebesky-Wojkowitz 1993, S. 94–108, 444 ff.; Schäfer 1988, S. 169 f.

8 Zit. aus Dowman 1982, S. 59 f.

9 Quellen: Baradijn 1908; Henss 1981, S. 237–246; Kozlow 1925, S. 197 ff.

10 Tucci 1970, S. 34.

11 Tucci 1970, S. 32 n. 4.

12 Näljorpa (rNal-'byor-pa) ist die tibetische Bezeichnung für einen Yogin.

13 Gomchen (*sGom-chen*) sind Anhänger der Asketenschulen.
14 Zit. nach Dowman 1982, aus dem 5. Kapitel »Wie Drukpa Künleg, der Meister der Lehre, nach Dagpo und Tsari ging und in
Bhutan ankam«, S. 112 ff.

IKONOGRAPHISCHES SKIZZENBUCH

1 Nebesky-Wojkowitz 1993, S. 256.
2 Sagaster 1991, Teil E, *Die Sadhanas der Sammlung sGrub-thabs
'Dod-'jo*, von Loden Sherab Dagyab, S. 255.
3 Schumann 1986, S. 173 f.
4 Ebenda, S. 211 f.
5 Rock Oct. 1930, S. 415.
6 Schumann 1986, S. 179, 181.
7 Lavizzari-Raeuber 1984, S. 197; Sagaster 1991, a.a.O., S. 208.
8 Hermanns 1965, S. 10 f; Olschak 1987, S. 61.
9 Lavizzari-Raeuber 1984, S. 169.
10 Schumann 1986, S. 214.
11 Sagaster 1983, Teil B, *Sammlung Werner Schulemann im Museum
für Ostasiatische Kunst, Köln,* B 62.
12 Nebesky-Wojkowitz 1993, S. 69, 204; Tucci 1941, S. 48, S. 57,
und 1956, S. 47.
13 Nebesky-Wojkowitz 1993, S. 68.
14 Bernbaum 1990, S. 21; Waddell 1985, S. 371.
15 Nebesky-Wojkowitz 1993, S. 204.
16 Kvaerne 1985, S. 23, 30.
17 Hummel 1957, S. 946–949; Nebesky-Wojkowitz 1993,
S. 209–213; Rock Feb. 1930, S. 185, und 1956, S. 108, 118 f.
18 Bernbaum 1988, S. 22, 35, 245 f., 294.
19 Nebesky-Wojkowitz 1993, S. 213.
20 Yungdrung Ling im Tsangpo-Tal, am Eingang der neuen Haupt-
halle, an der linken Seitenwand. Photo von 1994.
21 Schumann 1986, S. 159 f.; Lavizzari-Raeuber S. 188 ff.; Bernbaum
1988, S. 198 f.
22 Schumann 1986, S. 354–358.
23 Bernbaum 1990, S. 7, 259, n.10; Schumann 1986, S. 165.
24 Sagaster 1991, Teil E, *Die Sadhanas der Sammlung sGrub-thabs
'Dod-'jo*, von Loden Sherab Dagyab, S. 252.
25 Loden Sherab Dagyab, *Buddhistische Glückssymbole*, München
1992, S. 149 f.
26 Nebesky-Wojkowitz 1993, S. 425.
27 Nebesky-Wojkowitz 1993, S. 19, 427.
28 Ma Lihua 1991, S. 14 f.; Nebesky-Wojkowitz 1993, S. 69, 205 ff.
29 Schumann 1986, S. 243–255.

30 Bernbaum 1988, S. 29, 89, 178, 246, 248ff., 295.
31 Hoffmann 1950, S. 20ff., und 1956, S. 96f.
32 Kvaerne 1985, S. 22f.
33 Hoffmann 1950, op. S. 88, und 1956, S. 85, 97.
34 *Lexikon der östlichen Weisheitslehren*, 1986.
35 Bernbaum 1988, S. 22, 237, 244f., 257f., 295; Hoffmann 1956, S. 120.
36 Berglie 1980, S. 41.
37 Maske im Bön-Kloster in Ombu am Nordufer des Dangre Yu Tso.
38 Kvaerne 1985, S. 22.
39 Kvaerne 1985, S. 22f.
40 Sagaster 1987, Teil C, *Die Kultplastiken der Sammlung Ernst Senner*, von Ursula Toyka-Fuong, S. 99–102.
41 Funke 1969, S. 76–82, 242–246; Nebesky-Wojkowitz 1993, S. 178ff.; Schumann 1986, S. 164ff.
42 Nebesky-Wojkowitz, 1993, S. 203f.

Textnachweis

Folgende Mythen und Legenden wurden direkt aus der Literatur zitiert. Die Quellen, die indirekt für die vorliegende Sammlung eine Rolle gespielt haben, finden sich in den Anmerkungen und im Literaturverzeichnis.

Das Lied vom Ursprung der Welten
   aus: Hermanns, Matthias: Himmelsstier und Gletscherlöwe. Mythen und Fabeln aus Tibet. Erich Röth Verlag: Eisenach/Kassel 1955, S. 21–27.
Von der Entstehung der schwarzköpfigen Menschenähnlichen
   aus: Hoffmann, Helmut: Märchen aus Tibet. Eugen Diederichs Verlag: München 1985, S. 5–9.
Das kosmische Ei
   aus: Olschak, Blanche Christine: Perlen alttibetischer Literatur. Verlag Im Waldgut: Wald/Zürich 1987, S. 33.
Der Affe und die Bergdämonin
   aus: Hoffmann, Helmut: Märchen aus Tibet. Eugen Diederichs Verlag: München 1985, S. 9–13.
Gesars Geburt und Jugend
   aus: Hoffmann, Helmut: Märchen aus Tibet. Eugen Diederichs Verlag: München 1985, S. 23–27.
Gesar und der Teufelskönig des Nordens
   aus: Hoffmann, Helmut: Märchen aus Tibet. Eugen Diederichs Verlag: München 1985, S. 27–32.
Gesars Besinnung
   aus: Olschak, Blanche Christine: Tibet: Erde der Götter. Rascher Verlag: Zürich 1960, S. 56–58.
Gesars Rache und Sieg über die südlichen Mongolen
   aus: Olschak, Blanche Christine: Tibet: Erde der Götter. Rascher Verlag: Zürich 1960, S. 58–61.
Das Wirken des Shenrab Miboche
   aus: Hoffmann, Helmut: Die Religionen Tibets. Verlag Karl Alber: Freiburg/München 1959, S. 77–90.
Die Brautwerbung des Großkönigs Songtsen Gampo in Nepal
   aus: Olschak, Blanche Christine: Tibet: Erde der Götter. Rascher Verlag: Zürich 1960, S. 70–73, und Olschak, Blanche Christine:

Perlen alttibetischer Literatur. Verlag Im Waldgut: Wald/Zürich 1987, S. 70–73.

König Songtsen Gampo wirbt um die Hand einer chinesischen Prinzessin
teilweise aus: Bräutigam, H. (Übers.): Märchen aus Tibet. Kinder-BuchVerlag: Frankfurt 1981: S. 7–13.

Dämonen stören den Bau des ersten Klosters/Gedicht des Königs
aus: Olschak, Blanche Christine: Tibet: Erde der Götter. Rascher Verlag: Zürich 1960, S. 75.

Der Mönchskönig Yeshe Ö
aus: Olschak, Blanche Christine: Perlen alttibetischer Literatur. Verlag Im Waldgut: Wald/Zürich 1987, S. 111–114.

Milarepa
aus: Olschak, Blanche Christine: Perlen alttibetischer Literatur. Verlag Im Waldgut: Wald/Zürich 1987, S. 111–138.

Sakya Lama und Drukpa Künleg
aus: Dowman, Keith: Der heilige Narr. © Deutsche Rechte bei Otto Wilhelm Barth Verlag (im Scherz Verlag): Bern/München/Wien 1982, S. 77–80.

Drukpa Künleg besucht das Kloster Drepung
aus: Dowman, Keith: Der heilige Narr. © Deutsche Rechte bei Otto Wilhelm Barth Verlag (im Scherz Verlag): Bern/München/Wien 1982, S. 59 f.

Bildnachweis

Beyer: Magic and Ritual in Tibet. Verlag Motilal Banarsidass: Dehli 1988. © The Regents of the University of California 1973: S. 147, 229.

Everding, Karl-Heinz: Tibet. Du Mont Verlag: Köln: S. 115, 132, 141, 151, 236.

Gruschke, Andreas: vorderes Umschlagbild, S. 35, 56, 160, 169, 197, 223, 233, 239, 246.

Kvaerne, Per: Tibet. Bon religion. A Death Ritual of the Tibetian Bonpons. E. J. Brill: Leiden 1985: S. 230.

Schumann, Hans Wolfgang: *Buddhistische Bilderwelt*. Ein ikonographisches Handbuch des Mahayana- und Tantrayana-Buddhismus. Eugen Diederichs Verlag: München 2. Auflage 1993: S. 19, 222, 248, 251.

Literatur

Bacot, Jacques: *Introduction à l'histoire du Tibet.* Paris 1962.

Baradijn, B.: *Reise nach Labrang,* Mitteilungen der Kaiserlichen Russischen Geographischen Gesellschaft, Bd. XLIV, 1908.

Batchelor, Stephen: *Der Große Tibet-Führer.* Berwang/Tirol 1988.

Becker, Andrea: *Eine chinesische Beschreibung von Tibet aus dem 18. Jahrhundert.* Diss. München 1976.

Bell, Charles: *The Religion of Tibet.* Oxford 1931, Nachdruck New Delhi 1987.

Berglie, Per-Arne: »Mount Targo and Lake Dangra: A Contribution to the Religious Geography of Tibet.« In: M. Aris & Aung San Suu Kyi (Hrsg.): *Tibetan Studies in Honour of Hugh Richardson.* New Delhi 1980, S. 39–43.

Bernbaum, Edwin: *Der Weg nach Shambhala.* Freiburg 1988.

Bernbaum, Edwin: *Sacred Mountains of the World.* San Francisco 1990.

Bielmeier, Roland/Herrmann, Silke: *Märchen, Sagen und Schwänke vom Dach der Welt.* Band 3, Sankt Augustin 1982.

Bishop, Peter: *The Myth of Shangri La.* London 1989.

Bleichsteiner, Robert: *Die Gelbe Kirche,* Wien 1937.

Bräutigam, H. (Übers.): *Märchen aus Tibet.* Frankfurt 1977, 3. Aufl. 1981.

Butön: *The History of Buddhism in India and Tibet.* Teil II von E. Obermiller: *History of Buddhism by Bu-ston.* Heidelberg 1931/32.

Chang, Garma C. C.: *The Hundred Thousand Songs of Milarepa.* Boston 1977.

Chattopadhyaya, A. (Hrsg.): *Sarat Chandra Das – Tibetan Studies.* Nachdruck, New Delhi 1984.

Chodag, Tiley: *Tibet. Land und Leute.* Beijing 1991.

Dai Anchang: *Siguniang Shan – Mountain Siguniang.* Chengdu 1990.

Dalai Lama: *Mein Leben und mein Volk.* München 1962.

Das, Sarat Chandra: *Journey to Lhasa and Central Tibet* (1902). Nachdruck New Delhi 1970.

Das, Sarat Chandra: »Early History of Tibet«. In: *Journal of the Asiatic Society of Bengal* (1881), S. 211 ff., Nachdruck in: Chattopadhyaya 1984, S. 25–55.

Das, Sarat Chandra: *Dispute between a Buddhist and a Bonpo Priest for the possession of Mount Kailasa and the Lake Manasa* (1881). Nachdruck, Chattopadhyaya 1984, S. 18–24.

Das, Sarat Chandra: »Life and Legend of Tsoń-khapa«. In: *Journal of the Asiatic Society of Bengal* (1882), S. 53 ff. Nachdruck, Chatto-padhyaya 1984, S. 142–148.

David-Néel, Alexandra: *La vie surhumaine de Guésar de Ling* (1931). (Engl. zus. mit Lama Yongden: *The Superhuman Life of Gesar of Ling*. Boulder 1981.)

Dowman, Keith: *Der heilige Narr*. Bern/München/Wien 1982.

Ellinger, Herbert: *Om. Das andere Denken*. Wien 1986.

Evans-Wentz, W. Y., *Milarepa. Tibets großer Yogi*. Bern 1978.

Ferrari, Alfonsa/Petech, Luciano: *Mk'yen brtse's Guide to the Holy Places of Central Tibet*. Rom 1958.

Filchner, Wilhelm: *Das Kloster Kumbum in Tibet*. Berlin 1906.

Filchner, Wilhelm/Unkrig, W. A.: *Kumbum Dschamba Ling*. Leipzig 1933.

Fischer-Schreiber, I./Ehrhard, F.-K./Friedrichs, K./Diener, M. S.: *Lexikon der östlichen Weisheitslehren*. Bern / München / Wien 1986.

Francke, A. H.: *Der Frühlings- und Wintermythus der Kesarsage*. Société Finno-Ougrienne (1902). Neuausgabe Osnabrück 1968.

Francke, A. H.: »gZer-myig. A book of the Tibetan Bonpos«. In: *Asia Major* 1924, 1926, 1927, 1930, 1939.

Fuhrmann, E.: *Die heiligen Bücher des Nordens*. Band I, Berlin 1925.

Funke, F. W.: »Berggeister und Berggötter, ihr Wesen und Kult«. In: *Religiöses Leben der Sherpa*, Innsbruck/München 1969.

Funke, F. W.: *Die Sherpa und ihre Nachbarvölker im Himalaya*. Frankfurt a. M. 1978.

Govinda, Lama Anagarika: *Der Weg der Weissen Wolken*. Bern/München/Wien 1973, 10. Aufl. 1987.

Grünwedel, A.: *Mythologie des Buddhismus in Tibet und der Mongolei* (1900). Nachdruck Osnabrück 1970.

Gruschke, Andreas: *Reich der Mitte*. Freiburg 1988.

Gruschke, Andreas: *Tibet. Weites Land auf dem Dach der Welt*. Freiburg 1993.

Gruschke, Andreas: *Weisheit der Tibeter*. Würzburg 1995.

Guo Cuiqin: »The Magnificent Mount Qomolangma«. In: *Explorer, Tibetan Magazine*, 3.Jg., special issue, Lhasa 1991, S. 25 f.

Haarh, Erik: *The Yar-luń Dynasty*. Kopenhagen 1969.

Heissig, Walther (Übers.): *Mongolische Erzählungen*. Zürich 2. Aufl. 1986, S. 81–167.

Henss, Michael: *Tibet. Die Kulturdenkmäler*. Zürich 1981.

Hermanns, Matthias: »Schöpfungs- und Abstammungsmythen der Tibeter«. In: *Anthropos*, XLI/XLIV (Freiburg 1946–49), S. 275–298, 817–847.

Hermanns, Matthias: *Himmelsstier und Gletscherlöwe. Mythen, Sagen und Fabeln aus Tibet.* Eisenach/Kassel 1955.

Hermanns, Matthias: *Das Nationalepos der Tibeter gLing König Gesar.* Regensburg 1965.

Herrmann, Silke: *Kesar-Versionen aus Ladakh*, Asiatische Forschungen, Bd. 109, Wiesbaden 1991.

Hilton, James: *Der verlorene Horizont.* Frankfurt 1979, Neuauflage 1989.

Hoffmann, Helmut: »Quellen zur Geschichte der tibetischen Bon-Religion«. In: *Abhandlungen der Akademie der Wissenschaften und der Literatur in Mainz,* 1950.

Hoffmann, Helmut: *Mila Raspa.* München 1950b.

Hoffmann, Helmut: *Die Religionen Tibets.* Freiburg/München 1956.

Hoffmann, Helmut: *Märchen aus Tibet.* Köln 1965, Neuauflage 1985.

Huc und Gabet: *Wanderungen durch die Mongolei nach Tibet zur Hauptstadt des Tale Lama.* Leipzig 1855.

Hummel, Siegbert: »Heilige Berge in Tibet«. In: *Anthropos* 52 (1957), S. 944–949.

Hummel, Siegbert: »Anmerkungen zur Gesar-Sage«. In: *Anthropos* 54 (1959).

Karmay, Samten G.: *The Treasury of Good Sayings: A Tibetan History of Bon.* London 1972.

Kaschewsky, Rudolf/Tsering, Pema: *Die Eroberung der Burg von Sum-pa* (Asiatische Forschungen Bd. 94). Wiesbaden 1987.

Kawaguchi, Ekai: *Three Years in Tibet* (1909). Nachdruck, Kathmandu 1979.

Kozlow, P. K.: *Mongolija i Kam.* St. Petersburg 1906.

Kozlow, P. K.: *Mongolei, Amdo und die tote Stadt Chara-Choto.* Berlin 1925.

Kvaerne, Per: *Tibet. Bon religion. A Death Ritual of the Tibetan Bonpos.* Leiden 1985.

Loden Sherab Dagyab Rinpoche: *Buddhistische Glückssymbole.* München 1992, 2. Aufl. 1996.

Laufer, Bertold: *Zur Geschichte des Schminkens in Tibet* (Publikationen aus der Zeit von 1894 bis 1910, hrsg. v. H. Walravens). Wiesbaden 1976, S. 36 f.

Laufer, Bertold: *Der Roman einer tibetischen Königin.* Leipzig 1911.

Lavizzari-Raeuber, Alexandra: *Thangkas. Rollbilder aus dem Himalaya. Kunst und mystische Bedeutung.* Köln 1984.

Lexikon der östlichen Weisheitslehren. München/Zürich/Wien 1986.

Ma Lihua: *Glimpses of Northern Tibet.* Peking (Beijing) 1991.

Mabbett, I. W.: »The Symbolism of Mount Meru«. In: *History of Religions,* 23, Nr. 1 (1983), S. 64–83.

Maillart, E.: *Oasis interdites*. Lausanne 1982.

Mandala, Patrick: *Sva Dharma. Contes du bouddhisme tibétain*. Paris o. J., S. 117–120.

Müller, Claudius C./Raunig, Walter: *Der Weg zum Dach der Welt*. Innsbruck o. J.

Nebesky-Wojkowitz, René de: »Hochzeitslieder der Lepchas«. In: *Asiatische Studien*. Zürich 1953, VI, 1–4, S. 30–40.

Nebesky-Wojkowitz, René de: *Oracles and Demons of Tibet*. Den Haag 1956, Nachdruck Kathmandu 1993.

Nebesky-Wojkowitz, René de: *Where the Gods Are Mountains: Three Years Among the People of the Himalayas*. New York o. J.

Norbu, N.: *The Necklace of gZi. A Cultural History of Tibet*. Dharamsala 1981.

Obermiller, E.: *The History of Buddhism in India and Tibet by Bu-ston*. Heidelberg 1932, Nachdruck Delhi 1986.

Olschak, Blanche Christine: *Tibet: Erde der Götter*. Zürich 1960.

Olschak, Blanche Christine: *Perlen alttibetischer Literatur*. Wald/Zürich 1987.

Paul, Robert A.: *The Sherpas of Nepal in the Tibetan Cultural Context*. Delhi 1989.

Pörzgen, H.: »Entdeckung einer versunkenen Kultur«. In: *Frankfurter Allgemeine Zeitung*, Nr. 92, 18. April 1962, S. 24.

Reinhard, Johan: »Khembalung: The Hidden Valley«. In: *Kailash, Journal of Himalayan Studies*, Bd. VI, 1978, Nr. 1, S. 5–35.

Rock, J. F.: »Seeking the mountains of mystery«. In: *The National Geographic Magazine*, Bd. LVII, Nr. 2, (Feb. 1930), S. 131–185.

Rock, J. F.: »The Glories of the Minya Konka«. In: *The National Geographic Magazine*, LVIII, No. 4 (Okt. 1930), S. 385–437.

Rock, J. F.: *The Amnye Mach-chhen Range and Adjacent Regions*. Rom 1956.

Rock, J. F.: »Contributions to the Shamanism of the Tibetan-Chinese Borderland«. In: *Anthropos* 54, 1959.

Rockhill, W. W.: *The Land of the Lamas. Notes of a Journey through China, Mongolia and Tibet*. London 1891, Nachdruck New Delhi 1988.

Roerich, G. de: »The Epic of King Kesar of Ling«. In: *Journal of the Royal Asiatic Society of Bengal*, Letters, Bd. VIII, Nr. 2, 1942, S. 277–311.

Roerich, G. de: *The Blue Annals*. Kalkutta 1949.

Roerich, G. de: *Le Parler de l'Amdo* (Serie Orientale Roma, Bd. XVIII). Rom 1958.

Sagaster, Klaus (Hrsg.): *Ikonographie und Symbolik des tibetischen Buddhismus*. Wiesbaden (Teil B) 1983, (Teil C) 1987, (Teil E) 1991.

Satya Ho Publications: *Svoyambu Historical Pictorial*. Kathmandu 1985.

Schäfer, Ernst: *Das Fest der weißen Schleier*. Durach 1988.

Schäfer, Ernst: *Über den Himalaya ins Land der Götter*. Durach 1989.

Schiefner, A.: *Das Bonpo Sutra: »Das weiße Naga-Hunderttausend«*. St. Petersburg 1880.

Schmidt, I. J.: *Die Thaten Bogda Gesser Chan's, des Vertilgers der Wurzel der Zehn Übel in den Zehn Gegenden – Eine historische Heldensage* (Kaiserliche Akademie der Wissenschaften). Sankt Petersburg 1839.

Schumann, Hans Wolfgang: *Buddhistische Bilderwelt. Ein ikonographisches Handbuch des Mahayana- und Tantrayana-Buddhismus*. München 2. Aufl. 1993.

Senft, W.: *Tibets Götter leben*. Graz/Stuttgart 1983.

Siiger, Halfdan: »A Cult for the God of Mount Kangchenjunga Among the Lepchas of Northern Sikkim«. In: *Actes du IVe congrès international des sciences anthropologiques et ethnologiques*, Wien 1955, 2, S. 185–189.

Snellgrove, David: *The Nine Ways of Bon*, London 1976.

Snellgrove, David/Richardson, Hugh E.: *A Cultural History of Tibet*. Boston 1986.

Stein, R. A.: *Recherches sur l'épopée et le barde au Tibet*. Paris 1959.

Tafel, Albert: *Meine Tibetreise*. Stuttgart/Berlin/Leipzig 1914.

Tatz, Mark/Kent, Jody: *Karma. Durch Wiedergeburt zur Befreiung*. Düsseldorf und Köln 1978.

Tshering-thar: »The Ancient Zhang Zhung Civilization«. In: *Tibet Studies* (Journal of the Tibetan Academy of Social Sciences), 1989, Nr. 1, S. 90–104.

Tsering Yuchen, T.: *Zangbei minjian gushi* (chines., *Alte Volkserzählungen aus Nordtibet*). Lhasa 1993.

Tucci, Giuseppe: *Indo-Tibetica (Gyantse ed i suoi monasteri)*. Bd. IV.1. Rom 1941.

Tucci, Giuseppe: *Tibetan Painted Scrolls*. Rom 1949.

Tucci, Giuseppe: *To Lhasa and Beyond*. Rom 1956.

Tucci, Giuseppe: »Die Religionen Tibets«. In: G. Tucci und W. Heissig, *Die Religionen Tibets und der Mongolei*. Stuttgart/Berlin/Köln/Mainz 1970.

Waddell, Austine: *The Buddhism of Tibet or Lamaism*. London 1895; Nachdruck *Buddhism and Lamaism of Tibet*, New Delhi 1985.

Wang Zhenhua: *Xueyu gushi xinyi* (chines., *Neu übersetzte Geschichten aus dem Schneeland*), Lanzhou 1992.

268

Wei Tang: »Wie es kam, daß die Prinzessin Wen Cheng den König von Tibet heiratete«. In: *China im Aufbau,* Januar 1986, S. 67.

Wylie, Turrell V.: *The Geography of Tibet according to the 'Dzam-gling-rgyas-bshad.* Rom 1962.

Xie Zuo, Gesangben/Ling, He: *Qinghai de siyuan* (chines., *Klöster in Qinghai*), Xining 1986.

Ye Xiaojun: *Xibei de mingsheng guji* (chines., *Die Kulturdenkmäler des Nordwestens*). Yinchuan 1987.

Yu Naichang: *Xizang minjian gushi – Di wu ji: Luobazu, Menbazu* (chines., *Alte Volkserzählungen aus Tibet – Bd. 5, Lhopa und Mönpa*). Lhasa 1989.

Zhu Xianlu: *Qinghai Lüyou Shouce* (chines., *Reisehandbuch Qinghai*). Xining 1988.

Register

Wegen unterschiedlicher Quellen, mangelhafter Übertragungen und Dialektunterschiede ließen sich Fehler und Ungereimtheiten in der Transkription nicht ganz vermeiden. Zudem sind manche Namen und Begriffe in einer bestimmten Schreibweise bei uns bekannt, die zu ändern gerade aus diesem Grund nicht geboten war (z. B. Changthang statt Jangthang). Die Artikulation der Wörter kommt der richtigen tibetischen Aussprache (Lhasa-Hochsprache und, gelegentlich, Dialekte) meistens dann am nächsten, wenn die lateinischen Buchstaben als Vokale auf deutsch und die Konsonanten (insbesondere j, ch, sh, r) auf englische Art und Weise pronconciert werden. Ein auf einen Konsonanten folgendes »h« bedeutet in der Regel Aspiration; bei den Konsonanten p und s wurde wegen der Verwechslungsmöglichkeit mit »ph« (f) und »sh« (sch) auf das »h« als Hinweis für die Aspiration verzichtet. Die Transliteration ist in kursiver Schrift gehalten. Wenn bei Begriffen der tibetische und der Sanskritname aufgeführt sind, beziehen sich die Seitenangaben nur auf den erstgenannten. Hauptverweise sind fettgedruckt.

Acharya 166

Affe 23 f, 28, 31–34, 40–43, 174

Agu Gani *(A-gu dGa-ni)* 48, 57, 61 f

Agu Pälle *(A-gu dPal-le)* 48, 57, 61 f

Agu Tromo *(A-gu Khromo)* 48 f, 55, 57 f

Ahnen, -geister, -gottheit 98, 134

Aju Mergen 58, 77, 79

Akanishta 125

Amdo *(mdo-stod)* 36, 42, 47, 85, 90 f, 93–97, 99–103, 129, 173, 181, 183, 199, 204 f, 207, 211

Amnye Gungmen Gyalmo *(A-ne Gung-sman rgyal-mo)* 67 f

Amnye Machen *(A-myes rMa-chen)* 95, 198

Animismus, animistisch 37, 39, 44, 46, 133

Aralgho Goa 58

Asha Sangwa Dodud *(A-zha gsang-ba mdo-sdud)* 123

Asura 33, 76, 113, 115, 118

Atisha 185, 195 f, 198, 207 ff

Avalokiteshvara (tibet. → *Chenresi*) 31, 43, 96 f

Bamgo 85 ff

Banakasum *(sBa-nag-kha-sum)* 46

Barwe Drönmachen *('Bra-ba'i sgron-ma-can)* 116 ff

Berggott, -göttin, -heit 31, 42, 98, 142

Bhrikuti (tibet. → Lhachig Tritsun) 32, 148, 151 f, 178

Bhutan 90

Bö *(Bod)* 24, 29, 106f, 109f, 119, 125

Bodhisattva 26, 32f, 34, 96f, 110f, 144, 183, 188, 195f, 198, 205, 209

Bön *(Bon)* 14, 22ff, 26, 37, 39f, 42, 44, 46, 96f, 99f, 104, 108–111, 113f, 116, 118–121, 123–129, 131–138, 140, 144, 171, 173ff, 180, 208

Bön Shenrab Mibo Ye Shen *(Bon-gshen-rab mi-bo ye gshen)* 135

Brahmaputra (tibet. Yarlung → Tsangpo)

Brungmo *('Brug-'mo)* → Drukmo

Buddha 32, 52, 131, 133–138, 149, 151, 160, 164f, 181, 184, 198f, 201, 209

Büke 82

Burjäten 90

Butön *(Bu-ston)* 196

Byzanz 99ff

Cäsar 98f

Cha *(Phya)* 21f, 24, 193,

Chagan Danjin 205f

Chala Dramshing *(Phya-bla bram-shing)* 22

Chana Dorje *(Phyag-na rdo-rje)* = Vajrapani 195

Chang (Gerstenbier) 213

Chang'an 152f, 161f, 179

Changthang, Jangtang *(Byang-thang)* 96, 129f, 132

Chenresi *(sPyan-ras-gzigs)* 96

China 46, 65, 89, 94, 100, 102, 120f, 125, 137, 148, 152, 171, 175, 178ff, 192f, 212

Chinesen, chinesisch 36f, 39f, 42f, 44, 46f, 65f, 91, 93f, 100, 129f, 138, 171, 193f

Chingwa Tagtse *('Phying-ba'i stag-rtse)* 109, 143ff

Chira Jepa *(Khyi-ra byed-pa)* 181

Chobhar 44

Chogpo *(lCog-po)* 60

Chomolangma *(Jo-mo-glang-ma)* 28

Chöpen Drinsangma *(Cod-pan mgrin-bzang-ma)* 28

Chotong 77, 79f

Chujam Gyalmo 25f

Chunglung Ngulkhar *(Khyung-lung dngul-mkhar)* 104

Chungpo Sengchen *(Khyung-po seng-chen)* 105

Chungpori Tsedrug *(Khyung-po-ri tse-drug)* 104

Chungsa Tsogyal *(Khyung-za mTsho-rgyal)* 107f

Dalai Lama, tibet. Gyalwa Rin-poche *(rGyal-ba Rinpoche)* 13, 200f, 205, 212

Dangma Jangtra *(sDang-ma spy-ang-khra)* 72

Dangre Yu Tso *(Dangs-ra'i gYu-mtsho)* 107, 112, 128

Darlha Gochöma *(Dar-lha Go-chod-ma)* 59f

Dase 25

Dejung *(bde 'byung)* → Shambhala

Demchok *(bDe-mchog)*, Sans-krit → Samsara

Dharmapala (tibet. Chögyong) 184, 211

Dönden *(Don-ldan)* 50ff

Döndrub *(Don-grub)* 48, 50–54, 67

Dong *(lDong, gDong)* 101

Dongsum Mila Ngonmo *(Dong-gsum mi-la sngon-mo)* 48

Donnergott 198

Dönyö *(Don-yod)* 50ff

Drache 27f, 45, 76, 123, 128, 165, 193

Draje *(Drva-bye)* 109
Dralha *(dGra-lha)* 142
Drangkeche Kätra *(Brang-ke-ce kad-phra)* 18
Dre (böse Geister) 45
Drepung *('Bras-spungs)* 200, 202 ff
Drigum Tsenpo *(Gri-gum btsan-po)* 141 f, 175 f, 177
Drigung *('Bri-gung)* 196
Drilrag Pungtra *(Dril-rag dpung-bkra)* 21
Dripachen *(Grib-pa-can)* 17
Drokpa *('Brog-pa)* 102 f
Dromtön *('Brom-ston)* 209
Dröpug *(Drod-phug)* 24, 42
Drukmo *('Brug-uma* bzw. *'Brug-umo, 'Brug-'mo)* 58–64, 67 f, 73–78, 82, 88, 93, 99
Drukpa Künleg *('Brug-pa Kunlegs)* 191 ff, 203, 210 ff
Drün Yeshe Gyaltsen *(Grun Yeshes rGyal-btsan)* 207
Drushu Pamevu *(Bru-zhu sparme-vu)* 104
Dsesse Schikir 76, 78, 84
Düchapa 126
Dud *(bDud)* 94, 118–121
Dud Aachung 85 ff, 96
Dzemo Bamsa Bumkyi *(Dze-mo 'bam-za 'bum-skyid)* 67, 69 ff, 73–76, 78, 97

Ei (Eier) 16 f, 20 f, 26, 28 f, 39, 41 ff, 46
Elefant 151
Elemente 28, 42, 114, 208
Erdherren (tibet. s. auch → Sadag) 30 f, 45

Finsternis 29, 38, 42
Fu-lin 100
Fünf Feen 27 f

Ganden *(dGa-'ldan)* 199 f, 213
Gawa Mubön Nagpo 26
Gedündrub *(dGe'dun-grub)* 200
Gelber Fluß (tibet. s. auch → Ma Chu) 43, 46
»Gelbmützen« 197, 199
Gelugpa *(dGe-lugs-pa)* 197, 199, 21 f
Gerabsal *(Shakya dGe-rab-gsal)* 182
Gesar (auch Kesar) 48, 54 ff, 58, 60 ff, 63–84, 86–102, 136 f
Göden Khan 209
Gogsa Lhamo *(Gog-bza lha-mo)* 48, 54, 57, 63 f
Goldenes Zeitalter 44
Golok (im Amdo-Dialekt: → Ngolok)
Gomchen *(sGom-chen)* 213
Gongpa Rabsal *(dGongs-pa rabgsal)* 182 f
Götterwelt 41, 49 f, 54, 92, 115
»Groß-Tibeter« *(Bod chen)* 103
Guge *(dGu-ge)* 184, 207 f
Gungthang 186
Gurbum *(mGur-'bum)* 189, 191
Gurkar *(Gur-dkar)* 73, 76, 80, 84
Guru Rinpoche (Sanskrit → Padmasambhava)
Gya 29, 42 f
Gyabten *(rGyab-rtan)* 48
Gyade Nyernga *(Rgya-sde nyerlnga)* 104
Gyalbön Thökar *(rGyal-bon thod-kar)* 113, 135
Gyalkhar Bachö *(rGyal-mkhar ba-chod)* 104
Gyalshema *(rGyal-zhad-ma)* 113 f, 135
Gyalwa Nyeche *(rGyal-ba mnyes-tshai)* 104
Gyangtho *(Gyang-mtho)* 119
Gyantse *(rGyal-rtse)* 196
Gyapungchen 112, 125, 132

Gyatri Lashe *(rGya-khri la-bzhes)* 24
Gyerpung Nangsher Löpo *(Gyer-spungs snang-bzher lod-po)* 107 ff

Hanumanda 121
Himalaya 28, 42, 90, 148, 171, 188
Himmel 18 f, 29 f, 41, 45 f, 55, 59, 65, 84, 112 f, 122, 136, 140, 176 f
Himmelspfeiler 46
Himmelsseil, -leiter 40, 174 ff
Hirtenkrieger 94, 99
Hölle 17, 41, 203
Hömo *(Hos-mo)* 115
Hor 24, 29, 42, 76 f, 80 f, 84, 93 f, 96, 102
Hösa Gyalme *(Hos-za rgyal-med)* 116
Hsifan 46
Hund 47, 50, 63, 65, 142
Hunderttausend Bilder → Kumbum *(sKu-'bum)*
Hunderttausend Lieder → Gurbum *(mGur-'bum)*
Hungergeister 41
Hunza, Hunzukutz 90, 129
Hwashang Kewang 182

Initiationsgottheit, -göttin 211
Iran, iranisch 39, 99 f, 102, 136

Jachung Gompa *(Bya-Khyung dGon-pa)* 195, 199
Jachungma *(Bya-khyung-ma)* 22
Jambhala *(Dsam-bha-la)* 113
Jambudvipa *(Dzam-bu gling)* 171
Jamyang Shepa *('Jam-dbyangs bZhad-pa)* 204 ff, 212
Jang *('Jang)* 24, 29, 42, 94
Jatsog *(Bya-tshogs)* 33

Jebu *(dPyad-bu)* 116, 122
Jincheng 161–164
Jitsug Gyalwa *(sPyi-gtsug rgyal-ba)* 22
Joguren (Yugur) 46
Joro 58, 60–64

Kadam, -pa 195, 209
Kädrub Jamchen Chöje *(mKas-grub byams-chen chos-rgye)* 199 f
Kagyü, -pa 188, 208, 212
Kailash 9, 112, 122 f, 125, 129, 174, 208
Kaisar 99 f
Känyen Lingbum *(sKad-snyan gling-bum)* 48
Karma, Karman, karmisch 31 ff, 41, 114, 118, 187
Karnag Trasäl *(dKar-nag bkra-gsal)* 124
Karthigmo *(dKar-thig-mo)* 54 f
Kathmandu 44
Keimsilbe 41
Kesar *(Ge-sar)* → Gesar
Khampa 102
Khele 29
Khön *('Khon)* 192, 209
Khrom 98–102
Khrom bo 101
Khrom thzang 101
Khyapa Laring *(Khyab-pa lag-rings)* 67, 70 ff, 118–123, 137
Khyunglung → Chunglung
»Klein-Tibeter« *(Bod chung)* 103
Kokonor, tibet. → Tso Ngompo *(mTsho sNgon-po)*
Könchog Gyalpo *(dKon-mchog rGyal-po)* 209
Kongpo 119, 142, 175
Korde 208
Ktesiphon 100
Kublai Khan 209
Kulturheros, -heroen 47

273

Kumbum Jampa Ling *(sKu'bum byams-pa gling)* 194, 201, 211
Kunchen Jamyang Shepa → Jamyang Shepa
Küne Goa 66
Künga Legpa Sangpo *(Kun-dga' Legs-pa'i bZangpo)* → Drukpa Künleg
Kurmenmo *(bKur-dman-mo)* 54
Kyabdün *(sKyab-sbdun)* 59
Kyanggö Yerpa *(rKyang-rgod dbyer-pa)* 71, 74, 83
Kyangjung Yerpa *(rKyang-byung dbyer-pa)* 52, 60, 64
Kyerdzong Nyenpo *(sKyerrdzong snyan-po)* 72

Labrang Tashi Chil *(bLa-brang bKra-shis 'khyil)* 204f, 212
Lachen Gewa-Rabsal *(bLa-chen dGe-ba rab-gsal)* 207
Lachigang *(La-phyi-gangs)*, → Mt. Everest
Langdarma *(gLang-dar-ma)* 171–174, 180ff, 184, 206f
rLangs Po-ti bse-ru 95
Lantsha *(lan-tshwa)* 192
Leere 29, 31, 105, 116, 128, 185, 190
Lepcha 90
Lepung Gyalpo 111, 132
Lhachig Kongjo *(Lha-gcig Kong-jo)*, s. auch → Wencheng 148
Lhachig Tritsun *(Lha-gcig Khribtsun)*, s. auch → Bhrikuti 148
Lhamin *(Lha-min)* 18
Lhasa *(Lha-sa)* 9, 45, 85, 139, 151f, 158, 164, 172f, 194, 198–201, 203f, 212, 214
Lhathothori Nyentsen *(Lha-tho tho-ri snyan-btsan)* 143f
Lhayül 45

Li 24, 171
Licht 25, 29f, 38, 136, 140
Ligmirhya 105ff, 110, 131
Ling *(gLing)* 48ff, 53f, 60, 67–77, 84, 91, 93, 95, 100f
Losang Dragpa *(bLo-bsang Grags-pa)* 195, 211
Lotos, -blüte 17, 100, 148
Lü *(kLu)*, Sanskrit → Naga

Ma Chu *(rMa chu)*, s. auch → Gelber Fluß 46, 181, 195
Magyal Pomra *(rMa-rgyal sPom-ra)* 87
Maitreya *(Byams-pa)* 172, 183, 199
Malo *(rMa-lo)* 114
Mandala, tibet. Chilkhor *(dKyil-'khor)* 168, 170
Mani Ka'bum 41
Manichäismus, manichäisch 100, 102, 136
Manjushri *('Jam-dpal bzw. 'Jam-pa'i-dbyangs)* 26f, 42, 44, 195f, 198, 205, 209
Mantra 192
Marpa 187f, 190, 208
Meer 43
Menba Saidun 26
Mensa 86f
Menschenopfer 39
Menschenwelt 45, 115
Meru *(Ri-rab lhün-po)* 34, 42, 113, 125, 166
Migmisang *(Mig-mi-bzang)* 208
Milarepa *(Mi-la-ras-pa)* 186–191
Milü Samleg *(Mi-lus bsam-legs)* 104
Miyo Langsangma *(Mi-g.yo glang-bzang-ma)* 28
Miyül 45
Mogpo *(rMog-pho)* 23
Mön *(Mon)* 29

Mongolen, mongolisch 36f, 42,
82, 89f, 95f, 98, 129, 171,
175, 201, 209, 212
Mönlam 199
Möpa *(Mos-pa)* 181, 183
Moso 137
Mt. Everest, tibet. → Chomo-
langma
Mu *(sMu)* 22, 45, 113
Mucho Demdrug *(Mu-cho
ldem-drug)* 124f, 137
Mujü Karpo *(Mu-brgyud dkar-
po)* 112

Naga = Lü *(kLu)* 22, 30f, 45,
123, 167, 170
Nagcho 185
Nagchu 85
Näljorpa *(rNal-'byor-pa)* 212ff
Nam *(gNam)* 45
Namkha Töndo Chösug 24f, 42
Nampar Gyalpo *(rNam-par
rgyal-po),* → Shenrab
Namri Songtsen *(gNam-ri
srong-btsan)* 144, 146, 176,
178
Nangdrön Lekma 106f
Nanglam Ledrub 106f
Naxi *(Nakhi)* 98
Nechung *(gNas-chung)* 212
Nepal 22, 44, 90, 147ff, 152,
178, 190
Nepal-Tal 44
Nethang *(sNye-thang)* 196
Netrom Latra *(sNe-phrom la-
khra)* 23, 40
Ngari *(mNga'-ris)* 106, 129, 181,
184
Ngawang Tsondrü *(Ngang-
dbang brtson-'grus)* 204f
Ngolok *(mGo-log)* 46f, 194
Ngub *(rNgub)* 108
Nirvana 123, 135, 183
Nöjin *(gNod-sbyin),* → Yakshas

Nomaden, -nomaden 102, 130,
140, 175f, 181
Nubchung 186f
Nyak 186
Nyatri Tsenpo *(Nya(g)-khri
btsan-po)* 36, 139ff, 143, 174f
Nyekor *(Nye-'khor)* 17
Nyen *(gNyan)* 22, 24, 30f, 42,
45
Nyenbarwa Dunggo Gyithor
Tsugchen *(gNyan-bar-ba
dung-mgo gyui-thor tshugs-
chen)* 30
Nyetse *(Nye-thse)* 17
Nyingma, -pa 194, 196, 198,
209, 212

Öde Gunggyal *(Od-de gung-
rgyal)* 22
Ogyül 45
Olchibai 82f
Olmolungring *(Ol-mo-lung-
ring)* 112, 114, 124, 135
Ölöten 46, 95, 205
Om mani peme hum *(Om mani
padme hum)* 192
Ongcho, → Wencheng
Ost-Rom 99, 102
Osttibet *(mdo-khams)* 40, 87,
95f, 100, 102, 128, 171, 182,
207
Ö-Sung *('Od srung)* 207f

Padmasambhava *(Gu-ru Rin-po-
che)* 97, 164–168, 172, 179,
201, 209, 211
Pagpa *('Phags-pa)* 209
Pälgyi Dorje *(dPal-gyi rdo-rje)*
172f, 182
Pälle *(dPal-le)* 48, 72
Panchen Lama *(Pandita chenpo
Rinpoche)* 200
Parchang Gompa *(sPar-tshang
dgon)* 105

Parpo Sogye *(Phar-po so-brgyad)* 113, 123 f
Pehar *(Pe-har, dPe-kar, Pe-dkar)* 201
Pfeil 69, 78, 139, 142, 173 f
Phrom 99 f
Phya → Cha
Polha *(Pho-lha)* 142
Polyphem (-Thema) 99
Potala 32 f, 200
Preta 33 f, 113, 115
Pu *(sPu)* 108
Pude Gunggyal *(sPu-de gung-rgyal)* 143
Purim 100

Qarluk 181, 184 f
Qiang 40, 42, 46, 98, 130, 175 f
Qinghai (chines. Provinz) 128
Qinghai Hu, Qinghai-See, tibet. → Tso Ngompo *(mTsho sNgon-po)*
Qomolangma → Chomolangma

Rabsal aus Tsang *(gTsang Rab-gsal)* 181 f
Ramoche 172
Rechungpa *(Ras-chung-pa)* 190
Rendawa *(Red-mda'-ba)* 196
Reting *(Rva-sgrengs)* 196
Rinchen Sangpo *(Rin-chen bzang-po)* 208
Rind 24
Rirab Lhünpo Sanskrit → Meru
Rolpa Dorje *(Rol-pa'i rDo-rje)* 195
Rongpas 102
»Rotmützen« 199, 212
Rulakye *(Ru-la-skyes)* 143
Rumija (Byzanz) 100, 102
Rungmo *(Rung-mo)* 22

Sadag *(sa-bdag)* 23, 45

Sakya *(Sa-kya)* 191 f, 196, 209 f
Sakya Pandita 191–194, 209
Sakyamuni *(Sha-kya thub-pa)* 136, 172, 181, 198
sal *(gsal)* → Licht
Salchab Öden *(gSal-khyab od-ldan)* 114
Salwa *(gSal-ba)* 112
Salwa Yeshe *(gSal-ba ye-shes)* 105, 128
Samsara 33, 121, 190, 219
Samye *(bSam-yas)* 164, 166, 168 ff, 172, 179, 196 f, 201, 212
Sanggye *(Sang-gyas)* 16, 41
Sangpo Bumtri *(Sangs-po 'bum-khri)* 21, 25 f, 39, 113 f
Sashi Sergyi Rübal *(Sa-gzhi ser-gyi rus-sbal)* 27
Satri Ersang 25
Schaf 63
Schamane, Schamanismus, scha-manistisch 39, 44, 46, 133 ff, 140
Schara-Yugur 96
Schildkröte 26 f, 46
Seidenstraße 94, 100, 159, 207
Sekhar *(gSas-mkhar)* 120
Semarkar *(Sad-mar-kar)* 105
Semkyi Drönmachen *(Sems-kyi sgron-ma,can)* 112
Sera *(Se-ra theg-chen gling)* 199, 204
Shakya Gerabsal *(Shakya dGe rab-gsal)* 182
Shakyatubpa = Sakyamuni 126 f
Shalu *(Zhva-lu)* 196
Shambhala, tibet. Dejung *(bde 'byung)* 98
Shampo Lhatse *(Sham-po lha-rtse)* 113, 123
Shangri La 9
Shangshub Ö *(Zhang-zhub Od)* 208

Shangshung (Zhangzhung) 39,
104–107, 109–112, 119,
127–133, 135, 137, 147, 152,
176, 179
Shekar (Shel-dkar) 73
Shen (gShen) 112, 114, 118f,
121, 125, 134, 136
Shenlha Ökar (gShen-lha od-
dkar) 113
Shenrab (gShen-rab) 113–116,
118–125, 133–138, 174, 178
Shenrab Mibo Ye Shen (gShen-
rab mi-bo ye gshen) 135
Shensa Nechungma (Shen-za
ne'u-chung-ma) 119
Shentsa 85
Shepa (Shes-pa) 125
Sherab Gyantsen (Shes-rab
rgyal-mtshan) 104
Shiba 112
Shigatse (gZhis-kha-rtse) 144,
200
Shiraighol-Khan 82, 84
Si, Aussprache von → Sri
Sikkim 90
Siling Tsho (Zi-ling mTsho) 85
Sogpo (s. auch → Mongolen) 29
Sokha Pünmo (Sog-kha spun-
mo) 109f
Sonam Gyatso (bSod-nams
rGya-mtsho) 200
Songtsen Gampo (Srong-btsan
sgam-po) 105ff, 110, 127,
131ff, 147ff, 151f, 159, 161,
178f
Sri (Sri) 22f, 45, 167
Ssumün Goa 81
Sumeru → Meru
Sumpa 93, 103, 125, 128, 131,
144ff, 176, 178
Sumpa Jimshö (Sum-pa gyim-
shod) 104
Surpuchen 115

Tagcha Alol (sTag-cha al-ol) 22
Tagri Nyensik (sTag-ri snyan-
zigs) 144ff
Tagzig (sTag zig) 22, 39, 100,
125, 135
Taizong 160
Tamang 90
Tamdrin (rTam-grin), Sanskrit
Hayagriva 80
Tang-Dynastie 159, 161–164,
178, 207
Tangra-See → Dangre Yu Tso
Tanguten, tangutisch 46f, 76,
204
Tantra 185, 188, 210f
Tara = Dölma (sGrol-ma) 32
Tashi Tseringma (bKra-shis tshe-
ring-ma) 28
Tashilhünpo (bKra-shis lhun-po)
200
Tazig → Tagzig (sTag zig)
Tee (-tee) 50, 56, 67
Tekar Drosangma (gTad-dkar
'gro-bzang-ma) 28
Tenma (brTan-ma) 30
Tenpa Shenrab → Tönpa Shen-
rab Miboche
Tenzin (brTan-dzin) 52
Tese Kang (Te se gangs), Sanskrit
→ Kailash
Thakkali 90
Thalha 45
Thang 22
Theshe Nagmo 26
Thing 29f, 42, 47
Thingge 24
Thingchen 29, 176
Thingmig 24
Thingpo 24
Thogse 25
Thongpot-See 111
Thöpa (Thos-pa bzw. Thos-ps
dga') 186ff
Tierwelt 41, 44, 115

Tinggi Shelsangma *(mThing-gi zhal-bzang-ma)* 28
Tingtrichen Barlha *(rTing-khrichen bar-lha)* 22
Tise bzw. Tese Kang *(Te se gangs)*, Sanskrit → Kailash
Titanen 18, 41
Tobu Bumsang *(gTo-bu 'bumsangs)* 116, 122
Tobu Dote 114f, 136
Toling 208
Tölung Dechen 181
Tong *(sTong)* = Leere 105, 128
Tönpa Shenrab Miboche *(sTonpa gshen-rab mi-bo-che)* 61f, 121, 122–126, 131, 135
Tride Tsugtsen *(Khri-lde gtsugbtsan)* 161ff
Trije Chöpa 24f
Trima *(Khrima)* 24
Trimön Gyalshe *(Khri-smon rgyal-bzhad)* 124
Trishang *(Khri-shang)* 116f
Trisong Detsen *(Khri-srong ldebtsan)* 15, 111f, 125, 131f, 162ff, 167f, 170, 179f
Trom (Phrom, Khrom) 22, 99, 125
Trulbu Wangden *('Phrul-bu dbang-ldan)* 22
Tsam *('Tshams)* 22
Tsang *(gTsang)* 182ff, 186, 196, 208
Tsangpo, tibet. Name des → Brahmaputra 146, 166f, 175, 197, 209
Tsapuwa 190f
Tsassün Goa 81
Tsen *(btsan)* 45
Tsetse Ngangmar *(Tse-tse ngang-dmar)* 52, 54
Tso Ngompo *(mTsho sNgon-po = Kokonor)* 46f, 95, 159
Tsömsün Goa 81f, 84

Tsongkha 94, 183, 194, 211
Tsongkhapa 194–201, 211f
Tsug *(gTsugs)* 21f
Tu (-Nationalität) 90
Tubo, Tupö *(Thu-pod)* 93, 104, 127f, 130f, 133, 140, 144–147, 161, 164, 171, 174, 178ff, 184
Tunyar Mutrö *(Tun-yar mukhrod)* 105,128
Tuque (Turkvolk) 94
Turkestan 94, 102, 179
Turkvölker 94, 96, 208
Tushita 199

Ü *(dbUs)* 45, 171, 182ff, 186, 196, 208
Uiguren 42, 96
Upadhyaya 184
Urahn 43
Urbuddha 41

Viehzucht 46, 175, 177f

Wangpo Gyashin *(dBangpo rgyab-bzhin)* 49f, 53, 59
Wencheng, tibet. s. auch → Lhachig Kongjo 148, 151f, 158–161, 171, 178
Wildyak 30, 57, 85, 143
Wugupa *(dbU-dgu-pa)* 120

Xi-Xia 47
Xining *(Zi-ling)* 94

Yak 22, 25, 42, 46f, 49, 139, 142
Yaksha, tibet. Nöjin *(gNodsbyin)* 167
Yalha Daldrug *(Yab-lha bdaldrug)* 22f
Yarlha Shampo *(Yar-lha shampo)* 108, 139f, 142
Yarlung-Dynastie 40, 93, 105, 137

Yarlung-Könige 40, 127f, 130f, 133, 174ff, 178f
Yarlung Tsangpo → Brahmaputra
Yemön Gyalpo *(Ye-smon rgyal-po)* 21, 29
Yeshe Ö *(Ye-shes 'Od)* 183ff, 207f
Yidam 211
Yignama *(dbYig-sna-ma)* 24
Yikyi Chechung *(Yid-kyi khye'u-chung)* 122f
Yilagchen *(Yi-lag-can)* 17
Yo Gejung aus Potong *(Pho-thong-pa gYo dGe-'byung)* 181
Yongle (-Kaiser) 199
Yu (Kaiser Yu) 43

Yuan-Dynastie 210
Yugur 46, 90, 96, 98
Yulo *(gYu-lo)* 114
Yumbulhakang *(Yum-bu bla-sgang)* 175
Yungdrung-Bön *(gYungdrung-Bon)* 134
Yungdrung Gutse *(gYung-drung dgu-brtsegs)*, Sanskrit → Kailash
Yu-Surpuchen *(gYu'i Zur-phud-can)* 114

Zarathustra 94
Zhao Xuandi 207
Zi *(gZi)* 168
Ziege 54, 61, 63, 176
Zodang Gongpo 34

Zum Autor

Andreas Gruschke, geboren 1960, studierte Geographie, Ethnologie und Sinologie in Aachen, Freiburg und Peking. Er lebte mehrere Jahre in Ostasien und ist seit 1987 regelmäßig als Reiseleiter in Zentral- und Ostasien unterwegs, dabei regelmäßig in allen Regionen Tibets. Er veröffentlichte zahlreiche Bücher und Aufsätze über China, Tibet und die Seidenstraße und bereitet als Ergänzung zu den »Mythen und Legenden der Tibeter« einen Band mit Geschichten über »Die heiligen Orte Tibets« vor.

DIEDERICHS GELBE REIHE
Die lieferbaren Bände

DG 1   I Ging

DG 5   Han Shan: 150 Gedichte vom Kalten Berg

DG 6   Das Totenbuch der Tibeter

DG 7   Heinrich Zimmer: Der Weg zum Selbst

DG 8   Helmuth von Glasenapp: Pfad zur Erleuchtung

DG 12   Hellmut Wilhelm: Sinn des I Ging

DG 13   Geshe Lhündub Söpa u. Jeffrey Hopkins: Der Tibetische Buddhismus

DG 14   Dschuang Dsi: Das wahre Buch vom südlichen Blütenland

DG 15   Upanishaden

DG 16   Mahabharata

DG 17   Über den Rand des tiefen Canyon

DG 18   Popol Vuh

DG 19   Laotse: Tao te king

DG 20   Annemarie Schimmel: Rumi

DG 21   Bhagavadgita / Aschtavakragita

DG 22   Kungfutse: Gespräche. Lun Yü

DG 23   Al Ghasali: Das Elixier der Glückseligkeit

DG 24   Basil Johnston: Und Manitu erschuf die Welt

DG 26   Le Saux/Abhishiktananda: Die Spiritualität der Upanishaden

DG 27   Idries Shah: Die Sufis

DG 28   Liä Dsi: Das wahre Buch vom quellenden Urgrund

DG 29   Tantra in Tibet

DG 30   Chang Chung-yuan: Tao, Zen und schöpferische Kraft

DG 31   Li Gi. Das Buch der Riten, Sitten und Bräuche

DG 32   Annemarie Schimmel: Und Muhammad ist Sein Prophet

DG 33   Heinrich Zimmer: Indische Mythen und Symbole

DG 35   Der Sohar. Das heilige Buch der Kabbala

DG 37   Annemarie Schimmel: Gärten der Erkenntnis

DG 39   Emma Brunner-Traut: Die Kopten

DG 40   Orpheus. Altgriechische Mysterien

DG 42   Mong Dsi: Die Lehrgespräche des Meisters Meng K'o

DG 44   Thomas Hoover: Die Kultur des Zen

DG 45   Ramayana

DG 46   Germanische Götterlehre

DG 47   Hans Findeisen u. Heino Gehrts: Die Schamanen

DG 48   Christian Rätsch/ K'ayum Ma'ax: Ein Kosmos im Regenwald

DG 51   Erfahrungen mit dem I Ging

DG 52   Franz Carl Endres u. Annemarie Schimmel: Das Mysterium der Zahl

DG 54   Nordische Nibelungen

DG 55 Mary Steiner-Geringer: Tarot als Selbsterfahrung

DG 56 Albert Y. Leung: Chinesische Heilkräuter

DG 57 Christian Rätsch: Chactun. Die Götter der Maya

DG 61 John Blofeld: Der Taoismus

DG 62 Alfred Douglas: Ursprung und Praxis des Tarot

DG 63 Janheinz Jahn: Muntu

DG 64 Richard Wilhelm und C. G. Jung: Geheimnis der Goldenen Blüte

DG 65 Astrologie des I Ging

DG 67 Heinrich Zimmer: Abenteuer und Fahrten der Seele

DG 68 Wolfram Eberhard: Lexikon chinesischer Symbole

DG 71 Christian Rätsch: Indianische Heilkräuter

DG 73 Hans Wolfgang Schumann: Der historische Buddha

DG 74 Heinrich Seuse u. Johannes Tauler: Mystische Schriften

DG 76 Mahatma Gandhi: Wegweiser zur Gesundheit

DG 78 Robert Aitken: Zen als Lebenspraxis

DG 79 Robert Aitken: Ethik des Zen

DG 82 Annemarie Schimmel: Muhammad Iqbal

DG 84 Namkhai Norbu: Der Zyklus von Tag und Nacht

DG 85 M. Hiriyanna: Vom Wesen der indischen Philosophie

DG 86 Ikkyu Sôjun: Im Garten der schönen Shin

DG 87 Chantal Zheng: Mythen des alten China

DG 88 Rocque Lobo: Traum und Karma im Ayurveda

DG 89 Uwe Topper: Sufis und Heilige im Maghreb

DG 90 Taisen Deshimaru: Die Lehren des Meister Dogen

DG 91 Weisheit der Völker

DG 92 Volker Zotz: Der Buddha im Reinen Land

DG 93 L. S. Dagyab: Buddhistische Glückssymbole im tibetischen Kulturraum

DG 94 Mo Ti: Von der Liebe des Himmels zu den Menschen

DG 96 Benjamin Walker: Gnosis

DG 97 Seyyed Hossein Nasr: Ideal und Wirklichkeit des Islam

DG 98 Das Weisheitsbuch des Zen

DG 99 Hans Wolfgang Schumann: Buddhismus

DG 100 Peter Sloterdijk u. Martin Buber: Mystische Zeugnisse

DG 101 Omar Ali-Shah: Sufismus für den Alltag

DG 102 Annemarie Schimmel: Von Ali bis Zahra

DG 103 Rients R. Ritskes: Zen für Manager

DG 104 Barbara C. Sproul: Schöpfungsmythen der östlichen Welt

DG 105 Barbara C. Sproul: Schöpfungsmythen der westlichen Welt

DG 106 Geshe Thubten Ngawang: Vom Wandel des Geistes

DG 107 Sri Chinmoy: Veden, Upanishaden, Bhagavadgita

DG 108 Friedrich Weinreb: Kabbala im Traumleben des Menschen

DG 109 Dominique Viseux: Das Leben nach dem Tod

DG 110 René Grousset: Die Reise nach Westen

DG 111 Dennis Genpo Merzel: Durchbruch zum Herzen des Zen

DG 112 Åke Hultkrantz: Schamanische Heilkunst und rituelles Drama

DG 113 I. P. Couliano: Jenseits dieser Welt

DG 114 Hans Wolfgang Schumann: Mahayana-Buddhismus

DG 115 Christian Rätsch: Heilkräuter der Antike

DG 116 Gerhard Wehr: Spirituelle Meister des Westens

DG 117 Hartmut Kraft: Über innere Grenzen

DG 118 Isabelle Robinet: Geschichte des Taoismus

DG 119 Idries Shah: Sufi-Wege zum Selbst

DG 120 H. P. Blavatsky: Theosophie und Geheimwissenschaft

DG 121 Rumi: Von Allem und vom Einen

DG 122 Dominique Hertzer: Das Mawangdui-Yijing

DG 123 Andreas Gruschke: Mythen und Legenden der Tibeter

DG 124 Murad Hofmann: Reise nach Mekka

DG 125 Malidoma Somé: Vom Geist Afrikas

EUGEN DIEDERICHS VERLAG

Bücher zum Thema Tibet
im Eugen Diederichs Verlag

Märchen tibetischer Nomadenfrauen

Herausgegeben von Margret Causemann

268 Seiten mit Strichzeichnungen, Leinen

Die Märchen, überliefert von einer jungen Tibeterin, zeigen den Alltag der Frauen in der tibetischen Gesellschaft: Liebe über soziale Grenzen hinweg, die Sorgen über reisende Ehemänner, das Leben im Haus der Schwiegereltern. Geschichten aus buddhistischer und vorbuddhistischer Zeit spiegeln die zauberhafte Welt der tibetischen Götter, Feen, Dämonen und Nixen wider.

Das Totenbuch der Tibeter

Bardo Thödol

Herausgegeben und kommentiert von Francesca Fremantle und Chögyam Trungpa

Diederichs Gelbe Reihe Band 6, 176 Seiten

Das Totenbuch der Tibeter ist eines der großen Weisheitsbücher der Menschheit. In dieser vollständigen Neuübersetzung von Chögyam Trungpa, einem führenden tibetischen Meditationsmeister, wird der Buddhismus als lebendige Tradition begriffen, die auch im Westen Wurzeln schlägt. Ein Führer durch Erfahrungsdimensionen, denen der Leser in persönlichen Krisen und Zeiten der Bewußtwerdung immer wieder begegnet.

Tantra in Tibet

Das geheime Mantra des Tsong-ka-pa, eingeleitet vom 14. Dalai Lama, herausgegeben von Jeffrey Hopkins

Diederichs Gelbe Reihe Band 29, 240 Seiten mit Frontispiz

Das geheime Mantra ist eine Darstellung der wichtigsten Elemente aller buddhistischen Tantra-Systeme, die Tsong-ka-pa, der Begründer des Gelugpa-Ordens, im 15. Jahrhundert verfaßte. Eine ausführliche Einleitung des 14. Dalai Lama sowie Erläuterungen des Tibetgelehrten Jeffrey Hopkins geben einen umfassenden Einblick in das Wesen des Tantra.

Eugen Diederichs Verlag

Geshe Lhündup/Jeffrey Hopkins
Der Tibetische Buddhismus
Diederichs Gelbe Reihe Band 13, 224 Seiten mit 8 Abbildungen

In zwei Basistexten werden die Grundzüge des Tibetischen Buddhismus erläutert: »Die drei Hauptaspekte des Pfades zur höchsten Erleuchtung« beschreibt die Vorbereitungen und Durchführung einer Meditationssitzung. »Der kostbare Kranz der Lehrmeinungen« stellt die Theorie und die psychologischen Lehren im Buddhismus dar.

Loden Sherap Dagyab Rinpoche
Buddhistische Glückssymbole im tibetischen Kulturraum
Eine Untersuchung der neun bekanntesten Symbolgruppen
Diederichs Gelbe Reihe Band 93, 168 Seiten mit zahlreichen Abbildungen

Tibetische Symbole, die zugehörigen Rituale und Rezitationstexte: unter anderem die acht Glückssymbole, die sieben Kostbarkeiten der Königsherrschaft, die sechs Zeichen des langen Lebens, die Symbole des Rads oder des Lotos.

Geshe Thubten Ngawang
Vom Wandel des Geistes
Buddhistische Unterweisungen eines tibetischen Lamas
Diederichs Gelbe Reihe Band 106, 176 Seiten

Der tibetische Mönchsgelehrte Geshe Thubten Ngawang erläutert klar und einfach die Grundlagen der tibetischen Meditation. Sie muß der Übende verstanden haben, um im Sinn buddhistischer Schulung den Geist durch Meditation zu wandeln und von negativen Eigenschaften zu reinigen.

Eugen Diederichs Verlag